Artemis & Winkler

Franzpeter Messmer

Musiker reisen

Vierzehn Kapitel aus der europäischen Kulturgeschichte

Artemis & Winkler

Artemis & Winkler Verlag

Printed in Germany
ISBN 3 7608 1078 0

Inhalt

Einleitung

«Ich freute mich auf unterwegs. Der Geruch der Lokomotive und der Duft des Herbstes waren für mich der Hauch des Zigeunerlebens, das im Oktober begann und ein halbes Jahr dauerte» [1], schrieb Yehudi Menuhin über die Konzert-Tourneen in seiner frühen Jugend. Bezeichnenderweise nannte er seine Lebenserinnerungen: «Unvollendete Reise.»

Musiker sind seit alters her Fahrende, Vagabunden, Zigeuner.

Der moderne Virtuose hat noch immer etwas bewahrt vom Spielmann des Mittelalters, der zu Fuß oder zu Pferd von Stadt zu Stadt zog und seine Kunst hören ließ. Bereits in der Renaissance gab es – so erstaunlich dies klingt – ein «internationales» Musikleben, zumindest innerhalb der Grenzen Europas. Im 18. Jahrhundert reisten die berühmten Musiker zu allen wichtigen Musikzentren – Neapel, Rom, Venedig, Wien, Dresden, Paris, London, Madrid –, um nur die wichtigsten zu nennen. Sie verbrachten eine wesentliche Zeit ihres Lebens in der unbequemen Postkutsche. Eisenbahn, Dampfschiff und Flugzeug ließen dann im 19. und 20. Jahrhundert die Entfernungen immer mehr zusammenschmelzen und ermöglichten erst den modernen weltweiten musikalischen Jet-set unserer Zeit.

Wie reisten die Musiker? Was erlebten sie? Wo fanden sie eine Herberge? Wie konnten sie existieren? Wie erreichten sie ihr Publikum? Wie organisierten sie ihre Konzerte? Wie machten sie sich bekannt? Was verdienten sie? Wurden sie als Ausländer umjubelt oder beargwöhnt? Wie wirkte die Fremde auf sie? Welchen Einfluß übte das Reisen auf die Komponisten aus?

Dies sind einige von vielen Fragen, die in den folgenden Kapiteln zur Sprache kommen.

Musiker reisten von Berufs wegen – nicht um des Vergnügens willen. Das Reisen war anstrengend und gefährlich. Sich im harten Konkurrenzkampf durchzusetzen, erforderte außergewöhnliche Leistungen und Glück. Über triumphale Erfolge, aber auch über tragisches Scheitern in der Fremde ist zu berichten.

Doch es geht auch um das, was ein Musiker beim Reisen erlebte, sah und fühlte, und wie es ihn prägte. Der reisende Musiker galt nicht nur als der verachtete Vagabund, vielmehr konnte er zu hohen Ehren aufsteigen – bis zum Hofmann und Diplomaten. Doch die Ferne lockte ihn auch als das Exotische, Neue und Außergewöhnliche.

Musikalische Reisewege werden aufgespürt: Wie reiste Händel nach Italien? Welche Orte sah er, und wie waren sie damals? Wie sah Paris aus, als Gluck dort ankam? Wie London zu Zeiten Mozarts? Wie Schottland, als es von Felix Mendelssohn-Bartholdy durchwandert wurde? Der Leser wird zu historischen Reisen auf den Spuren berühmter Musiker in die alten Städte und Landschaften eingeladen. Eine musikalische Topographie der Vergangenheit und Gegenwart wird lebendig.

Die Reiserouten steuern nicht nur die großen Zentren an, sondern auch abseits des Musikbetriebs gelegene Orte, etwa das Göteborg Smetanas, das Mallorca Chopins, das Ungarn Bartóks oder den Orient, wie ihn Saint-Saëns erlebte.

Mit den Reisen verbinden sich persönliche Schicksale, etwa die «Lebensreise» des Kastraten Farinelli, die von Neapel ausging, nach Wien, London, Paris und Madrid führte und schließlich wieder in Italien, in Bologna endete – oder Chopins Winter auf Mallorca mit seiner Geliebten George Sand – oder die Ruhe- und Heimatlosigkeit von Saint-Saëns, der vom exotischen Reiz Nordafrikas sein ganzes Leben angezogen wurde – oder die Vertreibung Arnold Schönbergs ins «Paradies» der Emigration nach Los Angeles.

Viele musikalische Werke entstanden direkt oder indirekt durch Reisen. Mendelssohns «Schottische Symphonie» und Dvořáks «Aus der Neuen Welt» sind die bekanntesten Beispiele. Wie spiegelt sich das fremde Land in der Musik wider? Welches Fühlen und Denken zeigt sich? Neben die «äußeren» Reisen von Ort zu Ort treten «innere» Reisen in den Geist eines Landes.

Musik gilt – teils zu Recht, teils zu Unrecht – als «Weltsprache». Die Musiker waren und sind in der Tat Künstler mit einem besonders großen Wirkungskreis. Doch nicht immer wurde die fremde Musik überall verstanden. Es gab national gefärbte «Musikkriege», es gab Vorherrschaften bestimmter Musiknationen trotz der kulturellen Einheit, die von der Musik zunächst in Europa, dann in der ganzen Welt geschaffen wurde.

Inzwischen spricht man von einer «Weltmusik», die sich aus Einflüssen Europas, Afrikas, Asiens und Amerikas heranbildet. Interpreten wie Yehudi Menuhin fühlen sich als «Weltbürger»[2]. Das Reisen ist vielfach zum musikalischen Alltag geworden.

Im folgenden soll eine Zeit wachgehalten werden, in der die Reisen der Musiker noch ein Abenteuer waren.

Fahrender Sänger und Spielmann. Walther von der Vogelweide

Walther von der Vogelweide zog als fahrender Sänger und Spielmann ohne festes Zuhause von Burg zu Burg.

Seid heute Nacht hier, seid morgen dort,
was ist das für ein Gauklerleben[1],

klagte er. Lieber hätte er zum festen Gesinde eines Hofes gehört. Aber dann wäre er nicht zu dem geworden, der er war: ein Sänger, der in die Vergangenheit und in die Zukunft schaute, der seinen Gegnern Worte wie Schwertschläge in den Nacken hieb und dem man die Magie beschwörender Gesänge zutraute – ein Nachfahre der germanischen Skalden und des legendären Homer der Antike.

Uns erscheinen Walthers Zeit und sein Leben heute rätselhaft. Sie entziehen sich unserer Erfahrung. Wir können kaum noch erahnen, welche Bedeutung damals das gesungene Wort hatte, da es auf den einsam gelegenen Burgen, aber auch in den – für damalige Verhältnisse – weit voneinander entfernten Residenz- und Reichsstädten keine andere Form der «Zeitung» gab als den fahrenden Sänger. Er wirkte noch in einer mündlichen, einer Gedächtniskultur, in der die Sprache immer auch erklingender Vortrag, unmittelbare Aktion, also eine Tat war. Nicht ohne Grund wurde deshalb Walther von der Vogelweide in der Manessischen Liederhandschrift zwar in der Position eines Denkers, aber doch mit einem Schwert abgebildet. Gedanken und Schwerthiebe waren damals noch nichts prinzipiell Verschiedenes.

Wer war Walther von der Vogelweide? Wir wissen darüber heute nur Ungenaues. War er dieser feingliedrige, versonnen blickende Mann, wie er in der Miniatur der Liederhandschrift dargestellt wird? Im langen, faltenreichen Gewand, auf einem Stein sitzend und in der Pose, mit der er sich selbst in einem seiner ersten Lieder der Reisezeit beschrieb?

Ich saß auf einem Stein
und hatte ein Bein über das andere geschlagen.

Darauf hatte ich den Ellenbogen gestützt
und hatte das Kinn und eine Wange
in meine Hand geschmiegt.
Da überlegte ich mir sehr genau,
wie man auf der Welt leben solle.[2]

Die Miniatur entstand etwas weniger als 100 Jahre nach Walthers Tod. Sie folgt der Selbststilisierung des Sängers, der sich zum höfischen Leben und zu einer verfeinerten Kultur bekannte, welche die Sprache von Symbolen und Gesten verstand.

Doch mit der Wirklichkeit stimmte diese Stilisierung kaum überein. Walther muß ein harter, kämpferischer Mann gewesen sein. Sonst hätte er nicht mehr als zwanzig Jahre des rastlosen Herumziehens überstanden.

Aus Wien verstossen

Walther stammte aus dem süddeutsch-tirolischen Gebiet, wo er um 1170 geboren wurde. Sein Beiname «Vogelweide» findet sich dort häufig als Flurname und bedeutete so viel wie «unbebauter Rastplatz der Zugvögel»[3]. Als Page

Walther von der Vogelweide, Miniatur aus der Manessischen Liederhandschrift, ca. 1320. Mehr als 20 Jahre zog der Sänger ohne festen Wohnsitz durch Europa. Dabei schuf er eine neue, von den starren Konventionen befreite Lieddichtung.

wurde er in den Dienst des Wiener Hofes aufgenommen und begann dort um 1190 zu dichten:

Zu Österreich habe ich singen und dichten gelernt[4], sagte er in einem seiner Lieder. Der junge Mann führte dort einen heftigen Streit gegen Reinmar von Hagenau, seinen Lehrmeister, über Fragen der Minnedichtung. Wie die Ritter, so trugen auch die Dichter ihre Fehden mit bitterem Ernst aus, und das höfische Publikum schaute auch dem literarischen Turnier mit Interesse und Vergnügen zu.

Doch für Walther wurde aus dieser Fehde eine Weichenstellung für sein ganzes Leben. Als sein Gönner, Herzog Friedrich von Österreich, beim Kreuzzug 1198 starb, mußte er Wien verlassen. Allerdings war nicht allein der Dichterstreit schuld an Walthers Abschied, sondern auch die Sparpolitik des neuen Herzogs Leopold:

Der Hof zu Wien sagte zu mir:
«Walther, ich sollte Dir lieb sein.
Aber nun bin ich Dir zuwider, das möge Gott erbarmen!
Mein Ansehen war einst groß:
da gab es nicht meinesgleichen
außer dem Hof des Königs Artus, oh wehe mir Armem!
Wo sind nun die Ritter und die Damen,
die man bei mir sehen sollte?
Seht, wie jammervoll es mir geht!
Mein Dach ist morsch, meine Wände stürzen ein:
niemand hat mich mehr lieb, leider,
Silber, Gold, Pferde, Gewänder
habe ich verschenkt und hatte doch mehr;
jetzt habe ich weder Kränze noch Kopfputz
noch Damen zum Tanz, oweh!»[5]

Die bequeme und einträgliche Laufbahn eines Hofdichters und -sängers blieb Walther lebenslang verschlossen. Er mußte unter das fahrende Volk gehen und wurde ein heimatloser, aus dem höfischen Leben ausgestoßener Spielmann. Aber dadurch wuchs er in eine neue Rolle hinein, nämlich in die des Sängers, der von außen die Gesellschaft beobachtet, die harte Lebensrealität kennt, nicht mehr nur «Literatur», nämlich Minnedichtung, sondern realistische, lebenserfahrene Sprüche schreibt und so zu einer Autorität wird.

Der Sänger im Kampf um die Kaiserkrone

Als Walther vom Wiener Hof verstoßen wurde, herrschten unruhige Zeiten. Kaiser Heinrich VI. war in Messina an Malaria oder Ruhr gestorben. Nun entzündete sich unter den deutschen Fürsten ein Streit, wer deutscher Kaiser sein sollte. Der rechtmäßige Nachfolger, der spätere Kaiser Friedrich II., war noch ein Kleinkind und wurde von der Mutter dem Streit entzogen, indem sie den Papst zu seinem Vormund bestimmte. Jetzt kämpften Philipp und Otto um die deutsche Königskrone. Walther klagte:

Treulosigkeit liegt im Hinterhalt,
Gewalt beherrscht die Straße,
Friede und Recht sind schwer verwundet.[6]

Der Sänger mischte sich in diesen Bürgerkrieg ein: er nahm Partei für den Staufer König Philipp – nicht ohne Grund. Denn dieser hatte ihn an seinem Hof aufgenommen, wie Walther freudig sang:

Ich bin an einem guten Herdfeuer angekommen,
der König und auch die Krone haben mich an sich gezogen,
wohlan, wer zur Geige tanzen will!
Mir ist nun meine Last abgenommen:
jetzt erst werde ich meinen Fuß gleichmäßig aufsetzen
und wieder in eine hochgemute Haltung kommen.[7]

Walther gehörte nun wieder zum Gesinde eines Fürsten – seit wann, wissen wir nicht genau. War er dabei, als Philipp am 8. März 1198 im thüringischen Mühlhausen zum König gewählt und im September 1198 in Mainz gekrönt wurde? Besuchte er den Hoftag in Speyer im Mai 1199? Sang er etwa dort, gegen Otto gerichtet, daß Philipp sich die Königskrone mit ihrem magisch leuchtenden Edelstein, dem «Waisen» aufsetzen solle:

die kleinen Könige dringen auf Dich ein
Philipp, setze den Waisen auf und befiehl ihnen zurückzutreten.[8]

Was waren Walthers Aufgaben während des «Bürgerkrieges» gegen den ebenfalls 1198 gekrönten welfischen Gegenkönig Otto? Zog er mit im Hofgesinde Philipps, der oft in Speyer, aber auch in Basel, Straßburg, Worms, Frankfurt, Würzburg, Nürnberg oder Regensburg Hof hielt? Mußte der fahrende Sänger als Propagandist seines Königs von Burg zu Burg reiten und die Ritter zur staufischen Partei bekehren?

Eindrucksvoll war es gewiß, als Walther am 8. September 1201 beim Hoftag zu Bamberg sein Kampflied gegen Papst Innozenz III. sang, der am 3. Juli König Otto zum rechtmäßigen Herrscher erklärt und Philipp, sein ganzes Hofgesinde, und damit auch Walther, mit dem Bann belegt hatte:

Sie bannten die, die sie zu bannen wünschten,
und nicht den, den sie hätten bannen müssen.
Da zerstörte man die Kirchen.
Ich hörte fern in einer Klause
gar großes Wehklagen;
da meinte ein Klausner,
er klagte Gott sein Leid:
«Oweh, der Papst ist zu jung: hilf, Herr Deiner Christenheit!» [9]

Der fahrende Sänger reist von Burg zu Burg

Walther war freilich nicht ständig im Gefolge König Philipps. Vielmehr zog er allein durchs Land, trat für Philipps Ziele ein, übernahm aber auch viele andere Aufgaben: er war ein fahrender Sänger und Spielmann.

Das Reisen war im Mittelalter ein Abenteuer. Verließ man die bewohnten Gebiete, das kultivierte Land um Dörfer und Städte, so befand man sich in der Wildnis, wo sich gewöhnlich kein Bürger oder Bauer ohne Not hinwagte. Zwar gab es Straßen und Straßenordnungen, wie sie im «Sachsenspiegel» festgelegt wurden, aber ungefährlich war das Reisen keineswegs. [10]

Nur alte, auf die Römerzeit zurückgehende Straßen waren gepflastert, mittelalterliche Wege dagegen nur mit Kies und Schotter bedeckt. Vielfach mußte aber auch weglose Wildnis überwunden werden. Regnete es, versank man im Schlamm, die wenigen Brücken waren zumeist baufällig oder hatten Löcher. Gelangte man zu einem Fluß, war eine Furt zu suchen, Sümpfe mußten mühevoll umgangen werden. Im Wald verlor sich der Weg oft im Gestrüpp.

Besonders gefürchtet war der Wald. Er war als Wildnis der Ort der Helden und Ritter. Sie jagten und kämpften dort gegeneinander, und die Handlung der Heldenlieder spielt oft im Wald. Doch so idyllisch, wie der junge Parzifal ihn erlebte, war der Wald nicht:

Sein Ungestüm trug ihn weit fort.
Er übte den Wurf des javelot –
der brachte manchen Hirsch zur Strecke;
das freute Mutter und Gefolge.
Ob bei Schmelze oder Schnee:
durch seine Würfe litt das Wild. [11]

Gefährliche Tiere, vor allem Bären und Wölfe, bedrohten den Menschen und seine Zug- und Lasttiere. In den wirren Zeiten um 1200 überfielen häufig Räuber, Raubritter und politische Feinde die Reisenden. Zwar wurde das Land immer mehr besiedelt, wie Walther im Alter rückblickend feststellte:

> *erweitert ist das Feld, abgeholzt ist der Wald*[12],

aber noch lange nicht wich die Wildnis der vom Menschen beherrschten Kulturlandschaft.

Wie reiste Walther? Auch hierüber wissen wir nur wenig. Er besaß ein Pferd, wie er in einem Lied berichtete:

> *Mir hat Gerhart Atze ein Pferd*
> *erschossen in Eisenach.*
> *Das klage ich seinem Dienstherren.*
> *er ist unser beider Gerichtsherr.*[13]

Der Besitz eines Pferdes zeigt Walthers soziale Stellung: Er gehörte zur Hofgesellschaft, zu den Rittern. Die anderen reisten mit dem Maultier oder Esel – oder zu Fuß. Freilich ist es ungewiß, ob Walther ein wirklicher Ritter war. Die Forscher nehmen heute an, daß er eher der zweit- oder drittgeborene Sohn eines niederen Ritters war.[14] In der starren Standeshierarchie nahm er keinen festen Platz ein, war also auch in dieser Hinsicht ein Heimatloser.

Doch einen Knappen hatte er offenbar, der ihn mit «Herr» anredete, wie aus dem folgenden Dialog hervorgeht, in dem Walther wieder auf sein durch Herrn Atze getötetes Pferd anspielte:

> *Reit zu Hofe, Dietrich!*
> *«Herr, ich kann nicht» – was hindert Dich?*
> *«Ich habe kein Pferd, um dorthin zu reiten.»*[15]

Der Sänger und seine Bediensteten reisten zu Pferd. Sie waren bewaffnet, trugen Schwert und Lanze, um sich gegen wilde Tiere und böse Feinde wehren zu können. Außerdem führten sie – wir können dies alles nur vermuten – Lasttiere mit sich, und zur Ausrüstung gehörten bestimmt ein Zelt, Decken, Werkzeug, Proviant und Musikinstrumente. Ein Zelt war notwendig, weil man abends oft keine Herberge mehr erreichen konnte und deshalb in der Wildnis übernachten mußte. Um sich und ihre Tiere zu schützen, suchten die Reisenden einen sicheren Platz, etwa eine Höhle, umgaben ihn mit einem Zaun, zündeten ein Feuer an, suchten nach Wasser und Futter für die Tiere, erjagten Beute für das Nachtmahl – ein abenteuerliches Nomadenleben mit vielen Gefahren.

Der Spielmann unterhält sein Publikum

So zog der fahrende Sänger durch das Land. Erreichte er eine Ritterburg, dann konnte er endlich auf eine bequemere Unterkunft hoffen. Nun nahm er sein anderes Gepäck hervor: die Musikinstrumente. Die Fiedel und die kleine mittelalterliche Harfe waren seine wichtigsten Instrumente. Damit begleitete er selbst seinen Gesang. Doch Walther war nicht nur «Cantor», wie er 1203 in einer Reiseabrechnung des Bischofs Wolfger von Passau genannt wurde, sondern auch Spielmann: so bezeichnete er sich in einem Minnelied.

Der Kaiser wollte ihr Spielmann sein,
für solche wonnevolle Gabe.
Hier, Kaiser, spiel! nein Herr Kaiser, anderswo![16]

Ironisch verwandte Walther hier die Standesbezeichnungen «Kaiser» und «Spielmann». Ob er wie der französische Spielmann Giraud de Calanson auch springen, Messer werfen, mit Marionetten spielen, durch Reifen springen, Hunde und Affen dressieren konnte[17], wissen wir nicht. Jedenfalls erwähnte er es in seinen Liedern nie. Doch allein als Musiker mußte er sehr vielseitig sein. Zusammen mit seinen Gefolgsleuten spielte er auf verschiedensten Instrumenten, die alle mitgeführt wurden: Trommel, andere Schlagzeuginstrumente, Glockenspiel, Flöte, Schalmei, Sackpfeife, um nur einige zu nennen.

Schwertleite, Miniatur aus dem «Roman de Troie», 14. Jahrhundert. Beim feierlichen Zeremoniell des Ritterschlages wirkten auch Spielleute mit.

Gelangte Walther zu einer Burg, so kannte er wohl zumeist den Burgherrn, wußte, ob er Sinn für seine Kunst hatte. War er ihm fremd, so mußte er vorsichtig sein: durfte er überhaupt in die Burg eintreten, konnte er Gastfreundschaft und Entlohnung erwarten?

Hatte er das Glück, einen musik- und literaturliebenden Fürsten vorzufinden, so lebte er in der Burg zumeist für einige Zeit. Vielleicht war eine Ritterweihe angesagt, zu der die Spielleute auf ihren Instrumenten musizierten und bei der Walther eines seiner Lieder über die Rittertugenden vortragen konnte, vielleicht war gerade ein Fest, etwa eine Hochzeit: da sorgte dann Walther mit den Seinen für die musikalische Umrahmung, für Tafel- und Tanzmusik, und sang vor der höfischen Runde seine Minnelieder. Musik war dabei mehr als bloße Unterhaltung, war mit dem höfischen Zeremoniell und den gesellschaftlichen Ritualen verknüpft.

Doch Walther war auch willkommen, weil er ohne besonderen Anlaß Kurzweil und Unterhaltung ins oft eintönige Burgleben brachte. Er trug Lieder, Sprüche und Heldensagen vor und richtete sich dabei nach den Wünschen der Burgbewohner. Waren etwa der Ritter und seine Männer im Krieg oder weit im Morgenland auf einem Kreuzzug, so freute sich die Herrin dafür über die Minnelieder, welche die Tugenden der anständigen Frauen priesen, oft aber auch über die Tugendlosen schimpften. Walther hielt sich dabei nicht mehr – wie sein Lehrer Reinmar von Hagenau in Wien – an das alte Gesellschaftsspiel der Minne, das die Herrin in ideale Höhen erhob und ritterliche Entsagung predigte, ohne die Realität zu beachten. Vielmehr schuf er wirklichkeitsnahe Porträts der Frauen und der Gesellschaft, wie im folgenden Lied:

Eine weiß ich, die nicht eifersüchtig wird,
daß man reine Frauen preist.
Ihr Leben ist so vollkommen,
daß sie den Preis edler Frauen gerne billigt.
Er hat ihr nicht zu wenig geschenkt,
der sie schön und rein geschaffen hat.
Der beides zusammengefügt hat,
wie geschickt verstand er sich aufs Zusammenfügen!
Der sollte allezeit Bilder formen,
der dieses eine Bild geformt hat.

Damen und Priester schaden sich,
daß sie nicht Unterschiede gelten lassen.
Die den Schamlosen hilfreich sind,
sind leicht bereit, auch mitzumachen.

Spielmann spielt auf der Fiedel zum Tanz auf, aus: MS 638, folio 17 recto New York, Pierpont Library, Nordfrankreich, 13. Jahrhundert. Der Tanz – oft in einem schönen Garten – gehörte zu den beliebtesten Unterhaltungen der Hofgesellschaft.

Weh, daß zwei so edle Stände
mit den Zuchtlosen verkehren!
Sicher gehen sie noch zu Grund,
kehren sie nicht zur Scham zurück.[18]

Aber er unterhielt sein Publikum nicht nur mit Tugendpredigten, sondern hatte auch recht eindeutige Lieder der «niedrigen» Minne im Repertoire, die er den Rittern vorsang, wenn sie sich in Friedenszeiten auf der Burg langweilten. Am berühmtesten unter diesen von der Vagantendichtung beeinflußten Liedern ist «Unter der Linde»:

Unter der Linde auf der Heide,
wo unser beider Lager war,
da könnt ihr finden schön gesammelt
beides, Blumen und Gras.
Vor dem Wald in einem Tal,
tandaradei,
sang schön die Nachtigall.

Ich kam gegangen zu der Aue,
da war mein Liebster schon vorher gekommen.
Da wurde ich empfangen, heilige Herrin,
daß es mich allzeit glücklich machen wird.
Küßte er mich? Wohl tausendmal,
tandaradei,
seht, wie rot mein Mund ist!

Da hatte er gerüstet so prächtig
von Blumen eine Lagerstatt.

Darüber wird noch herzlich gelacht werden,
kommt jemand an dem Platz vorbei.
An den Rosen kann er noch,
tandaradei,
merken, wo mein Kopf gelegen hat.

Daß er bei mir lag, wüßte es jemand,
(das wolle Gott nicht!), so schämte ich mich.
Was er mit mir da tat, soll niemals einer
erfahren außer ihm und mir,
Und ein kleines Vöglein,
tandaradei,
das kann wohl verschwiegen sein.[19]

Walthers Lieder sorgten für Aufsehen und auch Entrüstung. Wer diesen Sänger in seine Burg einließ, erfuhr Neues und Unerhörtes.

Wenn sich abends die Hofgesellschaft versammelte, trat er mit seinen Gehilfen herein, diese verschafften ihm mit lauten Instrumenten – der Schalmei und der Trommel – Gehör und zeigten allerlei Kunststücke, bis er selbst vortrat und Lieder und Sprüche zur Harfe vortrug, während seine Begleiter den Gesang mit Schlagzeuginstrumenten wirkungsvoll untermalten. Walthers Stimme mußte durchdringend gewesen sein. Gottfried von Straßburg schrieb im «Tristan»:

hei wie die über die Heide
mit hoher Stimme schallet![20]

«Hoch» bedeutete damals sowohl «hoch» im heutigen Sinn, als auch «stark» und «laut». Wir stellen uns heute einen mittelalterlichen Sänger mit einem kräftigen Baß oder Bariton vor, was freilich ein Irrtum ist; denn vieles deutet darauf hin, daß die Minnesänger mit Kopf- und Falsettstimme in hoher Lage sangen. Walthers Zeitgenosse Gottfried von Straßburg rühmte auch die Schönheit und Klugheit von Walthers Musizieren und die große Wandlungsfähigkeit seines Gesanges. Doch der Sänger zog sein Publikum nicht nur mit seiner außergewöhnlichen Stimme, sondern auch mit eindrucksvollen, symbolreichen Gesten in Bann, wie man sie in der Gotik auch aus Skulpturen oder in Buchmalereien kennt.

In seiner Begrüßung wies Walther seine Zuhörer deutlich darauf hin, daß er für seine Kunst Lohn erwartete:

Ihr sollt mich willkommen heißen,
der Euch Neues bringt, bin ich.

Alles, was ihr bis jetzt gehört habt,
das ist überhaupt nichts: nun fraget mich![21]

An Selbstbewußtsein fehlte es ihm also nicht. Wie es heute die Reklame tut, pries er fast marktschreierisch seine Neuigkeiten an, um dann zu drohen:

Aber Lohn verlange ich:
wird mein Entgelt gut,
sage ich Euch vielleicht, was Euch gefällt.
Seht zu, welche Ehrengabe man mir bereitet.[22]

Diese Begrüßung zeigt: der Sänger Walther vertraute auf die Macht seiner Worte. Er war kein Bettler, der sich mit Almosen abspeisen ließ.

Sein Lohn war oft beträchtlich: so wissen wir aus der bereits erwähnten Passauer Reiseabrechnung, daß er einmal sogar einen Pelzmantel erhielt – damals ein sehr wertvolles Geschenk. Enttäuschte ihn das Publikum durch Geiz, schimpfte er, wie beispielsweise über das Kloster Tegernsee:

Man erzählt mir von Tegernsee,
wie hoch das Haus im Ansehen steht:
dorthin wandte ich mich mehr als eine Meile weit von der Straße weg.
Ich bin ein wunderlicher Mann,
daß ich mich nicht selbst zurechtzufinden weiß
und mich so sehr auf andere Leute verlasse.
Ich tadele sie nicht, aber Gott möge uns beiden gnädig sein:
ich erhielt dort Wasser, und so naß
mußte ich den Tisch des Mönchs verlassen.[23]

Wurde ihm dort nur Wasser anstelle von Wein vorgesetzt? Oder verjagten ihn, den Gegner des Papstes, die Mönche mit mehreren Eimern Wasser? Wir wissen das heute nicht mehr genau. Jedenfalls wird dieses Lied bald die Runde in allen Burgen gemacht haben: Mönchsverspottung war auch damals schon beliebt.

Doch nicht nur schlechte Entlohnung kritisierte er. Seinem besonderen Ärger machte er über die «dörperlichen Sänger» Luft, die – wie er berichtete – zunächst bei den Bauern, dann sogar auf den Höfen mit ihren zuchtlosen Liedern Erfolg hatten:

Die das rechte Singen stören,
von ihnen gibt es ungleich viel mehr,
als die es gerne hören;
noch folge ich der alten Lehre:

Bei der Mühle will ich nicht arbeiten,
wo der Stein sich rauschend dreht
und das Rad so viele Mißtöne hat:
Seht zu, wer da harfen will!

Die so ungebührlich lärmen,
über die muß ich aus Zorn lachen,
daß sie sich selbst gut gefallen
mit solch zuchtlosen Dingen.
Sie machen es wie die Frösche in einem See.
Ihnen gefällt ihr Quaken so gut,
daß die Nachtigall davon den Mut verliert,
wenn sie gerne länger singen würde.[24]

Walther von der Vogelweide als Nachtigall – die «dörperlichen Sänger» als Frösche: drastisch war dieser Vergleich allemal. Die zuchtvoll-verfeinerten Gesten, wie sie das Walther-Bild in der Manessischen Handschrift zeigt, waren nur die eine Seite, die andere dagegen bildeten die Temperamentsausbrüche des Sängers, die von den Betroffenen gewiß gefürchtet wurden – publikumswirksam waren sie sehr.

Zwanzig Jahre lang reiste Walther so durch halb Europa:

Ich habe von der Seine bis an die Mur beobachtet,
vom Po bis an die Trave habe ich all ihr Wesen kennengelernt.[25]

Mit diesen Flüssen gab Walther die Grenzen seiner Wanderungen an: in Norden ist es die norddeutsche Trave, im Süden der norditalienische Po, im Westen die Seine und im Osten die Mur in der Steiermark. Freilich, ob diese Grenzen so wörtlich zu nehmen sind, ist ungewiß, denn der Dichter hielt sich auch weiter östlich der Mur auf: in Wien und in Thüringen. Vielleicht war er auch weiter südlich des Po, wenn die folgenden Worte nicht nur eine rhetorische Wendung sind:

In Rom hörte ich lügen
und wie man zwei Könige betrog.[26]

Auch für unsere heutigen Vorstellungen legte Walther während seines Lebens große Entfernungen zurück. Ihn umgab die Aura des Weitgereisten, der vieles erlebt hatte und viel erzählen konnte. Er galt deshalb als weiser Mann, als Seher.

Länder habe ich viele gesehen
und habe die besten gern kennengelernt,[27]

berichtete er den Burgbewohnern, bekannte sich aber dann doch zu seiner Heimat:

Böses möge mir geschehen,
könnte ich je mein Herz dazu bewegen,
daß ihm gut gefallen
wollte fremde Sitte.
Nun, was hülfe mir, wenn ich Falsches behauptete?
Deutsche Zucht übertrifft sie alle.[28]

Diese Verse zeigen, wie eindeutig sich Walther als Deutscher fühlte. So weit er herumreiste, so viele Länder er sah, sein «Wirkungsgebiet» waren die deutschsprachigen Höfe von Wien, in Bayern, in Thüringen, in Norddeutschland bis zum Rheinland und nach Schwaben.

Sängerkrieg auf der Wartburg und Dichterfehde in Wien

Auf manchen Burgen wurden Minnesang und Dichtkunst besonders gepflegt. Berühmt – und deshalb von allen maßgebenden fahrenden Sängern besucht – war die Wartburg des Grafen Hermann von Thüringen. Hier wirkte Wolfram von Eschenbach, der Dichter des «Parzival», hier fanden die sagenhaften Sängerkriege nach französischem Vorbild statt, bei denen Walther auch auftrat.

Das Leben an diesem Hof war bunt und lustig, wie er berichtete:

Wer an einer Ohrenkrankheit leidet,
der meide, das rate ich, den Thüringer Hof;
denn kommt er dorthin, so wird er wahrhaftig vollends taub.
Ich habe mich dort im Gedränge aufgehalten, bis ich nicht mehr dazu im Stande bin:

Ein Haufen zieht hinaus, ein anderer hinein, Tag und Nacht;
es ist ein großes Wunder, wenn da jemand etwas hört.
Der Landgraf ist so gesinnt,
daß er seinen Besitz mit seinen stolzen Recken verschwendet,
von denen jeder gut ein Berufsfechter sein könnte.
Ich kenne seine großartige Lebensweise:
und wenn ein Fuder guten Weines tausend Pfund kostete,
so stünde auch dann dort nie ein Becher eines Ritters leer.[29]

Sängerkrieg auf der Wartburg, Manessische Liederhandschrift, um 1320. Der Minnesänger Heinrich Frauenlob zusammen mit Spielleuten, die auf Flöte, Schalmei, Fiedeln, Psalterium, Sackpfeife und anderen Schlagzeuginstrumenten musizieren.

Neben der Wartburg war der Wiener Hof ein Zentrum des Minnesanges. Obwohl Walther aus Wien verstoßen worden war, zog es ihn immer wieder dorthin zurück. Bis zu seinem Tod hatte er Heimweh nach Wien. Erstmals war er wohl um 1203 wieder dort und sang sein großes Preislied, worin er die Dichterfehde mit Reinmar fortsetzte. Nach Reinmars Tod, ab 1210, erschien er erneut und dichtete etwas ironisch über seinen Kontrahenten:

Reinmar, was an edler Kunst mit Dir dahingeht,
Dir soll mit Recht für alle Zeit das zu Gute kommen,
daß es Dir keinen einzigen Tag zu viel wurde,
die edlen Frauen in der rechten Weise zu preisen.[30]

Dabei verheimlichte Walther bei aller ritterlicher Ehrerbietung den Konflikt mit dem Verstorbenen nicht:

Wahrhaftig, Reinmar, Du bringst mich in Trauer
weit mehr, als ich Dich brächte,
wenn Du am Leben wärest und ich wäre gestorben.
Ich will es aufrichtig sagen,
über dich selbst wollte ich wenig klagen:
ich klage über Deine edle Kunst, daß sie dahin gegangen ist.[31]

Doch auch dieses Lied brachte den Herzog Leopold von seiner Abneigung gegen Walther nicht ab. Der Sänger mußte wieder fortziehen.

Das Ende einer langen Reise: Ein Lehen in Würzburg

Inzwischen hatte sich die politische Situation entscheidend verändert. König Philipp wurde am 21. 6. 1208 in Bamberg von Pfalzgraf Otto von Wittelsbach wegen privater – heiratspolitischer – Querelen heimtückisch ermordet. Nun anerkannten alle Fürsten König Otto, der nachmals in Frankfurt zum König und 1209 in Rom zum Kaiser gekrönt wurde. Walther sah sich plötzlich auf der falschen Seite. Wie es ihm gelang, an Kaiser Ottos Hof aufgenommen zu werden, bleibt wohl für immer im Dunkeln. Möglicherweise wurde er im Gefolge von Markgraf Dietrich von Meißen beim Frankfurter Hoftag am Palmsonntag 1212 bei Otto eingeführt.

Damals war der Stern des Kaisers bereits im Sinken. Schon ein Jahr zuvor war Friedrich II. in Nürnberg zum König gewählt worden. Otto mußte deshalb von seinem erfolgreichen Feldzug in Sizilien zurückeilen, und es war in Frankfurt, daß er nun Walther hörte, wie er zum Kreuzzug aufrief und sich selbst als Boten des göttlichen Gerichts bezeichnete:

Herr Kaiser, ich bin Gerichtsbote
und bringe Euch Botschaft von Gott:
Ihr besitzt die Erde, er das Himmelreich.
Er hat mir befohlen, vor Euch Klage zu erheben
(Ihr seid sein Gerichtsherr),
in seines Sohnes Land empört sich
die Heidenschaft, Euch beiden zur Schande.[32]

Gegen den Papst, der den Kaiser gebannt hatte, wetterte Walther mit aller Wortgewalt und stellte sich, den Sänger und Laien, als göttlichen Gerichtsboten über ihn:

Ihr Bischöfe und Ihr hohen Geistlichen, Ihr seid irregeführt:
seht, wie Euch der Papst mit des Teufels Stricken fesselt.
Sagt Ihr uns, daß er Sankt Peters Schlüssel besitzt,
dann sagt uns, warum er seine Lehre aus der Bibel tilgt.[33]

Walther setzte seinen Kampf gegen Papst Innozenz fort, und dem Kaiser gefiel es. Er nahm ihn fast für ein Jahr in seinen Dienst. Doch was war das für ein Jahr! Im September erreichte der junge Friedrich II., auf abenteuerliche Weise von Sizilien kommend, über Rom auf einem Schleichweg Konstanz, nur wenige Stunden vor Kaiser Otto, dessen Heer in Überlingen lagerte. Das «Kind von Pülle» (von Apulien) eroberte nun in kurzer Zeit die alten staufischen Lande zurück, beherrschte nach wenigen Wochen das Land von Burgund bis Böhmen und ließ sich am 12. Dezember 1212 in Mainz zum König krönen.

Walther war also erneut auf der falschen Seite. Noch einmal mußte er in diesem langen deutschen Bürgerkrieg mit viel Geschick die Fronten wechseln. Wohl bald nach 1214, spätestens 1216 erschien er bei Friedrich II., der nun in allen wichtigen Städten des Reiches Hof hielt. Er sang vor dem jungen König eines seiner enttäuschten und bitteren Lieder über Otto. Erstaunlich ist sein Selbstbewußtsein, denn auch jetzt trat er nicht als demütiger Bittsteller auf: Wer so die Fronten wechselte und dabei so singen konnte, war angesehen bei Freund und Feind: die Achtung, die Walther bei Volk, Adel und auch beim zukünftigen Kaiser genoß, mußte außerordentlich gewesen sein.

Dieser Notlage nehmt Euch an, freigebiger König, daß Eure Notlage vergehen möge!
Ich habe das Versprechen von Herrn Otto, er wolle mich noch reich machen:

Kaiser Friedrich II. von Hohenstaufen, Miniatur aus der Handschrift Friedrichs II. über die Falkenjagd, Anfang 13. Jahrhundert. Der kunst- und wissenschaftsliebende Hof Friedrichs in Sizilien bildete eine wichtige Brücke zwischen arabischer und westeuropäischer Kultur.

warum hat er da meinen Dienst so betrügerisch beansprucht?
welche Verpflichtung hat König Friedrich, mich dafür zu belohnen?
Mein Anspruch an ihn ist geringer als eine Bohne,
es sei denn, er habe Freude an alten Sprichwörtern;
Ein Vater belehrte einst seinen Sohn folgendermaßen:
«Sohn, diene der Männer Schlechtesten, daß Dir der Männer bester lohne!»
Herr Otto, ich bin der Sohn, Ihr seid der schlechteste Mann
denn einen so ganz schlechten Herrn habe ich noch nie gehabt;
Herr König, seid ihr der beste, da Euch Gott die Mittel zu belohnen gewährt![34]

König Friedrich erwies sich in der Tat als der «beste» Herrscher. Er gab dem Sänger den langersehnten Lohn:

Ich habe mein Lehen, alle Welt, ich habe mein Lehen:
jetzt fürchte ich gar nicht mehr den Hornung an den Zehen
und will alle geizigen Herren umso weniger bitten[35],

jubelte Walther begeistert: 1220 übertrug ihm der Kaiser ein Lehen im Würzburger Viertel am Sand. Was er so lange gewünscht hatte, war doch noch in Erfüllung gegangen: eine Heimat zu finden.

Dort lebte er noch zehn Jahre, ritt zu manchem Reichstag, rief erneut zum Kreuzzug auf und schimpfte gegen den Papst, der wieder einmal den deutschen Kaiser gebannt hatte.

Um 1230 starb Walther von der Vogelweide. Die Historiker nehmen an, er sei im Kreuzgang des Kollegiat-Stiftes Neumünster in Würzburg bestattet worden.

Die Niederländer in Europa. Josquin Desprez

Mit großen Augen und klarem, durchdringendem und abwägendem Blick fixiert Josquin Desprez im einzigen erhaltenen Porträt den Betrachter. Zur Zeit der weltweiten Entdeckungen eines Vasco da Gama, Bartolomeo Diaz und Christoph Kolumbus war er der berühmteste unter den niederländischen Komponisten, die aus Burgund stammten, durch ganz Europa reisten und die wichtigsten musikalischen Ämter an Fürstenhöfen und Kathedralen erhielten.

Josquin wirkt durch seine markante Nase eigenwillig, mit seinen breiten Lippen nicht unsinnlich und intelligent mit seiner hohen Stirn. Daß er Musiker war, scheint der Zeichner mit dem großen Ohr anzudeuten. Doch insgesamt strahlt dieses Gesicht eine gewisse Kälte aus: eher würde man einen Mathematiker oder Baumeister als einen Komponisten vermuten. Kühl und selbstbewußt war Josquin auch gegenüber seinen Auftraggebern: «Er komponiert, wann er will, nicht wenn man es ihm aufträgt», schrieb Gian de Artiganova[1], ein Höfling aus Ferrara am 2. September 1502. Josquin wußte, was er konnte, und war offenbar ebenso schwierig und eigenwillig gegenüber seinen Auftraggebern wie Michelangelo, mit dem er vom italienischen Schriftsteller Bartoli[2] auf eine Höhe gestellt wurde: «. . . so wie es bislang niemanden gab, der in seinen Kompositionen Josquin nahekommt, so ist auch Michelangelo unter all denen, die in seinen Künsten tätig waren, noch immer unerreicht und ohne Rivalen.» Josquin stammte wie alle berühmten Musiker des 15. und 16. Jahrhunderts aus dem franko-belgischen Raum, aus dem alten Burgund, das damals zu den reichsten und kulturell entwickeltsten Gebieten jenseits der Alpen zählte. Doch kaum einer von diesen Musikern blieb sein ganzes Leben dort: der um 1400 geborene Dufay zog nach Rom und Florenz, der mit Josquin etwa gleich alte Isaac (um 1450–1517) übte seine Kunst in Florenz, Innsbruck und Augsburg aus, der 1532 geborene Orlando di Lasso reiste nach Mailand, Neapel, Rom, Antwerpen und München. Erstmals entstand dadurch ein europäisches Musikleben. Von 1400 bis 1600 beherrschten die Niederländer von Italien bis Schweden, von Frankreich bis Polen die Kunstmusik. Überall wurde nach ihrer Art mehrstimmige Musik komponiert.

Die Lebensläufe dieser Musiker sind Reisebiographien, deren wenige Spuren sich nur aus wortkargen offiziellen Dokumenten wie Gehaltsabrechnungen, höfischen Personalinventaren oder Kirchenbüchern verfolgen lassen. Doch eindeutig zeigen uns diese Dokumente, daß für die Niederländer trotz schlechter Reisebedingungen Europa bereits zu einem Wirkungsgebiet zusammengewachsen war. Sie dachten nicht regional oder national, achteten nicht auf Grenzen, sondern schufen ähnlich den Handelswegen der Kaufleute kulturelle Verbindungen in Europa.

Sängerknabe in Burgund

Josquin Desprez wurde um 1440 im Hennegau in der Nähe von Cambrai oder Douai geboren. Der Hennegau gehörte zum Herzogtum Flandern, und dieses war ein Teil des in viele unzusammenhängende Teile zerrissenen Burgund. Seine Herkunft aus Burgund erklärt einiges der europaweiten Reisetätigkeit Josquins und seiner Kollegen. Burgund war kein Nationalstaat, vielmehr eine Mischung verschiedenster Nationen. Man sprach französisch und flämisch. Das Herzogshaus war eng mit Portugal verbunden. Burgund war eines der bedeutendsten Wirtschaftszentren – und dies auch für die Musik: Musikinstrumente aus Flandern waren überall gefragt; nach Italien entstanden hier die ersten Musikverlage. Der Handel reichte über ganz Europa.

Waren auch die Musiker eine Handelsware? Die niederländischen Sängerknaben wurden wegen ihrer schönen Stimmen – ihrer «suavitas», also Süße, wie man damals sagte –, aber auch wegen ihrer guten Ausbildung in ganz Europa geschätzt. Viele Fürsten schickten ihre Gesandten dorthin, die mit allen Mitteln – sie schreckten auch vor Entführungen nicht zurück – Flandern nach den schönen Stimmen junger Knaben absuchten.

Josquin Desprez begann seine Musikerlaufbahn – so vermuten die Musikforscher – als Sängerknabe in der Kollegiatskirche von St. Quentin. Seine Ausbildung als Musiker war vorzüglich. Die niederländischen Sängerknaben wurden etwa ab dem 8. Lebensjahr nach einer strengen Auswahl in die Kapelle einer Kirche aufgenommen, lebten im Haus des Kapellmeisters, wurden von ihm täglich unterrichtet und mußten ihren Sängerdienst in der Kirche bei den Gottesdiensten und anderen Gelegenheiten versehen. Reinheit und stimmliche Schönheit, Musiktheorie, mehrstimmiges Singen aus dem Kopf, also in der Form einer Improvisation, solistische Verzierungen über niederge-

Josquin Desprez, Holzschnitt aus «Opus chronographicum» (1611) von Petrus Opmeer. Josquins Ruhm verbreitete sich über die Niederlande, Frankreich und Italien, wo er als Musiker wirkte, hinaus auch nach Deutschland. Dort bewunderte ihn beispielsweise Martin Luther.

schriebene Melodien, Komponieren, dann auch allgemeinbildende Fächer, wie Lesen, Schreiben und verschiedene Sprachen, gehörten zum harten Training.

Mailand: Musikalische Mathematik und Mystik

Wann und durch welche Verbindungen Josquin als junger Mann nach Italien kam, wissen wir nicht. Alles deutet darauf hin, daß es ihm erspart blieb, schon als Sängerknabe in die Fremde gehen zu müssen. Ob er bereits in St. Quentin oder später in Italien zum Priester geweiht wurde, verschweigen die wenigen Quellen ebenso.

Sicher dagegen wissen wir, daß er von 1459 bis 1472 Sänger in der Mailänder Domkantorei war. Zu Beginn seiner Musikerlaufbahn gelangte er also nicht in die glanzvolle und lebenslustige Umgebung eines Hofes, sondern blieb lange Zeit mit der Kirche verbunden. Geistliche Musik stand für ihn im Mittelpunkt. Die asketischen Züge in seinem Gesicht weisen darauf hin: er hielt offenbar Distanz zum weltlichen Treiben, mußte sich freilich auch mit einem bescheidenen Gehalt von 2 Dukaten im Monat zufrieden geben und mit seiner Komponistenkarriere viel Geduld haben: er war schon beinahe 60 Jahre alt, als sich endlich sein Ruhm in ganz Europa verbreitete.

In Mailand erwarb sich Josquin während seines 13jährigen Domdienstes einen guten Ruf. Herzog Galeazzo Maria Sforza verpflichtete ihn deshalb in seine Hofkapelle. Sicher belegt ist dies durch Gehaltsabrechnungen ab dem 15. Juli 1474. Sein Verdienst von 5 Dukaten im Monat als Kapellsänger war zwar ziemlich bescheiden, wurde aber durch eine Schenkung des Herzogs aufgebessert, die ihm jährlich 82 Dukaten einbrachte, so daß er insgesamt 142 Dukaten im Jahr hatte, so viel wie die am besten bezahlten Musiker am Mailänder Hof.

Galeazzo Maria Sforzas Hofkapelle war damals die größte und beste Italiens. Sie entsprach der Bedeutung seines Hofes, mit dem sich höchstens noch der von Florenz unter dem damals regierenden Lorenzo di Medici messen konnte. Seit 1400 war es in Italien, dann in ganz Europa üblich geworden, daß Fürsten einen Chor für die Hofmusik beschäftigten, der aus Sängerknaben für den Sopran und Männern für den Alt, Tenor und Baß bestand. Gegenüber Chören unserer Zeit waren die Hofkapellchöre klein. Die Mailänder Hofkapelle beschäftigte 22 Sänger. Da konnte man dann je nach Stimmenzahl jede Stimme vier- bis fünffach besetzen. Im Grunde waren die Chorsänger also Solisten, zumal sie nicht immer im großen Chor sangen, sondern auch in kleineren Besetzungen. Josquin gehörte zum «Choro di capella», nicht «di camera». Er wirkte also hauptsächlich bei geistlicher Musik mit, die täglich in der Hofkirche aufgeführt wurde. Doch nicht nur als Sänger trat Josquin hervor, sondern auch als Notenschreiber, wie eine Zahlung vom 1. 10. 1475 ausweist, und als Komponist von Messen und Motetten.

Josquin war nun ein Höfling in Diensten eines der mächtigsten italienischen Fürsten. Die Künste spielten an den Höfen der Renaissance zwar eine wichtige Rolle, sie vor allem – so glaubte man – vervollkommneten den Menschen. Aber noch mancher begegnete der Musik mit Geringschätzung, wie aus dem folgenden Dialog aus Baldassare Castigliones «Buch vom Hofmann» deutlich wird: «Unter allgemeinem Gelächter begann der Graf von neuem: Ihr müßt wissen, Signori, daß ich mich mit dem Hofmann nicht zufrieden gebe, wenn er nicht auch Musiker ist und sich auf verschiedene Instrumente versteht und außerdem im Singen und Spielen nach Partituren erfahren ist. Denn wenn wir es recht bedenken, kann man in der Muße keine schicklichere und löblichere Erholung von Mühen und keine bessere Arznei für kranke Gemüter finden als Musik, und hauptsächlich an Höfen, wo man, außer daß sie jedem eine Zuflucht vor Überdruß verschafft, vieles tut, um den Damen zu gefallen, deren zarte und weiche Herzen leicht von Harmonie durchdrungen und von Süßigkeit erfüllt werden. Es ist daher kein Wunder, wenn sie in alten und gegenwärtigen Zeiten den Musikern stets geneigt gewesen sind und die Musik als höchst angenehme Herzensspeise betrachten. – Hier warf Signor Gaspar ein: Die Musik ist nach meiner Meinung zusammen mit vielen anderen Nichtigkeiten freilich für Damen angemessen und vielleicht auch für Personen, die Ähnlichkeit mit Männern haben, aber nicht für die, die wirklich welche sind. Diese dürfen ihre

Mailand, Holzschnitt aus: Die Schedelsche Weltchronik, 1493. In Mailand wirkten viele bedeutende Niederländer. So war hier 1547–1549 der junge Orlando di Lasso, einer der bekanntesten niederländischen Komponisten nach Josquin.

Herzen nicht mit Vergnügungen verzärteln und sie auf diese Weise dazu bringen, den Tod zu fürchten. – Sagt das nicht, antwortete der Graf, denn ich möchte mich sonst auf das weite Gebiet des Lobes der Musik begeben und daran erinnern, wie sie bei den Alten stets gefeiert und für etwas Heiliges gehalten worden, und wie es die Meinung der wenigen Philosophen gewesen ist, daß die Welt durch Musik gebildet sei, und die Himmel bei ihren Bewegungen Harmonie erzeugten, und selbst unsere Seele in derselben Art entstanden sei, und daher ihre Tugenden durch die Musik erweckt und gleichsam belebt werden können.» [3]

Der Graf sprach hier von der kosmischen Harmonie, die – nach dem Weltbild der Menschen in Mittelalter und Renaissance – durch die Musik dem Menschen eingepflanzt wird und ihn zur Tugend bringt. Ein Musiker wie Josquin hatte deshalb im höfischen Leben eine wichtige Aufgabe.

Josquin komponierte in Galeazzo Sforzas Diensten die Motette «Illibata Dei virgo nutrix», in der er als Akrostichon seinen Namen hineinwob:

Illibata Dei virgo nutrix
Olympi tu Regis o Genitrix
Sola parens Verbi puerpera
Quae fuisti Evae Reparatrix
Viri nefas tuta Mediatrix
Illud clara Luce dat scriptura
Nata nati Alma Genitura
DES ut laeta Musorum Factura
Praevaleat Hymnus et sit ave
Roborando sonos ut Guttura
Eflagitent Laude teque pura
Zelotica arte clamet ave

Doch der Komponist versteckte in diesem Text nicht nur seinen Namen, sondern noch mehr: die Worte «Virgo nutrix» und der Name seines Herzogs

Galeazzo Maria Sforza, Gemälde von Antonio Pollaiuolo, Uffizien, Florenz.

«Sforza Galeazzo» entsprechen einander zahlensymbolisch, wie Gösta Neuwirth zeigte[4]. Gibt man nämlich jedem Buchstaben gemäß seiner Reihenfolge im Alphabet die entsprechende Zahl und bildet daraus die Summe, so erhalten «Virgo nutrix» und «Sforza Galeazzo» dieselbe Zahl:

V	I	R	G	O	N	U	T	R	I	X	
20	9	17	7	14	13	20	19	17	9	22	
		67					100				= 167

S	F	O	R	Z	A	G	A	L	E	A	Z	Z	O	
18	6	14	17	24	1	7	1	11	5	1	24	24	14	
		80							87					= 167

Galeazzo hieß mit einem weiteren Namen auch «Maria». Wenn Josquin in dieser Motette also Maria verehrte, so meinte er allegorisch auch seinen Fürsten als «nutrix Olympi», als Ernährer des Olymps.

Auch in ein anderes Werk wob Josquin solche geheimen Zahlensymbole ein. In der Messe «Ad fugam» ergeben die Zahlen der Töne im «Christe» und «Kyrie» jeweils die Primzahl 167, also die Zahl des Fürsten, und im «Christe» in umgekehrter Reihenfolge das Geburtsjahr 1444 Galazzeos, also 4441 anstatt 1444. Gösta Neuwirth vermutete, daß damit der Tod des Herzogs im Jahr 1476 symbolisiert wurde.

Josquin schuf also nicht nur klingende Musik. Vielmehr unterlegte er seinen Kompositionen kunstvolle mathematische Proportionen und eine nur für Eingeweihte verständliche zahlensymbolische Bedeutung: Musik gehörte in der Renaissance noch zu den mathematischen Künsten. Josquin wandte die Mathematik an, um – wie die Kunstmaler seiner Zeit durch die Zentralperspektive – mit Zahlenproportionen der Komposition eine klare Ordnung zu verleihen. Aber Mathematik war für ihn nicht nur ein Mittel, rationale Klarheit zu schaffen, sondern ihre ehernen Gesetze verwiesen auch auf die Mystik, auf die Wahrheiten, die sich geheimnisvoll hinter dem sinnlich Wahrnehmbaren verbergen. Der Komponist war Künstler, Mathematiker und Mystiker zugleich. Seine Werke wurden gehört und für schön, harmonisch und natürlich befunden. Sie wurden aber auch studiert, mußten erklärt werden, man mußte nachrechnen, die Geheimnisse deuten, um ihren tieferen Sinn zu erfassen. Sie waren eine Geheimwissenschaft für Eingeweihte: die gebildeten Hofmänner konnten, wie Castiglione in seinem Buch forderte, Partituren lesen und sich so in die von Josquin kunstvoll chiffrierten Weisheiten vertiefen.

Josquins Musik war in großer Distanz zum Tagesgeschehen, so wie wohl auch er selbst innere Distanz zum Leben um sich fühlte, wie sich dies aus seinem Gesichtsausdruck ablesen läßt. Die politischen Ereignisse in Mailand freilich hatten wenig mit Harmonie zu tun. Herzog Galeazza Maria Sforza war ein Tyrann, saugte seine Untergebenen aus, um in großer Pracht leben zu können, schändete die Ehre vieler Frauen und war überhaupt einer der Machtmenschen der Renaissance, wie sie Machiavelli beschrieb. Drei junge Mailänder Adelige nahmen sich deshalb den Tyrannenmord des Brutus in der Antike zum Vorbild und brachten den erst 33jährigen Herzog am Stefanstag 1476 in der Kirche Santo Stefano um, als er dort die Messe besuchen wollte.

Nach seinem Tod blieb Josquin noch drei weitere Jahre im Dienst der Sforza, nun bei der Witwe Bona von Savoyen. Im April 1479 nahm er drei Monate Urlaub, wie die Ausstellung eines Reisepasses zeigt, um ein Gelübde für eine Wallfahrt nach St. Antoine de Vienne einzulösen. Sein Weg führte ihn wohl nach Turin, nach Susa und über den Mont Cenis nach Vienne. Kam er bei dieser Reise bereits mit dem Bischof Ascanio Maria Sforza, seinem späteren Dienstherren, in engere Beziehung? Fest steht jedenfalls, daß sich nun seine dokumentarisch nachweisbaren Spuren verlieren.

In Mailand herrschten heftige Machtkämpfe zwischen der Witwe des verstorbenen Herzogs und dessen Brüdern. Diese hatten 1478 erfolglos einen Staatsstreich versucht und wurden in die Verbannung geschickt. Doch 1479, im Jahr von Josquins Wallfahrt, wurde der betagte Kanzler der Sforza-Herzöge, Cicco Simoneta, der für Bona die Regierungsgeschäfte führte, von Lodovico und Ascanio Sforza gestürzt, gefoltert und ein Jahr später hingerichtet. Lodovico konnte nun die Regierung übernehmen, während Ascanio nach Pavia, seinem Bischofsitz, zurückkehrte. Dort spann er gegen Lodovico Intrigen, die zu einer weiteren Verbannung führten. 1484 allerdings wurde Ascanio zum Kardinal gekürt und zog nach Rom, wo er – auch für seine Familie – eine einflußreiche Rolle spielte. Sein Bruder versöhnte sich nun wieder mit ihm.

Päpstlicher Sänger in der Sixtinischen Kapelle

Josquin trat vielleicht schon 1479 in den Dienst Ascanio Sforzas, eines der reichsten und kunstfreudigsten Kirchenfürsten seiner Zeit, der Dichter, Maler und Musiker um sich sammelte, so den Dichter Serafino und den Maler Pinturicchio. Serafino schrieb geistvolle Lieder im volkstümlichen Ton, in denen er das Leben seiner Zeit oft ironisch aufs Korn nahm, und trug sie zur Laute vor. Seine «Frottolen» kamen in Rom so in Mode, daß sie fast jeder kannte und sang. Pinturicchio arbeitete zwischen 1481 und 1483 in der Sixtinischen Kapelle,

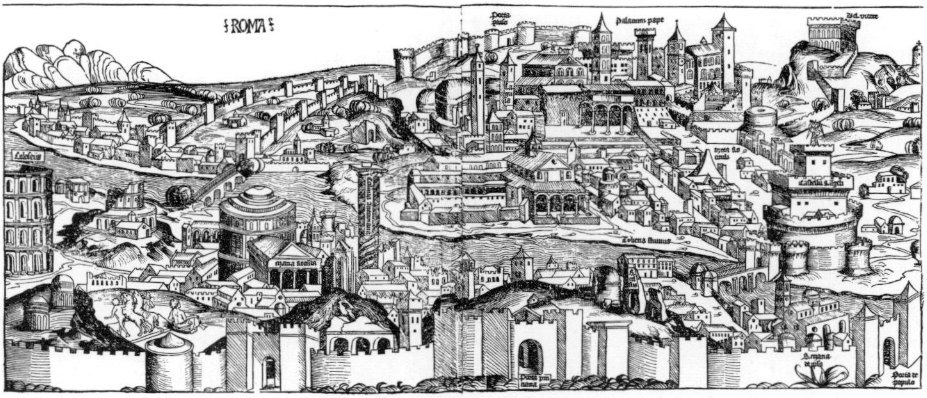

Rom, Holzschnitt aus: Die Schedelsche Weltchronik, 1493. Um 1500 wurde die römische Kirchenmusik weitgehend von niederländischen Musikern bestimmt.

malte 1487 für Papst Innozenz VIII. Ansichten großer Städte und hatte seine größten Erfolge während des Pontifikats von Papst Alexander VI.: der berüchtigte Borgia-Papst ließ ihn seine *appartamenti* ausmalen. Pinturicchio galt eher als Modemaler denn als bedeutender Künstler. So wenigstens urteilte Vasari: «Daraus wird deutlich, wie das Glück vorzüglich diejenigen als seine Kinder anerkennt, welche ohne eigene Vorzüge von ihm abhängig sind, denn oftmals werden Menschen durch seine Gunst empor gebracht, welche durch Verdienste nie bekannt geworden wären. Dies sah man an dem Maler Pinturicchio aus Perugia, der viele Arbeiten vollbrachte und bei vielen Menschen Unterstützung fand, jedoch einen weit größeren Namen hatte, als seine Werke verdienten.»[5]

Bernardino Pinturicchio, Holzschnitt aus Giorgio Vasari, Leben der ausgezeichnetsten Maler, Bildhauer und Baumeister, 1567. Der Maler Pinturicchio gehörte ebenso wie Josquin zum Gefolge des Kardinals Ascanio Sforza in Rom.

Josquin befand sich nun mitten im Strudel von Eitelkeit, Ruhmsucht und Intrigen, wie sie im Rom der Renaissance herrschten. Die politischen Schachzüge Alexanders VI., die Kriegsabenteuer seines Sohnes Cesare Borgia und die Verlobungen seiner Tochter Lucrezia Borgia waren Tagesgespräch. Doch Josquin scheint sich in seine Kunst vertieft und wenig Anteil an diesem bunten, aber gefährlichen Treiben genommen zu haben. Er sang in der Sixtinischen Kapelle, wo nur die besten Sänger Italiens und der Niederlande aufgenommen wurden, und komponierte vorwiegend Messen und Motetten, in denen er freilich auch auf Weltliches, wie es damals Brauch war, anspielte: die Melodie, ja sogar der ganze Satz vieler Messen beruht auf weltlichen Liedern, oft auf Chansons von Ockeghem, seinem Lehrer, manchmal sogar auf populären Liebesliedern. So wie der Papst und seine Kardinäle unbekümmert geistliches Amt und weltliches Treiben mischten, so waren auch in der Musik diese Bereiche nicht streng voneinander getrennt.

Josquin ist von Oktober 1486 bis 1494 in den Listen der Sixtinischen Kapelle nachweisbar, die danach – bis 1501 – verlorengingen. Also schied er in den Jahren dazwischen aus der päpstlichen Kapelle aus, denn nach 1501 wird sein Name dort nicht mehr genannt. Doch auch in der sicher nachweisbaren Zeit sang er dort nur ziemlich selten, insgesamt etwa während 49 Monaten. Sonst erfüllte er seinen Dienst bei Kardinal Ascanio Sforza, sorgte mit Serafino zusammen für geistvolle Unterhaltung und kümmerte sich um die private Kapelle des Kirchenfürsten. Dabei begleitete er auch den Kardinal auf Reisen. Vermutlich war er öfters in Florenz, wo er – nach dem Bericht des Musiktheoretikers Pietro Aaron – freundschaftliche Kontakte mit diesem und den Komponisten Obrecht, Isaac und Agricola pflegte. Für längere Zeit, von November 1487 bis Juni 1489, hielt er sich mit seinem Dienstherrn in Mailand auf. Dort wurde Ascanio wegen der Krankheit seines Bruders Lodovico dringend gebraucht. Außerdem deutet eine Spur daraufhin, daß Josquin schon als päpstlicher Sänger längere Reisen nach Frankreich und Burgund unternahm. So erhielt 1493 ein «Josquin chantre» eine große Geldzahlung von René II. von Lothringen für sich und andere Sänger, die ihn begleiteten. Offenbar war dies eine Art Konzerttournee nach Frankreich. Sein Leben war wohl noch viel bewegter und unsteter, als es schon die gesicherten Daten beweisen.

Umworben in Paris und Ferrara

Nach 1493 verlieren sich Josquins Spuren wieder einmal. Erst 1501 findet sich ein Hinweis, der nach Blois, dem Regierungssitz des französischen Königs

Ludwig XII., führt. Der Gesandte von Ferrara, Bartolomeo di Cavaleri, berichtete am 25. 9. 1501 von Blois nach Hause, daß Jean Verbonet, Sänger am Hof Ludwigs XII., Kompositionen Josquins für Ferrara auswählte. Am 13. Dezember desselben Jahres schrieb Cavalieri an Herzog Ercole I. von Ferrara, er habe Josquin getroffen, als dieser von einer Reise nach Flandern zurückgekommen sei, wo er im Auftrag des Herzogs Sänger anwarb. Gerade zu diesem Zeitpunkt besuchte Philipp der Schöne, der Sohn Kaiser Maximilians I., den französischen König und wollte Josquin nach Madrid an seinen Hof holen: er bat Herzog Ercole d'Este von Ferrara darum, der aber offenbar dieser Bitte nicht nachkam.

Diese Briefe zeigen, wie berühmt Josquin nun war: der Herzog von Ferrara, der französische König und der Sohn des Kaisers umwarben ihn, den bald Sechzigjährigen. Seine Kompositionen übten eine so große Faszination aus, daß ihr Besitz eine Staatsangelegenheit war. Die großen Herren beauftragten ihre Gesandten damit, sie an den fremden Höfen ausfindig zu machen und an sich zu bringen. Die Musik hatte damals eine Bedeutung, die heute kaum noch vorstellbar ist.

Josquin befand sich jetzt in einer recht unabhängigen Position, arbeitete zugleich für den französischen König, für den Herzog von Ferrara und für Philipp den Schönen. Er reiste so viel wie nie zuvor, war in Flandern, in Blois, Lyon und in Italien – alles Reisen zu Pferd, die in seinem Alter besonders anstrengend waren.

Gegenüber den großen Herren benahm er sich wie ein Ebenbürtiger. Als ein Pfründeversprechen König Ludwigs XII. auf sich warten ließ, komponierte er die Motette «Memor esto verbi tui» (Du sollst dich an dein Wort erinnern). Die geringen musikalischen Fähigkeiten des Königs nahm der berühmte Musiker in «regis cantio jocosa» aufs Korn: der König mußte in der ihm zugedachten Stimme nur einen langen Ton aushalten. Im Chanson «Adieu mes amours» vertonte er die Frage: «Vivrai-je du vent, si l'argent du roi ne vient pas souvent?» (Soll ich vom Wind leben, wenn nicht bald das Geld vom König kommt?) Diese Späße haben den Umgang mit dem gutmütigen König wohl kaum getrübt. Josquin komponierte für den französischen Hof auch viele ernste, offizielle Werke, so den Instrumentalsatz «Vive le roy», eine königliche Fanfare, und die fünfstimmige Motette «De profundis», wahrscheinlich als Trauermusik zum Tod Ludwigs XII. im Jahr 1515.

1503 verstärkten sich die Bemühungen des Herzogs Ercole von Ferrara um Josquin. Zwei Höflinge, Girolamo da Sestola, genannt Coglia, und Gian de Artiganova wetteiferten darum, einen möglichst berühmten Musiker als Kapellmeister an den Hof des Herzogs zu bringen. Coglia setzte auf Josquin und schrieb dem Herzog: «Mein Herr, ich glaube, es gibt weder einen Fürsten noch einen König, der jetzt eine bessere Kapelle als die Ihrige haben wird, wenn Eure Hoheit sich um Josquin bemühen werden. Don Alfonso wünscht dies Eurer Hoheit zu schreiben und so tut dies die ganze Gesellschaft, und wenn wir Josquin in unserer Kapelle haben, wünsche ich auf diese Kapelle von Ihnen eine Krone zu setzen.»[6]

Mit Don Alfonso, dem Sohn und Erben des Fürsten, hatte Coglia einen wichtigen Mitstreiter. Gian dagegen plädierte für Heinrich Isaac mit den folgenden Argumenten: «Für mich scheint er sehr gut geeignet, Eurer Hoheit zu dienen, da er gegenüber seinen Chorkollegen ein besseres Benehmen hat und öfters neue Werke komponieren wird. Es ist wahr, daß Josquin besser komponiert, aber er komponiert nur, wenn er will, und nicht, wenn man ihn dazu beauftragt, und er fordert 200 Dukaten Gehalt, während Isaac für 120 kommen wird – aber Eure Hoheit wird entscheiden, was getan werden sollte.»[7]

Ercole berief schließlich Josquin an seinen Hof, der dort ein Jahr, von April 1503 bis April 1504, als *maestro di cappella* wirkte. Er war der am höchsten bezahlte Musiker in der gesamten Geschichte der Musikkapelle Ferraras. Wie rasch sich die Nachricht über Josquins neues Engagement in Italien verbreitete, zeigt ein Brief des Gesandten von Mantua, der aus Frankreich nach Hause berichtete, daß der Komponist in Ferrara ein Haus und hohe Einkünfte erhalten würde.

Josquins Anwerbung nach Ferrara verdeutlicht die Bedeutung der Musik, die internationalen Verflechtungen, das Hineinwirken der Politik und den Ruhm des Komponisten, der nun den Höhepunkt seiner Laufbahn erreicht hatte.

Der Kapellmeisterdienst begann ein Jahr nach den großen Festlichkeiten anläßlich der Hochzeit Alfonsos d'Este mit Lucrezia Borgia, der Tochter Papst Alexanders VI. Besorgte Josquin die Sänger aus Flandern, um die Kapelle für dieses Fest zu verstärken? War er selbst bei den Feierlichkeiten anwesend? Dienten seine Werke zur Verschönerung des Festes? Wir können dies alles nur vermuten. Eine Messe jedoch trägt den Namen des Fürsten: «Hercules, Dux Ferrarie». Vielleicht erklang sie bei der spektakulären Feier, deren Bedeutung durch die Musik des berühmten Komponisten gewiß gesteigert wurde.

Lucrezia Borgia gab dem Hof neuen kulturellen Glanz, lud zahlreiche Dichter, auch den berühmten Ariost, ein, mit denen Josquin nun in Berührung kam. Freilich dauerte Josquins Kapellmeisterdienst nicht lange: im Juli 1503 brach eine Pestepidemie aus. Ercole, sein ganzer Hof und zwei Drittel der Einwohner flohen aus der Stadt. 1504 endeten die Gehaltszahlungen an Josquin, sein Nachfolger wurde Obrecht, der ebenso wie Ercole 1505 an der Pest starb. Jos-

Ferrara, Holzschnitt aus: Die Schedelsche Weltchronik, 1493. Am Hof von Ferrara wirkten nach Josquins Zeit als Kapellmeister noch viele andere niederländische Musiker; die bekanntesten sind Antoine Brumel und Adrian Willaert.

quins «Miserere mei, Deus», das er auf die dringende Bitte Ercoles komponierte, erklang in diesen schrecklichen Pestzeiten als Hilferuf an Gott.

Nachdem Josquin der Epidemie entronnen war, wurde er in Flandern, in der Kollegiatskirche Notre Dame in Condé-sur-l'Escaut Propst, ein Amt, das er bis zu seinem Tod ausfüllte. Der berühmte Musiker konnte also seinen Lebensabend in der Heimat verbringen. Noch immer komponierte er, wurde von der niederländischen Herrscherin Margarete von Österreich, vom französischen König Ludwig XII. und von Kaiser Karl V. hoch geschätzt. Ein Jahr vor seinem Tod überreichte Josquin dem Kaiser einige neue Chansons und erhielt ein stattliches Geldgeschenk.

Über 80jährig starb er am 27. April 1421 nach einem bewegten Leben. Doch seine Musik versinnbildlichte im Gegensatz zum äußeren Getriebensein die göttliche Harmonie der Töne und Zahlen, verband Natürlichkeit mit außerordentlicher Schönheit und Klarheit, verknüpfte verschiedene Stimmen zu vielfältigen Beziehungen und versenkte sich in die Mystik der Zahlen und der letzten Wahrheiten.

Josquins Leben war eine lange Reise – nicht nur zwischen Flandern, Italien und Frankreich, sondern auch in die Welt der Töne und in die Harmonie des Kosmos.

Welche Musiknation spielt die erste Geige? Georg Friedrich Händel in Italien und England

Im Spätsommer 1706 bestieg Händel die Kutsche, um von Hamburg nach Florenz zu reisen. Der Granprincipe di Toscana, Ferdinando de' Medici, hatte ihn eingeladen, als er Händels erfolgreiche Oper «Almira» im Theater am Gänsemarkt in Hamburg gehört hatte.

Wagemutig, wenn nicht gar waghalsig war Händel schon immer gewesen, hatte sich gegen den Willen des Vaters zum Musikerberuf entschlossen, Hamburgs Musikleben in kurzer Zeit erobert, das dem erst 21jährigen nun schon zu eng geworden war, ließ die verwitwete Mutter und seine Schwester in Halle in der Angst zurück, daß er sich ins sichere Verderben stürzen würde. Doch er wollte in seiner Kunst weiterkommen.

Dies war vor allem in Italien möglich. Denn im damals beginnenden Wettstreit der Nationen galt Italien als das führende Musikland. Nur die Franzosen versuchten ihm diese Stellung – freilich ohne großen Erfolg – streitig zu machen. Die Engländer konnten nach Purcell keinen bedeutenden Komponisten mehr ins Rennen schicken und feierten bei sich italienische Sänger und Opernkomponisten. Und die Deutschen hielten in großer Rückständigkeit – so schien es damals – am alten Kontrapunkt der Niederländer fest. Sie studierten fleißig die Kunst der Franzosen und Italiener, ohne als eigenständige Musiknation geachtet zu werden. So erschienen sie damals gänzlich unbedeutend, nicht einmal wert genug für nationale Scharmützel, wie sie Italiener und Franzosen gegeneinander austrugen.

Für diese war die Musik der jeweils anderen Nation eine Fremdsprache: «Italienische Musik, die wir in Frankreich singen, muß dort notwendig ebenso lächerlich wirken, als es unsere hier tat. Man muß sich also sehr hüten, sie nach dieser zu beurteilen. Um fremde Musik zu singen, ist gewiß völlige Vertrautheit mit der Sprache und den Gefühlswerten ihrer Worte erforderlich, um sie zu beurteilen nicht minder»[1], erkannte Charles de Brosses, der etwas mehr als dreißig Jahre nach Händel Italien bereiste. Obwohl selbst ein Franzose aus Dijon, verteidigte er die italienische Musik gegen seine Lands-

Georg Friedrich Händel, Kopie nach einem Gemälde von Bartholomew Dandridge, Fitzwilliam Museum Cambridge. Dieses repräsentative Bild zeigt Händel als erfolgreichen Komponisten, nachdem er sich in Italien und England durchgesetzt hatte.

leute, etwa den Musikschriftsteller Bonnet, der sie «nicht einmal für den Galgen gut genug» hielt. Doch auch die Italiener bekämpften die französische Musik mit aller Gewalt, wie er berichtete: «der berühmte Tonsetzer Hasse, genannt ‹il Sassone›, hätte sich in Venedig beinahe mit mir gewürgt wegen einiger sanfter Einwände, die ich gegen sein unbezähmbares Vorurteil machen wollte.»[2]

Der um eine Generation jüngere Hasse war wie Händel aus Sachsen nach Italien gekommen und hier ein erfolgreicher Opernkomponist geworden. Die Deutschen assimilierten sich, paßten sich an und lernten von den anderen Ländern, sogar Johann Sebastian Bach, der italienische und französische Musik studierte und in seinen eigenen, freilich typisch deutschen Stil umwandelte. Doch während Bach in der scheinbar behüteten Welt thüringischer und sächsischer Kantoreien und Fürstenhöfe blieb, drängte es Händel in die Weite. Er wurde nicht – wie der große Thomaskantor – zum Inbegriff deutscher Musik, vielmehr zum Wanderer zwischen den Nationen. Die Frage, ob er ein deutscher, italienischer oder englischer Komponist sei, läßt sich nicht eindeutig beantworten.

Das Hauptziel seiner Italienreise war, die italienische Sprache und Gesangskunst zu studieren und sich als Musiker durchzusetzen. Aber nicht nur die Musik, auch das Land selbst mit seinem großen Kunstreichtum aus der Antike und der Renaissance und die südliche Landschaft zogen ihn an. Er war kein Musiker, der nur in der Welt der Töne lebte, vielmehr öffnete er seine Sinne für alle Eindrücke.

Arkadische Landschaft, Federzeichnung von Claude Lorrain, zwischen 1660 und 1663, München, Staatliche Graphische Sammlung.

Italien war für die Menschen des Barock eine Art Arkadien: ideale Landschaften mit sanften Bergen, schattenspendenden hohen Bäumen, quellfrischen Bächen und weiten Ausblicken auf das unendlich scheinende Meer und den heiteren Himmel am fernen Horizont. Dorthin dachte man sich die Hirten der antiken Mythologie, wie sie Ovid überlieferte, sah das Land lustig bevölkert mit Tier und Mensch und in harmonischer Zusammengehörigkeit mit Gott. Später schilderte Händel manche arkadische Szene in seinen Opern. Hier in Florenz sah er erstmals das Vorbild dieser Vision eines harmonischen Zusammenlebens von Mensch, Natur und Gottheit.

Allerdings empfand er wohl vor allem den kunstvollen Garten des Granprincipe Ferdinando de' Medici in Pratolino als Arkadien. Denn im Sinne des Barock glaubte er, daß die Natur erst durch den Menschen wirkliche Vollkommenheit erlange. Die Bäume wurden zu geometrischen Formen beschnitten, Wasserläufe zu künstlichen Wasserfällen, Springbrunnen und Seen gestaltet, Blumen und Ziersträucher zu Ornamenten komponiert. Nicht die unberührte, reine, sondern die vom Menschen beherrschte Natur brachte die barocke Utopie von Arkadien hervor. Ob kunstvolle Gärten, Gemälde oder Opern: die Natur wurde zwar verherrlicht, aber nur die vom Menschen gezähmte und idealisierte Natur.

Abscheulich und ermüdend: Reise von Florenz nach Rom

Der junge Sachse wurde in Florenz als Klaviervirtuose und Komponist sehr bewundert. Nach dem vielversprechenden Anfang zog es ihn jedoch schnell weiter nach Rom. Bereits im Herbst oder Winter 1706 fuhr er dorthin. Wie er reiste, wissen wir heute nicht mehr genau. Doch die Strecke, auf der die Postkutschen fuhren, ist sehr wohl bekannt. Sie führte nach Siena, über den Apennin, am Lago di Bolsena vorbei nach Montefiascone, nach Viterbo und schließlich nach Rom.

Aus Reiseberichten des 17. und 18. Jahrhunderts kann rekonstruiert werden, wie Händels Fahrt nach Rom verlief. 1689 bis 1700, also etwa sieben Jahre vor Händel, reisten der Hauptmann Lambert Friedrich Corfey und sein Bruder, der Leutnant Christian Heinrich Corfey, und von 1739 bis 1740 Charles de Brosses, Graf von Tournai, dieselbe Strecke und hielten ihre Eindrücke in Reisetagebüchern fest.

Corfey und sein Bruder fuhren mit einem Lohnkutscher, in dessen Reisepreis Unterkunft, Verpflegung und alle Unkosten inbegriffen waren. Sie brauchten von Florenz bis Siena (60 km) fast eineinhalb Tage, speisten zu Mittag in Siena und übernachteten in Tavernella. Brosses fuhr in der Postkutsche, machte zunächst einen Ausflug nach Livorno und Pisa, um dann von Pisa bis Siena in einem Tag zu fahren: «Am fünfzehnten übernachteten wir schon in Siena, nachdem wir sechzig Millien (120 km) gemacht hatten. Eine Riesenstrecke, die wir kaum geschafft haben würden, wenn uns nicht ein Typ von Postillon glänzend kutschiert hätte, der mit dem linken Fuß in einer Babusche, mit dem rechten in einem Pantoffel steckte.»[3]

In Siena fielen den Reisenden die hohen Türme der einzelnen Palazzi auf. Die Stadt gefiel ihnen jedoch nicht. Corfey schimpfte über die Stadttore: «. . . an den Pforten haben sie eine sonderbare cannailleuse Maniere, denen Etrangers das Geld abzuschwicken, absonderlich mit Zettulen, die man nehmen mues, umb frey und ungehindert durchzupassieren.»[4] Auch Brosses nahm keinen guten Eindruck aus Siena mit: «Die Stadt ist nicht hübsch, und wirkt wie alle Backsteinstädte etwas düster. Sie ist auch ganz mit Backstein gepflastert, und zwar recht schlecht. Solch Pflaster ist für Pferde recht bequem, aber sehr unerfreulich für Fußgänger.»[5] Brosses lobte die Kunstschätze der Stadt – insbesondere den Dom, die Madonna von Guido de Siena – und das hervorragende dialektfreie Italienisch, das hier gesprochen wird.

Ob Händel ebenso viel Muße wie Brosses hatte, ist unbekannt. Jedenfalls wird auch er über die schlechte Straße von Siena bis Rom geflucht haben. Brosses schrieb: «Böse Dinge muß ich ihnen über den Weg von Siena bis Rom sagen. Er ist elend, hundselend und schon an sich schlimm genug, jeden Reisenden zur Verzweiflung zu bringen, von Deichsel- und Achsenbrüchen, Purzelbäumen und den sonstigen kleinen Annehmlichkeiten dieser Strecke ganz zu schweigen. Als wir das erste Mal umwarfen, war ich noch nicht so recht daran gewöhnt und gab dem Postillon ein paar kräftige Tritte in den Hintern. Loppin, weiser als ich, ließ zuerst alles wieder gut instand setzen, dann den Postillon vor sich kommen und peitschte ihn nun in höchster Gelassenheit und ohne den leisesten Zorn durch, wie der Corrector der Jesuiten zu peitschen pflegt.»[6]

Die Straße führte nun ins Gebirge. Bei strömendem Regen – Brosses reiste ebenso wie Händel im Herbst – ließ er das für seine Weine berühmte Montepulciano rechts liegen und mußte die steile Straße nun fast immer zu Fuß neben der Kutsche hergehen: «überschritten Berge – nein Felsskelette, – Friedhöfe voller Felsleichen ohne ein grünes Hälmchen, nur mit Trümmern verbrannter Gebirge überdeckt liegend – und kamen in stockdüsterer Nacht nach Radiocofano, einem häßlichen Dorf auf der höchsten Höhe der Apenninen, bis auf die Knochen durchnäßt, und ganz hin vor Müdigkeit und Hunger.»[7] Dort fand Brosses nicht einmal ein Nachtquartier, weil gerade der Prinz von Sachsen «mit fünfzig Pferden» angekommen war und alle Herbergen belegt hatte. Ein Kapuziner erbarmte sich schließlich der Franzosen.

Nur Wein erfreute die von den unbequemen Straßen geplagten Reisenden. Der Soldat Corfey berichtete weniger als der französische Edelmann von Kunstwerken, dafür mehr über Trinkfreuden: «Am Abend logierten wir zu Lusignano, alda wir den delicaten Wein de Monte Pulciano zu schmecken bekamen.» Doch tagsüber war auch für ihn die Fahrt abenteuerlich und oft merkwürdig: vor Acquapendente, der ersten Stadt des Kirchenstaates, «mußten wir den Fluß Paglia passiren, darüber Pabst Gregorius XIII. eine Brücke von 6 Bogen gebaut, son hernach von Innocentio XL. repariert worden. Kaum waren wir diese Brücke passirt, kam ein Eremita aus einem Loch hervorkriechen (!) und besprengte unsere Pferde sowohl als die Caleche mit Weiywasser. In dieser ungewöhnlichen Andacht kunten wir uns alsbald nicht schicken; ehe wir uns derohalben besannen, daß es umb die Denari zu thuen, war die Chaise schon vorbei.»[8]

Arkadien war das gewiß nicht! «Man kann sich nichts Abscheulicheres und Ermüdenderes vorstellen als diese Strecke von Siena zum Bolsener See, und es ist einfach unwürdig, daß die Beherrscher dieser Gegenden die Wege in so einem Zustand belassen»[9], schimpfte Brosses. Erst nach Acquapendente wurden die Straßen besser und entsprach die Landschaft wieder mehr dem Ideal, das sich die Fremden von Italien zurechtgelegt hatten. Montefiascone «liegt hübsch auf einer Höhe mitten in Weingärten, die berühmte weiße Weine liefern» [10], berichtete Brosses, und Corfey weiß eine hübsche Anekdote: «Alda wir uns den renomierten Moscadello del Montefiascone geben ließen und zugleich auch das berühmte Epitaphium besahen außerhalb der Stat alla chiesa di St. Flaviano vorm hohen Altar, welches besteht aus einen schlegten und sehr ubel ausgehauenen Leichstein eines dem Vorgeben nach teutschen Bischofs vom Geschlegt de Fuc, welcher hiedurch nach Rom passierend den Wein so delicat gefunden, daß er von Viterbo wieder zurückgekehrt, um denselben noch eins zu probieren, aber denselben also probiert, daß er zu Montefiascone gestorben.» [11] Händel, der Zeit seines Lebens kein Kostverächter war, wird gewiß auch diesen Wein versucht haben.

Von Montefiascone war es nun nicht mehr allzu weit nach Rom. Brosses übernachtete in Viterbo, fuhr «in aller Herrgottsfrühe» weiter den Berg hinauf nach Ronciglione und dann hinunter in die «hochgepriesene römische Campagna», von der er sehr enttäuscht war: «Wissen Sie, was das in Wirklichkeit ist, diese Campagna? Eine Masse unfruchtbarer, unangebauter Hügelchen ohne ein menschliches Wesen, das Abstoßendste und Kümmerlichste, was man sich denken kann! Romulus muß geradezu besoffen gewesen sein, als er darauf verfiel, in einem derartig häßlichen Gelände seine Stadt zu bauen.» [12]

Hauptmann Corfey und sein Bruder brauchten für die 290 km lange Strecke zwischen Florenz und Rom 6 Reisetage, Brosses legte sie in nur vier Tagen zurück. Ob Corfey nur beschaulicher reiste, oder ob zur Zeit von Brosses (also 40 Jahre später) das Postkutschensystem so viel besser organisiert war, daß man zwei Tage einsparen konnte, soll hier offengelassen werden. Doch wir können mit Sicherheit annehmen, daß Händel etwa in einer Woche von Florenz nach Rom gelangte und auch vieles von der Realität erlebte, die nur wenig in die Vorstellung einer arkadischen Welt paßte.

«Il Sassone» erstmals in Rom

Händel war in Rom noch gänzlich unbekannt. Es bleibt wohl immer ein Rätsel, wie sich der Anfang seiner römischen Zeit gestaltete. Mit großem Eifer studierte er gewiß die römische Musik. Doch er bemühte sich auch, bei den Musikliebhabern als Virtuose bekanntzuwerden – und dies mit großem Erfolg: am 14. Januar 1707 trug der Römer Francesco Valesio in sein Tagebuch die folgende Notiz ein: «Derzeit ist in unserer Stadt ein Sachse, ein exzellenter Cembalospieler und Komponist. Er hat heute die Pracht seiner Kunst im Orgelspiel

Basilica di S. Giovanni in Laterno in Rom. Stich von G. B. Probst.

zum Erstaunen aller in S. Giovanni gezeigt.»[13] Da durfte also ein Sachse und gar ein Protestant in San Giovanni in Laterano, der römischen Bischofskirche, spielen! Das war ungewöhnlich. «Sanct Joan in Laterano ist die erste und älteste Kirche, so Constantinus öffentlich bauen lassen, wie hinten in der Architrave des Vestibuli zu lesen: Dogmate papali datur ac simul imperiali quod sim cunctarum mater, caput ecclesiarum. (Die päpstliche Lehre sagt, daß diese Kirche zugleich das Haupt aller Kirchen und deren Mutter sei.) Vorn aber hat sie eine Arcade von dorica und corinthica, von dessen oberste Gallerie der Pabst die Benediction pflegt zu geben. Unten zur Lincken in einer Capellen ist eine herliche Statue pedestris Henrici IV., Königs aus Frankreich (...). Inwendig ist die Architectur von compositen Pilastren, hat 5 Naves und ein sauberes mosaisches Paviment. Das Sofito ist sehr reich verguldet. Oben das Altare pontificium seint die beyde Häubter Petri und Pauli in könstlichen Brustbildern eingefast, welche zuweilen gezeigt werden.»[14] Mit diesen sachlichen und etwas dürren Worten beschrieb Corfey die Lateransbasilika, wie sie Händel gesehen hat. Erst in den folgenden Jahrzehnten wurde sie von Borromini umgebaut und von Alessandro Galilei mit der eindrucksvollen Fassade so gestaltet, wie wir sie heute kennen.

Weitere Spuren von Händels erstem Rombesuch führen zum Palast des Kardinals Benedetto Pamfili am Corso. Offenbar konnte er nach seiner Ankunft in

Piazza Navona in Rom.

Rom dort aufgrund der Empfehlung des Fürsten Ferdinando de' Medici arbeiten und wohnen. Die Pamfili gehörten zu den reichsten Familien der Stadt, besaßen an der Piazza Navona einen prunkvollen Palazzo sowie Sant' Agnese, ihre Familienkirche. Auf diesem Platz wurde im August die «Festa del Lago» gefeiert: an jedem Sonnabend schloß man die Schleuse, die das Wasser der Fontana del Moro ableitete, der Platz füllte sich rasch mit Wasser, auf dem dann am Sonntag ein großes Fest gefeiert wurde: Kutschen, die man als Schiffe, Fische oder Seeungeheuer «verkleidete», wurden von den Pferden durch den «See» gezogen, und abends beleuchteten Fackeln stimmungsvoll das sommerliche Fest, das die vornehmen Römer, allen voran die Pamfili, von den Fenstern ihrer Palazzi aus beobachteten. Händel hat sicherlich auch hier seine besondere Liebe für alles, was mit Wasser zu tun hat, gewonnen.

Außerhalb Roms konnte er in der Villa Pamfilia seiner Sehnsucht nach Arkadien und seiner Kunstliebe nachgehen. «Das Haus ist durchgehend voller Schildereyen. Alhie seint mehr Busta und Statuen, als ich jemahlen anderswo, ausgenommen Florenz, weiß gesehen zu haben, und zwarn sehr sauber und woll conserviert. Auswendig ist das Haus ebenfalls mit Statuen, Busta und Basreliefs sehr pregtig verzirt. Der Garten hat woll 6 Meilen im Umkreis und etliche angenehme Fontanen. Die Grotta des Narcissi, das Theatrum, welches voller Büsten und Basreliefs, die großen und vile Alleen aperte de vue seint von

Die Gärten der Villa Pamfili in Rom, Aquarell von John Robert Cozens, 1778, Victoria and Albert Museum, London. Die barocke Gartenbaukunst erreichte im 18. Jahrhundert in Rom einen Höhepunkt. Händels Naturliebe und die häufige Naturmalerei in seiner Musik erhielten hier wichtige Impulse.

den principalsten Stücken, so darin zu observiren»[15], beschrieb Corfey den Landsitz der Pamfili.

In Frascati besaß der Kardinal das Belvedere, das Corfey besonders rühmte. Ihm gefiel die künstliche Grotte, wie sie von Italien ausgehend dann im Rokoko auch in Süddeutschland sehr beliebt wurde: «Diese Grotta formiert in die Mitte einen halben Circel mit 5 Nischen; in die mittelste steht ein Athlas mit einem Globo, davon die Sterne lauter Wasserstrahlen abgeben, und der Horizont breitet gleichfalls eine durchsichtige Courtine vor den Athlas herunter, vor dessen Fueßen ein Berg zu sehen, welcher mit einen großen unterirdischen Gemurmel das Wasser herauswirft, nicht anders als der Aethna das Feuer, welchen er auch scheint zu praesentieren, inmaßen unten im Wasser zwischen Felsen und Klippen der Enceladus auch mit großer Furie das Wasser in die Höhe wirft.»[16] Begeistert ist Corfey vom Saal der Musen: «Das Künstligste aber und lieblichste ist die Sala delle Muse im eusseren Flugel der obgemelten Grotta.»[17] Dort ist Apoll mit allen Musen auf dem Parnaß abgebildet, und man hört Vögel singen: «Es ließe sich erstlich der Nachtigal und hernach der Kuckuck hören, darauf aber machten die Musen ein so liebliches Concert, daß es nicht zu sagen sey. Und obwoll man wiste und sehen konnte, daß es durch ein verborgenes und von selbsten spielendes Orgel zuwegengebracht wurde, machte dennoch die natürliche Figur und Positur der Musen, daß man ohne allen Machinen sich einbilden mueste, als wenn alles natürlich und lebendig wäre.»[18] Landschaft, Architektur, Malerei und die Orgel spielten hier zusammen, um die Illusion von Arkadien zu erwecken. Sie schufen aus der Realität mit scheinbar naiven Wirkungen eine höhere, geistige Wirklichkeit, in der heidnische Antike und Christentum ineinander übergingen.

Kardinal Pamfili war kein eng katholisch denkender Geistlicher. Ihn störte es deshalb nicht, daß der junge Händel der protestantischen Konfession anhing. Er war – wie die meisten anderen Kardinäle – ein «Arkadier», der seine freie Zeit eigener Dichtung widmete und seinen Ehrgeiz daran setzte, in seinem Palast vortreffliche Konzerte erklingen zu lassen. Händel vertonte die Dichtungen des betagten Kardinals, so im Februar die weltliche Kantate «Il delirio amoroso: Da quel giorno fatale», im Frühjahr das Oratorium «Il Trionfo del Tempo del Disinganno», das im Collegio Clementino oder im Palazzo Pamfili erstmals aufgeführt wurde, und weitere Kantaten über mythologische Themen.

Schnell war Händel in Rom berühmt geworden. Auch andere Fürsten warben um den jungen Maestro, neben Kardinal Pamfili der Marchese Francesco Maria Ruspoli, bei dem Händel zwischen 1707 und 1709 häufig zu Gast war. In

Kardinal Benedetto Pamfili (1653–1746), Stich von J. J. Rubeis. Der Kardinal war musik-, literatur- und kunstliebend und förderte den jungen Händel, der einige Dichtungen Pamfilis vertonte.

Rom bewohnte der Marchese den Palazzo Bonelli an der Piazza de' Santi Apostoli, auf dem Land besaß er eine Villa in Vignanello. Der reiche und musikliebende Ruspoli war von Händel begeistert. Er hatte Literaten und zahlreiche damals in Italien berühmte Musiker in seinen Diensten. Wie die anderen Arkadier veranstaltete er einmal in der Woche eine Conversazione, eine literarisch-musikalische Geselligkeit, die sich vom Nachmittag bis in den Abend hinein zog. Dabei wurden Gedichte vorgetragen, eine Kantate aufgeführt und wahrscheinlich auch Instrumentalmusik gespielt.

Die Akademien oder Conversazioni gehörten zu den wichtigsten Einrichtungen des italienischen Gesellschaftslebens. Jeder Fürst, der auf sich etwas hielt, veranstaltete einmal in der Woche ein solches Treffen, bei dem die Gäste neue Musik, Dichtung, Theater oder Kunst erleben und dann darüber sprechen sollten. Freilich kam dabei auch das Kulinarische nicht zu kurz, wie Brosses von einer Conversazione bei Kardinal Acquaviva 30 Jahre nach Händels Romaufenthalt berichtet: «Diese ‹Conversazioni› sind wirklich, was ihr Name sagt; man spaziert in den Gemächern auf und ab und unterhält sich, manchmal wird musiziert, immer aber gibt's Schokolade und Eiswasser die Fülle. Noch mehr liebe ich die vorzüglichen Sorbetts mit Zimt, die gehaltvoller sind als die dünnen mit Limonade und doch nicht so derb wie das Gefrorene.» [19] Offenbar war bei Kardinal Acquaviva das Kulturelle gegenüber dem Kulinarischen in den Hintergrund getreten. Händel dagegen erlebte die Conversazioni auf ihrem kulturellen Höhepunkt; denn zu seiner Zeit wetteiferten besonders gebildete, kunst- und musikliebende Fürsten miteinander.

Oper in Florenz

So vielfältig Händels Aufgaben im römischen Musikleben inzwischen waren, sein hauptsächliches Ziel konnte er hier nicht erreichen: als Opernkomponist zu reüssieren. In Rom nämlich war die Aufführung von Opern durch ein päpstliches Edikt verboten, weil – wie es hieß – auf der Bühne allzu Unmoralisches gezeigt würde. Sogar die Mitwirkung von Frauen bei öffentlichen Musikaufführungen war zur Sühne nach dem schweren Erdbeben von 1703 in Mittelitalien untersagt worden. Doch Händel komponierte dennoch während seines ersten Rombesuches an einer Oper «Vincer se stesso è la maggior vittoria», die unter dem Namen «Rodrigo» bekannt ist. Wahrscheinlich hatte er im Herbst 1706 von Ferdinando de' Medici den Auftrag dazu erhalten. «Rodrigo» ist freilich keine gänzlich neue Oper, vielmehr verwendete Händel zahlreiche Musikstücke aus seiner für Hamburg komponierten «Almira», zeigte allerdings große Fortschritte bei der Gestaltung der Rezitative, die nun – wie in der italienischen Oper üblich – dramatischer wirken.

So reiste er im Oktober 1707 wieder die beschwerliche Strecke nach Florenz zurück, um die Aufführung seiner neuen Oper zu überwachen. Mit der Musik war der Granprincipe Ferdinando de' Medici sehr zufrieden: Händel erhielt 100 Zechinen und ein Porzellanservice. Doch auch in anderer Hinsicht bildete der zweite Florenzbesuch einen wichtigen Einschnitt in Händels Leben. Sein erster Biograph, John Mainwaring, wies dezent darauf hin: «Vittoria, die als Aktrice und Sängerin sehr bewundert wurde, spielte die vornehmste Person in dieser Opera. Das Frauenzimmer war schön und hatte eine ziemliche Zeit der besonderen Gnade Sr. Großherzoglichen Durchlaucht genossen. Allein, die natürliche Beunruhigung gewisser Herzen machte sie in ihrer Erhebung so unempfindlich, daß sie sich entschloß, ihre Gunst auf eine andere Person zu werfen. Händels Jugend und gute Gestalt in Vereinigung mit seinem Ruhm und musikalischen Wissen hatte sich ihrem Gemüte eingedruckt. Und ob sie gleich die Kunst besaß, ihre Neigung vor der Hand zu verbergen, war es doch nicht in ihren Kräften, wenigstens nicht in ihrem Vorsatz, dieselbe zu unterdrukken.»[20] Vittoria Tarquini hatte den bezeichnenden Spitznamen «La Bombace», der sich sowohl auf ihre Stimme als auch auf ihren Körper bezog, war bereits mittleren Alters, doch noch immer sehr attraktiv, wie die Geschichte

Dogenpalast mit Piazzetta in Venedig, Stich von Antonio Visentini nach einem Gemälde von Antonio Canaletto.

mit dem Granprincipe zeigt. Sie also führte den 22jährigen Händel in die Kunst der Liebe ein.

Karneval in Venedig

Trotz allem verließ Händel bald Florenz. Allein? Mit Vittoria Tarquini? Wir wissen es nicht. Ihn zog es nun nach Venedig. Jeder, der Italien besuchte, mußte es gesehen haben, zumal aber ein Musiker, der Opern komponieren wollte. Venedig war damals die Hauptstadt der Oper, auch wenn ihr Neapel diesen Rang streitig machen wollte.

Die Kutsche brachte Händel in einem Tag nach Bologna, «eine der schlimmsten Tagesreisen, die man in der Post machen kann», wie Brosses anmerkte[21]. «Lang und wüst steil» ging es den Apennin hinauf, düsteres Gebirge trat an die Stelle der heiteren toskanischen Landschaft.

Ob der Kunstliebhaber Händel sich in Bologna die Zeit nahm, Gemälde und Architektur anzuschauen, können wir nur vermuten. Brosses jedenfalls zeigte sich angetan von Bolognas Straßen: «Bologna ist, gerade so wie Padua, mit Lauben neben den Straßen gebaut, unter denen die Fußgänger geschützt gehen. Aber statt von schändlichen Bogengängen dort, werden hier die langen, breiten Straßen von schönen, hoch überwölbten Hallen eingefaßt, die, soweit das Auge reicht, auf Säulen jeglichen Stils und viereckigen Pilastern ruhen.»[22] Vielleicht bestaunte Händel auch den Marktplatz mit «Bergen von Zwiebeln, nicht höher und nicht niedriger als die Pyrenäen», womit die Stadt einen schwungvollen Handel trieb. Vielleicht genoß er auch Bologneser Spezialitäten, Wurstwaren, Tabak und Seifenkugeln, von denen Corfey schwärmte: «Die Mortadellen, kleine Hundger, Tavac und Savonetten werden hie besser als in der gantzen Welt gemacht.»[23]

Von Bologna fuhren Hauptmann Corfey und sein Bruder «mit dem Corriere ordinario Signore Lazaro genant en chaise, die ganze Nacht und hielten den 18. Mittag zu Ferrara, eine große, aber nicht sonderlich schöne Stadt. Sie ist à la moderne mit nassen Graben und eine funfeckte Citadella befestigt.»[24] Nun konnten die Reisenden von der Postkutsche auf das Schiff überwechseln, was bestimmt auch Händel tat, da damals das Reisen auf dem Wasser angenehmer war als auf den holprigen Straßen in den ungefederten Kutschen. «Nachmittag gingen wir bis Francolino an den Poo-Fluß, alwo wir uns enbarquirten. Den 19. nach Mittaag passierten wir den Porto di Malomocco und langten zu Venedig an, alwo wir am Monte d'oro logirten, aufm großen Canal nicht weit vom Ponte di rio alto.»[25]

Auch Händel war in Venedig wohl gezwungen, sich ein eigenes Quartier zu suchen. Denn dort konnte er nicht mit Engagements bei Adeligen wie in Florenz und Rom rechnen. Die Quartiere in Italien waren nicht so schlecht, wie man damals allgemein dachte; so schrieb wenigstens Brosses: «Beispielsweise hörte man stets sagen: ‹Die italienischen Herbergen sind scheußlich.› Unwahr, in den größeren Städten ist man vorzüglich aufgehoben; freilich sind sie schlecht auf den Dörfern, aber das ist nichts Besonderes, sondern gerade wie in Frankreich.»[26] Brosses war auch von seiner Herberge in Venedig begeistert: «Wir sind hier sozusagen dicke drin in der Rue Saint-Honoré einquartiert; wollten wir aber bis in den hellen Vormittag hineinschlafen, nicht das leiseste Geräusch würde uns ausstören. Alles geht lautlos im Wasser vor sich, und mitten auf dem Gemüsemarkt könnte man ausgezeichnet schnarchen.»[27]

Händel blieb vermutlich von November 1707 bis Februar 1708 in Venedig. Berufliche Erfolge hatte er in dieser Zeit keine. Weder Gehaltsabrechnungen noch andere Quellen belegen seinen ersten Aufenthalt in der Lagunenstadt. Er verwandte ihn also wohl hauptsächlich zum Studium der venezianischen Musik und um einen Opernauftrag vorzubereiten. Für beides war die Zeit, die er gewählt hatte, sehr günstig. Denn von Oktober bis März dauerte in der Regel der venezianische Karneval, und während dieser Zeit wurden Opern und Komödien gespielt. Händel konnte also sehr gut studieren, wie in Venedig Opern komponiert wurden.

Der Karneval war in Venedig eine Zeit des gehobenen Lebensgefühls. Alles war dem Alltag entrissen, selbst der Alltag: «Danach kann man auf gut sechs Monate rechnen, wo hier alle Welt maskiert geht, Priester und Laien, selbst der Nuntius und der Türschließer der Kapuziner. Denken Sie nicht, daß ich im Scherz rede. Maske gehört zum Anzug. Die Pfarrer, sagt man, werden unwillig auf ihre Pfarrkinder, der Erzbischof auf seine Geistlichen, wenn sie nicht die Maske in der Hand oder auf der Nase haben»[28], berichtet Brosses.

Händel scheint dieses extrovertierte Leben in vollen Zügen genossen zu haben. Er besuchte Opernaufführungen, Konzerte und Gesellschaften aller Art, verborgen hinter seiner Maske und doch sein Können preisgebend. Darauf weist zumindest die berühmte Anekdote, die – ob historisch richtig oder auch nur ein Künstlermythos – ein Licht auf Händels Leben in Venedig wirft. Mainwaring erzählt sie folgendermaßen: «In einer Maskerade daselbst entdeckt man ihn, als er, mit der Larve vor dem Gesicht, auf einem Flügel spielte. Scarlatti befand sich von ungefähr neben ihm und sagte zu den Anwesenden, es könnte dieser Spieler kein andrer sein als der berühmte Sachse oder der Teufel selbst.»[29] Händel gab sich zu erkennen, Domenico Scarlatti, gleich alt wie Händel, wußte bereits von seinem Vater Alessandro Bescheid über den jungen deutschen Virtuosen, und es entstand eine enge Freundschaft. Domenico Scarlatti war damals bereits ein erfolgreicher Musiker, berühmt als Klaviervirtuose, und es ist erstaunlich, daß er Händel nicht als gefährlichen Konkurrenten aus Venedig hinausekelte, sondern ihn anerkannte. Denn als Komponist war ihm der Sachse damals bereits überlegen. Erst viel später komponierte Domenico Scarlatti seine noch heute geschätzten Klavierwerke.

Doch auch andere bedeutende Musiker lernte Händel in Venedig kennen. Gasparini und Lotti beherrschten die venezianische Oper. Wie später auch Händel in London, waren diese beiden sowohl Komponisten als auch Unternehmer, die ihre Opernhäuser auf eigenes Risiko führten.

Neben der Oper konnte Händel hier die italienische Instrumentalmusik auf höchstem Niveau studieren. Sie wurde in besonderer Qualität in den Konservatorien der Waisenhäuser gepflegt. Noch Brosses schwärmte von ihren Konzerten: «Am besten in Venedig musizieren vier Waisenhäuser, die ausschließlich mit Waisenmädchen, außerehelich geborenen oder solchen besetzt sind, deren Eltern keine Mittel zu ihrer Erziehung haben. Der Staat läßt sie auf seine Kosten aufziehen und einzig zu guten Musikantinnen ausbilden. Kein Wunder, daß sie wie Engel singen, geigen, flöten, Oboe, Orgel, Cello und Kontrabaß

Domenico Scarlatti, Stich nach einem Ölgemälde von Antonio de Velasco, 1740. Scarlatti verließ Italien 1719, um in Lissabon und Madrid zu wirken. Sein Vater, Alessandro Scarlatti, hatte großen Einfluß auf die Opern des jungen Händel.

spielen, und selbst vor den größten Instrumenten nicht zurückschrecken. Sie leben zusammen wie Nonnen im Kloster und sind hier in Venedig die einzigen, die Musik ausüben. In jedem Konzert wirken einige vierzig Mädchen. Ich schwöre Ihnen, es gibt keinen ergötzlicheren Anblick, als so eine junge, hübsche Nonne, die im weißen Kleid und ein Granatblütensträußchen über dem Ohr ihr Orchester anführt und mit unübertrefflicher Anmut und richtigem Gefühl den Takt schlägt. Wie leicht ihre Stimmen einsetzen, und wie rein sie die Töne treffen, ist einfach himmlisch.»[30] Händel traf gewiß auch Antonio Vivaldi, der an einem der Waisenhäuser, der Pietà, wirkte. Doch im Gegensatz zu Johann Sebastian Bach, der Vivaldis Werke gründlich studierte und davon ausgehend seine eigenen Instrumentalkonzerte schuf, zeigte sich Händel von Vivaldis Einfluß unberührt, wenn man von der beiden gemeinsamen Kunst absieht, mit einfachsten Mitteln berückendste Wirkungen hervorzurufen.

So war das Leben in Venedig für Händel interessant, anregend und im Durcheinander der Masken ein spannendes gesellschaftliches Vexierspiel.

Das bequemste und genehmste Gefährt: die Gondel

Leicht schwebend konnte Händel in der Lagunenstadt mit den Gondeln seine Ziele erreichen. Diese galten damals als das schönste Verkehrsmittel, wie Brosses nach Hause berichtete: «Dazu kommt, daß kein Gefährt der Welt sich mit der Bequemlichkeit und Annehmlichkeit der Gondel messen kann. Richtig beschrieben fand ich sie noch nirgends. Sie ist ein langes, schmales Fahrzeug, fischförmig, fast wie ein Hai gestaltet. In der Mitte befindet sich ein niedriger verdeckter Kutschkasten – so könnte man es nennen –, wie bei einer Berline und doppelt so lang als bei einem Viersitzer. Ein einziger Kutschschlag dient zum Eintritt. Der Rücksitz hat zwei Plätze, noch einmal je zwei sind auf den beiden Bänkchen rechts und links, diese bleiben aber meist frei und dienen nur denen im Rücksitz als Fußlage. Dieses Räumchen ist wie unsere Kutsche nach drei Seiten offen, kann aber, wie man wünscht, durch Glasfenster oder mit schwarzem Tuch bespannte Holzrahmen geschlossen werden, die man zwischen Führungsnuten auf- und nieder- oder seitlich in den Gondelkasten hineinschiebt. Ich hoffe, Sie haben mich begriffen. Der Gondelkopf trägt zur Erhaltung des Gleichgewichts ein großes Eisen mit sechs breiten, waagrecht vorstehenden Eisenzähnen, so daß ich ihn mit dem aufgesperrten Haimaul vergleichen möchte, obwohl er einem Windmühlenflügel wohl geradeso ähnlich sieht. Das ganze Boot ist schwarz bemalt und lackiert; mit schwarzem Tuch überzogen ist der Kutschkasten, mit schwarzem Samt gefüttert sein Inneres, und Kissen von schwarzem Saffian liegen auf den Sitzen. Selbst die größten Herren sind unbedingt an Schwarz gebunden und dürfen sich also nicht im geringsten von der Farbe des kleinsten Privatmannes unterscheiden. Auf die Art ist es also ganz aussichtslos, den Insassen einer geschlossenen Gondel etwa erraten zu wollen. Hier ist man ganz in seinem Zimmer, kann lesen, schreiben, plaudern, sein Liebchen karessieren, trinken, essen und dabei in der ganzen Stadt umher seine Besuche machen. Zwei Männer von erprobter Zuverlässigkeit bringen Sie, wenn Sie wollen von ihnen ungesehen, wohin Sie immer wünschen. Ob ich je wieder zufriedenen Mutes in einer Kutsche sitzen werde, nachdem ich die Annehmlichkeiten der Gondel einmal geschmeckt habe?»[31]

Diese ausführliche Beschreibung zeigt einiges vom Lebensgefühl in Venedig. Man fuhr durch die Stadt in höchstem Komfort, wichtig war, unerkannt zu bleiben, um auch Privates in der Gondel treiben und überallhin fahren zu können, ohne gesehen zu werden. Auch die Gondel war eine Maske. Man konnte sich in ihr verstecken. Sie gab das Rätsel ihrer Insassen, deren gesellschaftliche Stellung oder Namen nicht preis. Händel paßte sich diesem Leben offenbar so an, als ob er selbst ein Venezianer wäre, und blieb doch er selbst. So verwundert es nicht, daß in diesem Maskenspiel die Anekdote vom Cembalo spielenden Teufel entstand, der Händel war.

Zurück in Rom: Händels Musik erregt Aufsehen

Am 26. Februar 1708 findet sich in den «Libri delle Giustificazioni» des Ruspoli-Palastes in Rom die Eintragung: «Der Kopist Angelini erhält Scudi –.20 für die Abschrift einer ‹Cantata consist.› in 2. fogli di Monsu Endel.»[32] Dies ist der Beleg dafür, daß Händel rechtzeitig zu Beginn der Fastenzeit, in der die Oratoriensaison in Rom begann, wieder in der Papststadt eintraf. Die etwa zweiwöchige Reise von Venedig nach Rom unternahm er vielleicht zusammen mit Domenico Scarlatti. Am 26. Februar 1708 wurde jedenfalls das Oratorium «Il Giardino di Rose» von Domenicos Vater Alessandro Scarlatti aufgeführt.

Händel wohnte wiederum in Marchese Ruspolis Palazzo. Dies belegen weitere Rechnungen in den schon erwähnten «Libri delle Giustificazioni». Mitte März 1708 weist ein Vermerk auf den Transport eines Bettes und anderer wichtiger Dinge für Händel dorthin, die er Anfang Mai, als er nach Neapel fuhr, wieder zurückgab. Ende Juli 1708 kehrte er wieder nach Rom zurück, was ebenso eine Rechnung des Ruspolischen Palazzo Bonneli vermerkt: «Per due store grandi usate foderate con Suoi gastoni per la finestre di M: Endel per ord: del Sig.re Cavaliere S. 3.90.»[33] Für Händels Zimmer wurden Vorhänge geliefert.

Im Palazzo eines der reichsten römischen Adeligen lebte Händel ziemlich vornehm und genoß offensichtlich den Luxus in vollen Zügen. Darauf deuten die Rechnungen für Speisen und Getränke hin. So wurde ihm dafür vom 18. März bis 8. Mai 1708 eine recht hohe Summe in die «Libri delle Giustificanioni» eingetragen: «... per Cibarie per Monsu Endel e Comp.e come per lista S. 38.75.» In einem Monat verbrauchte Händel also mehr als 19 Scudi für Speisen und Getränke. Das war außergewöhnlich viel. Zum Vergleich: ein Edelmann in Diensten des Marchese verdiente im Monat 15 Scudi, und der Komponist Caldara erhielt anfangs nur 10, später 20 Scudi im Monat, ebenso die Primadonna Margherita Durastanti. Schon als junger Mann war Händel also der Feinschmecker, der er sein ganzes Leben hindurch blieb.

Wie war das Essen in Rom? Der Franzose Brosses begutachtete die römische Küche mit einigen kritischen Untertönen so: «Man speist hier ausgezeichnet. Wildbret allerdings ist mäßig, aber alle gewöhnlichen Lebensmittel, Brot, Obst, Fleisch von Schlachtvieh, besonders Rindfleisch ist vorzüglich; von letzterem kann man gar nicht Gutes genug sagen. Soviel besser das Pariser Rindfleisch als das der Provinz ist, ebenso weit übertrifft das römische noch das Pariser. Gerichte von Fadennudeln, Vermicelli oder Maccaroni sind sehr beliebt. Über erstere sage ich weder Gutes noch Schlechtes, über letztere denke ich wie Harlekin: gut zubereitet, mit Milch oder Bouillon schmecken sie wie gute

Pastetenkruste. Unter den Kompotten gebe ich dem von Zedratfrüchten den Vorzug, bei dem die Früchte geviertelt und mit wenig Zucker wie leichtes Apfelkompott in Wasser gekocht sind ...»[34]

Händels Ankunft in Rom während der Fastenzeit hatte einen besonderen Grund. Er erhielt den Auftrag des Marchese Ruspoli, das diesjährige Oratorium für Ostern zu komponieren. Wie es noch bis zu Mozarts Zeit üblich war, arbeitete der Komponist vor Ort an seinem neuen Werk, um besonders gut mit den Gegebenheiten – dem Raum, den Gesangssolisten und dem Orchester – vertraut zu sein.

Die Uraufführung von Händels neuem Oratorium war ein außergewöhnliches Ereignis, zumal dabei – so scheint es wenigstens – Marchese Ruspoli in einen künstlerischen Wettstreit mit Kardinal Ottoboni trat, der in der Cancelleria Alessandro Scarlattis «Passione» während der Karwoche spielen ließ. Beide Oratorien wurden mit großer Prachtentfaltung gestaltet: Händel hatte ein Orchester von gegen 45 Musikern zur Verfügung (gewöhnlich spielten in Ruspolis Orchester 10 bis 12 und bei besonderen Anlässen 25 Musiker). Hervorragende Sänger wirkten mit: die Soprankastraten Matteo und Filippo, der Altkastrat Pasqualino, der Tenor Vittorio Chiccheri, der zum Hof des Kardinals Pamfili gehörte, und der Bassist Christofano. Zwar wurde das Oratorium nicht szenisch aufgeführt – was, wie bereits erwähnt, verboten war –, aber man erstellte prachtvolle Bühnendekorationen. Eigens für die Aufführung errichtete Giovanni Battista Contini, der langjährige Architekt Ruspolis, eine Bühne, auf der die Bühnenbilder Giuseppe Rossis und Michelangelo Cerrutis doch fast den Eindruck einer Oper hervorriefen. Cerruti beispielsweise malte ein großes Ölbild, das die Auferstehung Christi zeigt. Zudem deutet alles darauf hin, daß trotz päpstlichen Verbots am Ostersonntag anstatt des Soprankastraten Matteo die Primadonna Margharita Durastanti die Partie der Maddalena übernahm, wogegen der Papst mit einem strengen Verweis protestierte – bei der zweiten Aufführung am Ostermontag sang wieder der Kastrat.

Das Aufsehen, das dieses Oratorium in Rom erweckte, war außergewöhnlich. Dies zeigt die hohe Auflage des Textbuches von 1500 Stück (sonst wurden gewöhnlich nur 300 Stück gedruckt). Händels Musik und der Eklat mit der Sängerin bildeten das Tagesgespräch in Rom. Sogar der bayerische Gesandte, Graf Lambach, berichtete darüber nach München.

Der Erfolg des jungen Musikers aus Sachsen in Rom ist erstaunlich; denn er war hier ja nicht allein als Komponist, sondern mußte sich gegenüber anerkannten Meistern durchsetzen, so gegen Alessandro Scarlatti und Arcangelo Corelli. Der letztere prägte unter allen italienischen Musikern am meisten den jungen Händel. Beispielsweise ist die Arie «Ho un non so che nel cor» aus «La

Arcangelo Corelli, Titelblatt zu «XII Solos für Violine», London, I. Walsh. Obwohl Corelli fast sein ganzes Leben lang nur in Rom tätig war, wirkte sein Einfluß als Komponist von Instrumentalmusik in ganz Europa.

Resurrezione» auffallend ähnlich der Gavotte aus Corellis Violinsonate op. 5 Nr. 10. Offenbar lernte er bei dem großen Geiger auch viel über den italienischen Stil. So erfolgreich nämlich Händel bei seinen Auftraggebern in Rom war, so zeigten sich die italienischen Musiker doch etwas befremdet von der Musik des jungen Sachsen. Corelli jedenfalls sah sich nicht imstande, Händels Musik richtig zu spielen: «Corelli selbst beklagte sich darüber, daß er in den Händelschen Ouvertüren sehr viel Schweres antreffen müßte. In allen Zügen seiner Erfindung, absonderlich im Eintritt, war ein solcher Grad von Feuer und Kraft, der sich nimmer mit der sanften Anmut und gefälligen Zierlichkeit eines so ungleichen Geistes vereinigen konnte, den Corelli besaß. Händel hatte einmal auf verschiedene, doch fruchtlose Vorstellungen an Corelli versucht, denselben zu unterrichten, wie man seine erhabenen Gedanken am besten herausbringen könne; allein da ihn die Kaltsinnigkeit und das gelinde Wesen, womit Corelli immer zu spielen fortfuhr, heftig verdroß, riß er ihm einstens die Violine aus der Hand und spielte die berührte Stelle selbst her, um zu zeigen, wie wenig jener ihrem Nachdruck ein Genügen täte. Corelli aber, als ein sehr bescheidener und sanftmütiger Mann, bedurfte keiner solchen Überzeugung, denn er gestund offenherzig, daß er keinen Verstand davon hätte, d. i., er wisse die Sachen nicht eigentlich herauszubringen und ihnen die gehörige Stärke des Ausdrucks zu geben. Wie nun Händel darüber seine Ungeduld spüren ließ, sagte Corelli: Aber mein lieber Sachse, diese eure Musik ist nach dem französischen Stil eingerichtet, darauf ich mich gar nicht verstehe.»[35] Mainwarings

Erzählung ist gewiß zugunsten Händels gefärbt. Mehr der Wirklichkeit nahe kommt wohl die folgende Fassung: Corelli spielte nicht im Sinn des jungen Sachsen, der wutentbrannt und voller jugendlichem Ungestüm dem alten Meister die Geige aus der Hand nahm. Doch Corelli wies ihn zurecht, daß er noch nicht den italienischen Stil beherrsche. Händel mußte darauf anstelle der Ouvertüre zu «Il Trionfo del Tempo» im französischen Stil eine italienische Sinfonia schreiben. So lernte er also bei Corelli, auf italienische Weise zu komponieren, und erfuhr die unüberbrückbaren Grenzen zwischen italienischer und französischer Musik.

Corelli leitete das Orchester des bereits erwähnten Kardinals Ottoboni. Dieser war der wohl wichtigste Musik-Mäzen im damaligen Rom und schätzte offenbar auch Händel: «Einer von seinen größten Bewunderern war der Kardinal Ottoboni, ein Herr von auserlesenem Geschmack und fürstlicher Pracht. Außer einer schönen Sammlung von Gemälden und Bildsäulen besaß er auch eine weitläufige musikalische Bibliothek und hatte eine treffliche Bande Tonkünstler in Besoldung.»[36] Ob er freilich Händel so bewunderte, wie Mainwaring etwas euphorisch schrieb, ist zu bezweifeln; denn die meisten Werke komponierte Händel für Kardinal Pamfili und den Marchese Ruspoli. Auch ist es fraglich, ob der Kardinal von so «auserlesenem Geschmack» war. Brosses, der ihn dreißig Jahre nach Händel traf, hatte jedenfalls einen anderen Eindruck: «Ottoboni, den sein Onkel schon als Siebzehn- oder Achtzehnjährigen zum Kardinal machte, seit langem schon Rangältester des heiligen Kollegiums, ist alt und zerrüttet. Auch sein sittlicher Ruf ist nicht der beste, er war zeitlebens ein Schweinigel und nahm dabei nicht mal auf die Wahrung des Anstandes nach außenhin Rücksicht. Musik und die Künste liebt er leidenschaftlich, und hat noch in diesem Jahr bei sich große Konzerte veranstaltet ...»[37] Ottoboni residierte im Palazzo della Cancelleria, einem prachtvollen Renaissancepalast des ausgehenden 15. Jahrhunderts, den Brosses freilich wenig schmeichelhaft charakterisierte: «Der Bau der Cancelleria ist innen wie außen trübselig, die Gemächer erschienen mir finster. Das Hofinnere schmückt ein schöner antiker Säulengang und einige Statuen.»[38] Ottoboni veranstaltete jeden Mittwoch in seinem Palazzo eine künstlerische Abendunterhaltung mit Musik, Dichtung und Schattenspielen. Seine «Akademien» waren in ganz Europa berühmt. Monsieur Blainville, Sekretär der Generalstaaten am spanischen Hof, berichtete am 14. Mai 1707 in seinem Tagebuch: «Seine Eminenz hat die besten Musiker und Interpreten Roms in seinen Diensten, unter andern den berühmten Arcangelo Corelli sowie den jungen Paolucci, dessen Stimme man zu den schönsten Europas zählt.»[39] Händel komponierte für eine solche Akademie des Kardinals die Kantate «Ero e Leandro». Den Text dazu dichtete Ottoboni wohl selbst.

Kardinal Pietro Ottoboni, Kupferstich von Jacob Frey. Ottoboni war der wichtigste Musik-Mäzen in Rom. Seine Akademien und die Musik, die dabei aufgeführt wurde, fanden an den musikliebenden Höfen in ganz Europa Beachtung.

Eine der größten Attraktionen des Sommers 1708 war das Wettspiel der beiden Freunde Domenico Scarlatti und Georg Friedrich Händel im Palazzo des Kardinals Ottoboni. Solche «Wettkämpfe» waren im ganzen 18. Jahrhundert sehr beliebt, wurden aber nicht so todernst genommen wie etwa heute die großen Wettbewerbe für junge Solisten. Sie waren vielmehr weitaus menschlicher, wie der Bericht Mainwarings zeigt: «Weil er nun ein vortreffliches Klavier spielte, entschloß sich mehrerwähnter Kardinal (Ottoboni), denselben und Händel zusammenzubringen und eine Probe ihrer beiderseitigen Geschicklichkeit anzustellen. Man hat sagen wollen, daß einige dem Scarlatti den Vorzug zuerkannt haben in dem, was den Flügel betrifft. Wie es aber zur Orgel kam, blieb nicht der geringste Zweifel übrig, wer den Preis davontrüge. Scarlatti selbst mußte bekennen, daß er von Händel auf der Orgel übertroffen sei, und gestund gar gern, daß er keinen Begriff von seiner Stärke gehabt, ehe er ihn darauf gehöret hätte. Scarlatti war auch von diesem Spielen dermaßen eingenommen, daß er dem Händel durch ganz Italien nachfolgte und sich nimmer glücklich schätzte, als wenn er sich in dessen Gesellschaft befand.»[40]

Erstaunlich ist, wie freundlich die Italiener zu Händel waren. Sie kannten die Aggressivität des jungen Deutschen, mit der er sich hier durchsetzte, offenbar nicht und begegneten ihm so sanft wie ihre Musik. Dies gilt sowohl für die Künstler als auch für die Auftraggeber, die römischen Kardinäle. Später, in London, soll Händel freilich über Kardinal Pamfili, den Textdichter des erwähnten Oratoriums «Il Trionfo del Tempo», gespottet haben, wie Charles Jennens berichtet: «Händel erzählte mir, daß der Text von ‹Il Trionfo› &c von Kardinal Pamfili geschrieben worden ist, und fügte hinzu: «ein alter Narr!» – Ich fragte: Warum ein Narr? Weil er ein Oratorium schrieb? vielleicht werden Sie mich auch einen Narren nennen aus demselben Grund? – Er antwortete: Das würde ich tun, wenn Sie mir ebenso sehr schmeichelten, wie er tat.» Kardinal Pamfili schrieb nämlich im Juli oder August 1708 den Text für eine Kantate über Händel, in der er diesen mit Orpheus verglich. Händel vertonte diesen Text, freilich mit wenig Inspiration. Er nahm das Lobgedicht also nicht sehr ernst.

Kurze Reise nach Neapel: Verwahrloste Strassen und eine wichtige geschäftliche Verbindung

Im Juni 1708 verließ Händel Rom, um nach Neapel zu reisen. Damals gab es zwei Möglichkeiten, diese etwas über 200 km lange Strecke zu bewältigen. Corfey und sein Bruder fuhren auf dem Tiber nach Fiumicino und schifften sich dort ein, wie er berichtet: «Den 14. um 3 Uhr Morgens begaben wir uns in See, passierten die Capo Anzo, item Porto Neptuno und arrivierten gegen Abend zu Astura, ein alt Castello, darauf nur ein Wirth und ein Geistlicher war, so 3 Stücke und 2 Doppelhacken zu Verwahrung hatten. In dieser Wirtschaft war nicht viel anders zum Besten als Broht und ein schlegter Wein; gleichwohl wolte sich der Wirt am Abend affrontiert befinden, als man ihn Signor Hoste nennete, er praetendirte den Titul Signor Castellano und Capitano, machte auch die Excuse, daß seine Leute aufs heilige Jahr gereiset. Im ubrigen ist allhie ein alter römischer Portus zu sehen, davon die Fundamenten dem Wasser gleich und noch sehr woll zu kennen. Den 15. passierten wir il Capo Circallo, olim Promontorium Circeum, also die Circe gewohnt und Ulyssis Cameraden in Schweine verwandelt. Wir waren abermahlen mit ein Hauffen erztspanische Schweine, zum Teil Munche und Clericis, vergesellschaftet, also daß mir dieser Vers nicht malapropos einfiel, welchen ich weiß nicht wo gelesen hatte:

Glaubhaft ist es, daß die Circe
mit mächtigen Kräutern verwandelt habe
Schweine in Mönche und Mönche in Schweine.

Ihr gantzes Wesen und Zeitvertreib bestunde in tabago, los alios, pissar, cacar e sputar. Ein Delphin, so sich in dieser Gegend sehen lies, besagte uns gegen Mittag einen so favorablen Wind, daß wir bey die 125 Meilen hinter uns legten und Abend spaht zu Pausilippo, 3 Meilen von Napoli, anlangten.»[41] Nur zwei Tage waren die Brüder Corfey auf See. Sie fuhren wahrscheinlich in einer Galeone, die in Italien und Spanien insbesondere für die Küstenschiffahrt eingesetzt wurden, da sie wegen ihres geringen Tiefganges auch in Flußmündungen einfahren konnten.

Brosses wählte den Landweg in der Postkutsche, die ihn durch die Porta San Giovanni wieder in die «vermaledeite, trostlose öde Campagna»[42] brachte, in der er die römischen Aquädukte bestaunte. Die Straße führte der antiken Via Appia entlang, von der Brosses schwärmte: «Hier oder niemals muß ich ihnen von der Via Appia reden, dem größten und schönsten Denkmale, das uns das Altertum hinterlassen hat, und gleichzeitig seinem ehrwürdigsten, da dies erstaunlich gewaltige Unternehmen keinen anderen Zweck als das öffentliche Wohl hatte. Sicherlich überragt es alles, was je von den Römern und anderen Völkern des Altertums unternommen wurde, und höchstens die Bewässerungsanlagen Ägyptens, Chaldäas und vor allem der Chinesen, vielleicht auch unser französischer Kanal du Languedoc wären neben ihm noch zu nennen. Diese Straße beginnt an der Porta Capua und setzt sich über dreihundertfünfzig Millien über Capua bis Brindisi fort. Das war nämlich die Hauptstrecke, auf der man damals nach Griechenland und in den Orient reiste.»[43] Auch Brosses sah – allerdings von der Kutsche aus – den Circe-Berg, erreichte Terracina, bestaunte die Fruchtbarkeit der Felder – «das Land ist hübsch, seine vielen Weingärten, deren Reben an Bambusstäben aufranken, wirken sehr anmutig»[44] –, übernachtete in Fondi, fuhr am nächsten Tag nach Gaeta – «Gaeta ist dank seiner Lage auf steiler Berghöhe, seiner Befestigung und dem guten Hafen wohl der Hauptschlüssel und stärkste Waffenplatz des Landes Neapel»[45] –, erreichte Capua («nichts Bemerkenswertes»), mußte «wieder und wieder die reichen, fruchttragenden Gefilde der Campagna und der Terra di Livorno bewundern und zugleich darüber nachsinnen, warum es in solch einem Land kein Brot gebe»[46] und gelangte schließlich durch Aversa fahrend nach Neapel.

Brosses benötigte für die Strecke von Rom nach Neapel drei volle Tage, also etwas mehr als Corfey auf dem Seeweg. Dabei lobte Brosses die Schnelligkeit der Postkutschen: «Dafür kann man freilich sehr schnell reisen, denn die Posten werden ausgezeichnet bedient; die Pferde sind lebhaft, mutwillig und tückisch, gerade so wie ihre Herren: es fehlte nur wenig, daß wir als ihr Opfer an der Straße liegen blieben, so oft schmissen sie mit uns um.»[47] Doch nicht nur die Straße war die «holprigste und längste Poststrecke, die man auf italienischem Boden machen kann», sondern auch die Verpflegung erschien ungenügend: «Worte wie: Küche, Lebensmittel, Essen, Kochtöpfe und so weiter, sind in der Sprache dieses Landes völlig unbekannte Laute. Erstaunlich, daß eine so vielbefahrene Straße derart verwahrlost ist!»[48] Corfey hatte also zweifellos den bequemeren und schnelleren Weg gewählt.

Ob Händel auf dem Land- oder Seeweg nach Neapel reiste, wissen wir nicht. Doch da es eilte, können wir doch vermuten, daß er mit dem Schiff fuhr.

In Neapel setzten sich Händels römische Erfolge fort. Auch hier stand ihm «wie an den meisten andern Orten ein Palast zu Dienste mit freier Tafel, Kutsche und aller übrigen Bequemlichkeit.»[49] Er war ständiger Gast des Duca d'Avito, doch «solange er in Neapolis verharrete, ließen ihn die vornehmsten Herren, welche daherum wohneten, zu sich bitten, und glücklich war derjenige, der ihn zuerst erhielt und am längsten bewirtete.» Zu diesen Herren gehörte auch Kardinal Vicenzo Grimani, Vizekönig des in spanischem Besitz befindlichen Königreiches Neapel. Seine Familie besaß in Venedig das Theater San Crisostomo, für das Händel nun seine zweite italienische Oper, «Agrippina», komponieren sollte. Das Libretto dichtete der Kardinal selbst. Händel gewann in Neapel also eine wichtige geschäftliche Verbindung.

Auch lernte er hier die neueste Art kennen, Opern zu komponieren. Waren die Venezianer im 17. Jahrhundert maßgebend, so bestimmten im 18. Jh. die

Neapel, vom Meer aus gesehen, ca. 1720.

Landschaft mit Acis und Galathea, Zeichnung von Claude Lorrain, 1656–1657. Der sizilianische Mythos von Acis und Galathea regte Händel zu einer Kantate an.

Neapolitaner den Stil. Alessandro Scarlatti war der beherrschende Komponist Neapels, auch wenn er – oft unerlaubt lange – Urlaub nahm und in anderen Städten seine Kunst zeigte. Ihn kannte Händel bereits gut. Coppola, Provenzale, Ziani, Mancini, Veneziani hießen die anderen lokalen Berühmtheiten. Der junge Nicola Porpora begann gerade, sich bekannt zu machen. Er war später in London Händels gefährlichster Rivale.

Noch Brosses schrieb 30 Jahre später, daß «Neapel die Hauptstadt der musikalischen Welt» [50] sei. Die Oper Neapels war – und das zeigt ihre Funktion als Ort der Unterhaltung und Zerstreuung – nicht weit entfernt von der nicht minder berühmten Straße der Kurtisanen. Brosses schrieb: «Um von der Oper zu den Kurtisanen zu kommen, braucht man nicht weit zu gehen. Es sollen hier noch mehr sein als in Venedig. Das ist aber, wie man behauptet, nicht die Schuld der Mädchen, sondern das hiesige Klima hat seit unvordenklicher Zeit diese Wirkung.» [51]

Händel studierte das Musikleben Neapels genau. Er besuchte sicher auch die Konservatorien der Stadt, in denen die besten Kastraten der Welt erzogen wurden. Vor allem aber bereitete er sich auf seine neue Oper für Venedig vor. Außerdem komponierte er zwei Kantaten, das Terzett für zwei Soprane, Baß und Basso continuo «Se tu non lasci amore» und «Acis, Galatea e Polifemo» für die Hochzeit des Duca d'Avito und der Donna Beatrice Sanseverino, der Tochter des Prinzen von Monte Miletto, am 19. Juli 1708.

Diese Kantate spielt im antiken Arkadien und berichtet von der Liebe des Hirten Acis zu der Nymphe Galatea und der Eifersucht des Bergriesen Polyphem, der Acis – wie Ovid in seinen «Metamorphosen» erzählte – mit einem Felsbrocken erschlug. Doch Acis verwandelte sich in einen Fluß, der nun ständig seiner geliebten Nymphe im Meer entgegenströmte. Diese alte Sage spielte am Ätna, entstand wohl unter dem Eindruck der Vulkanausbrüche, die neue Quellen entstehen ließen. Noch heute heißt ein Fluß Aci und werden in dem Städtchen Acireale dem Fremden die Grotte der Galatea und die Höhle des Polyphem gezeigt. Händel vertonte also in seiner Kantate eine alte italienische Sage, die den Traum von Arkadien, an die von Hirten, Nymphen, Riesen und Göttern bevölkerten Gefilde, wachhielt. Was für ein schöner und schmeichelhafter Vergleich: die Liebe des Hochzeitspaares Avito wandelte sich in einer Allegorie und Metamorphose zu der des Hirten und der Nymphe.

Wie sehr Händel an diesem Thema hing, zeigt sich daran, daß er dann 1718 in London ein Oratorium «Acis und Galatea» komponierte.

«Viva il Sassone»: Rom – Florenz – Venedig

Händel reiste etwa Mitte Juli 1708 zurück nach Rom, wo er wieder Gast des Marchese Ruspoli war. Er blieb dort vermutlich bis Mitte September, um dann nach Florenz zu Ferdinando de' Medici zu fahren, wo er Pertis Oper «Ginevra, principessa di Scozia» in Pratolino hörte. In der folgenden Zeit reiste er des öfteren zwischen Florenz und Rom hin und her. Dabei dachte er offenbar an eine Rückkehr in den Norden. So verfaßte Ferdinando de' Medici am 9. November 1709 ein Empfehlungsschreiben an den Fürsten Carl Philipp von Neuburg, in dem er Händels musikalische Fähigkeiten und menschliche Qualitäten sehr lobte.

Das große abschließende Ereignis von Händels Italienreise war die Uraufführung seiner Oper «Agrippina» in Venedig im Teatro San Giovanni Crisostomo zwischen dem 26. Dezember 1709 und Anfang Januar 1710. Der Erfolg dieses Werkes war berauschend, wie Mainwaring berichtet: «Die Zuhörer bei der Händelschen Vorstellung wurden dermaßen bezaubert, daß ein Fremder aus der Art, mit welcher die Leute gerühret waren, sie alle miteinander für

AGRIPPINA

Opera in Tre Atti

Rappresentata al Teatro

DI VENIZZIA NELL' ANNO 1709

La Musica Del Sig.r

G. F. HANDEL

Autograph und Deckblatt der ersten Druckausgabe, London um 1795, von Händels 1709 für Venedig komponierter Oper «Agrippina», die seinen internationalen Durchbruch als Opernkomponist begründete.

wahnwitzig gehalten haben würde. Sooft eine kleine Pause vorfiel, schrien die Zuhörer: ‹Viva il caro Sassone.› – Es lebe der liebe Sachse! – nebst anderen Ausdrücken des Beifalls, die so ausschweifend waren, daß ich ihrer nicht gedenken mag. Jedermann war durch die Größe und Hoheit seines Stiles gleichsam vom Donner gerührt, denn man hatte nimmer vorher alle Kräfte der Harmonie und Melodie in ihrer Anordnung so nahe und so gewaltig miteinander verbunden gehöret. Auch scheint es, daß die Waldhörner und andre Windinstrumente, mit denen die Italiener weniger bekannt waren, bei dieser Gelegenheit eingeführet worden sind.»[52]

Diese Oper erlebte in Venedig 27 Aufführungen, für damalige Verhältnisse eine sehr hohe Zahl. «Agrippina» war ein typisch venezianisches Intrigenstück: mehrere Verliebte wechseln ihre Partner, was Händel die Möglichkeit zu vielen Liebes-, Haß- und Eifersuchtsarien gab, und gleichzeitig hatte Kardinal Grimani mit seinem Text eine bitterböse Satire auf damalige Machtgier geschaffen. Die Oper spielte im antiken Rom zu Zeiten des Kaisers Claudius und seiner Gemahlin Agrippina, was freilich nur eine Maske war, denn Händel und sein Librettist meinten die Gegenwart, die Intrigen am Hof von Papst Clemens XI. in Rom, der als schwacher und eitler Kaiser Claudius auftritt. Auch diese Aktualität erklärt den außergewöhnlichen Erfolg.

Zwischenspiel in Hannover

Händel hatte nun sein Ziel erreicht. Wer in Venedig als Opernkomponist reüssierte, wurde in der ganzen damaligen musikliebenden Welt berühmt. Nun konnte er die Ernte seiner Italienreise einfahren.

Bereits in Rom hatte ihn Agostino Steffani – Bischof, Vikar des Papstes in Norddeutschland und Hannoveranischer Kapellmeister – kennengelernt und gehört. Er empfahl Händel als seinen Nachfolger in Hannover, da er wegen seiner geistlichen Pflichten dieses Amt aufgab. Doch auch ein anderer Hannoveraner, sogar vom «Obern-Adel», wie Mainwaring feststellte[53], erlebte in Venedig Händels triumphalen Opernerfolg: der Baron Freiherr von Kielmannseck. Er verhandelte mit dem Komponisten, wobei dieser offenbar sehr geschäftstüchtig war und eine ungewöhnlich hohe Bezahlung durchsetzte. Der erst 25jährige Händel erhielt mit 1.000 Talern ein ebenso hohes Gehalt wie sein wesentlich älterer Vorgänger Steffani. Außerdem stellte er die Forderung nach einem baldigen längeren Urlaub, um nach England reisen zu können. So berühmt war er also jetzt, als er im Juni 1710 in Hannover ankam.

Händel brauchte für die Reise von Venedig bis zu seinem neuen Wirkungsort etwa sieben Wochen. Der Hauptmann Corfey jedenfalls verließ am 22. August 1700 Venedig, fuhr – freilich mit vielen Aufenthalten – nach Verona, Bozen, Innsbruck, Salzburg, München, Augsburg, Ulm, Stuttgart, Mannheim, Köln und kam in Münster, wo er zu Hause war, am 12. Oktober an. Für die etwa der Reise Händels nach Hannover entsprechende Strecke von Venedig nach Münster benötigte der Hauptmann 51 Tage – für unsere heutigen Verhältnisse also mehr als die Dauer einer Weltreise.

Erste Nachricht von Händels Ankunft in Hannover gibt uns am 4. Juni 1710 die achtzigjährige Kurfürstin Sophie von Hannover in einem Brief an ihre Enkelin Sophie Dorothea, die Preußische Kronprinzessin: «...die Musik eines Sachsen, die alles übertrifft, was man jemals auf dem Clavecin und in der Komposition gehört hat. Man hat ihn sehr in Italien bewundert und er ist in hohem Maß geeignet, Kapellmeister zu werden...»[54] Die alte Dame berichtete noch öfters in ihren Briefen vom neuen Kapellmeister. Immer betonte sie, wie entzückt sie von Händels Klavierspiel und Musik sei. Doch sie teilte auch höfischen Klatsch mit: «Er ist ein schöner Mann und die Lästermäuler sagen, daß er der Liebhaber von der Victoria ... ist,» deutete sie am 14. Juni an. Mit «Victoria» war – wie kann es anders sein – Vittoria Tarquini gemeint. So war der junge Mann, der aus Italien zurückkehrte, ein bestauntes, etwas exotisches und vielleicht sogar moralisch anrüchiges Objekt der Damenwelt. Doch fest stand: wer in Italien bewundert wurde, war es nun zu Hause noch viel mehr. Wie geduldig und hartnäckig mußte dagegen Johann Sebastian Bach, der nie im Ausland war, um seine Anerkennung kämpfen!

Händel soll sich später etwas selbstironisch an die ersten Tage in Hannover erinnert haben, wie Sir John Hawkins in seinen Anekdoten überlieferte: « ‹Ich verstand etwas von Musik und› – er legte seine breiten Hände nach vorne und streckte seine Finger aus – ‹und konnte recht gut Orgel spielen; er (gemeint ist

Hannover, Kupferstich von G. B. Probst. Händel wurde am 16. Juni 1710 Kapellmeister des Kurfürsten von Hannover. Schon im Herbst zog er weiter nach London.

Steffani) empfing mich mit großer Freundlichkeit und ergriff früh eine Möglichkeit, mich der Prinzessin Sophia und dem Sohn des Herzogs vorzustellen, wobei er ihnen zu verstehen gab, daß ich das war, was er einen Virtuosen in der Musik zu nennen sich freute ...›»[55] Kein braver deutscher Kantor wie Bach, sondern ein reisender Künstler von weltweitem Ruf: dieses Bild machte man sich von Händel, und diese Aura war auch ein Ergebnis der Italienreise. Obwohl Bach gewiß ebenso gut wie Händel Orgel spielte, erreichte er nie dessen Berühmtheit. Reisen hob das Ansehen, war – wie Wolfgang Amadeus Mozart am Ende seines Jahrhunderts feststellte – für den Musikerberuf unabdingbar. Denn nur ein Musiker, der im Ausland etwas galt, wurde auch zu Hause geschätzt. Geändert hat sich daran bis heute nichts.

Für Händel war Hannover nur ein Zwischenspiel. Er wollte nicht in der deutschen Provinz ergrauen, sondern mit jugendlichem Ungestüm zog es ihn dahin, wo sich das reichste und glänzendste Musikleben im nördlichen Europa abspielte: nach London. Er hatte Hamburg, Rom, Neapel und Venedig erobert. Jetzt suchte er sein Glück in der Themsestadt.

Täuschte er den hannoveranischen Kurfürsten? Wollte er nur zu Geld kommen, um seine Londonreise zu finanzieren, als er in seine Dienste eintrat? Fast scheint es so; denn Händel war nur wenige Monate – von Juni bis November – in Hannover, kehrte erst im Juni 1711 wieder zurück, hielt es dann nur ein Jahr lang dort aus, um wieder Urlaub zu nehmen, dieses Mal für immer. Er kehrte nicht mehr zurück. Die Ironie der Geschichte freilich wollte es, daß der Kurfürst zu ihm nach London kam. Er wurde 1714 englischer König – für Händel eine äußerst heikle Situation.

Opernkrieg in London

Als Händel sich 1710 in Holland nach Dover einschiffte, wußte er wohl ziemlich genau, was er wollte: für einen Musiker galt London als das freieste und fortschrittlichste Musikzentrum Europas. Hier war bereits ein bürgerliches Publikum, hier konnte ein Komponist in ziemlicher Unabhängigkeit von Fürstengunst eine freie Existenz finden. Schon damals mußte England auf eine wirklich bedeutende eigene Musik verzichten. Mit Purcell war 1695 der für lange Zeit letzte englische Komponist von Rang gestorben. Doch schon damals zeigte sich ein auch für die folgenden Jahrhunderte typisches Merkmal des englischen Musiklebens: die Aufführungen hatten eine Qualität, wie man sie auf dem Kontinent selten fand. Zu Händels Zeit traten hier die bedeutendsten

Der wütende Musiker, 1741. Dieser Stich von William Hogarth zeigt satirisch überspitzt das Treiben auf den Londoner Straßen. Dabei wird deutlich, welchen Lärm die vielen Straßenmusikanten verursachten.

italienischen Sänger auf. Das Londoner Publikum war reich genug, um sie zu bezahlen.

Händel traf in der Themsestadt alte Bekannte aus Venedig. Francesca Vanini-Boschi, die dort in seiner «Agrippina» eine Hauptrolle übernommen hatte, sang im Queen's Theatre die Arie «Hò un non sò che nel cor» aus seiner Erfolgsoper. Übrigens wurde sie auch als Einlage in eine Oper Alessandro Scarlattis, wohl während einer Umbaupause, dem Publikum zu Gehör gebracht, wie das damals üblich war. Händels Musik faszinierte die Londoner so sehr, daß die Melodie dieser Arie in kurzer Zeit gleichsam in aller Munde und Ohren war. Händel war plötzlich populär, was freilich im damaligen London durchaus zwiespältig sein konnte, denn ein Spannungsverhältnis zwischen der Musik auf der Straße und in der vornehmen Oper bestimmte das Musikleben der Stadt.

1741 zeichnete William Hogarth eine Szene mit Straßenmusikanten: ein alter zerlumpter Mann spielt auf der Oboe, ein Junge trommelt, eine Händlerin preist mit der Glocke ihre Waren an, ein Postillon bläst das Horn, Hunde bellen, Kinder schreien – und der arme Musiker starrt erschreckt aus dem Fenster und hält sich, den Geigenbogen in der Hand, die Ohren zu: «The enraged musician» (der wütende Musiker) nannte Hogarth dieses Bild. So war das quirlige Leben auf Londons Straßen. Dagegen bildete die Oper einen Hort der Künstlichkeit, was Hogarth ebenso treffend zeigte: da singen drei Berühmtheiten – Berenstadt, die Primadonna Cuzzoni und der Kastrat Senesio – mit großen Gesten, voller Pathos und in starren Posen in einem prachtvollen Raum aus klassischen Säulen und Rundbögen, hindurchblickend auf eine arkadische Landschaft. So übertrieben, fast komisch, zumindest bizarr erschien einem Engländer die italienische Oper.

Die italienische Oper und die englische Musik auf der Straße: diesem Kampf mußte sich Händel sofort nach seiner Ankunft in London stellen. Seine populäre Arie wurde nämlich von der «Straße» in Beschlag genommen. Als erstes wurde der fremde, niemandem verständliche italienische Text beseitigt und stattdessen auf gut Englisch gesungen: «Conjugal Love, made on a man of Quality and his Lady to an Air in Pyrrhus: ‹In Kent so fam'd of old.›»[56] (Gattenliebe, gemacht von einem Mann von Rang und seiner Lady zu einem Lied in der Oper «Pyrrhus»: «In Kent so berühmt von alters her»). Noch berühmter wurde ein anderer Text: «The Famous Mock Song to ‹Hò un non sò che nel cor›, Sung by Sign. Boschi in the Opera of ‹Pyrrhus›, Correctly Engrav'd.» Volkes Stimme parodierte die ernste Oper und zog sie hinunter auf den Boden der Wirklichkeit. «The Famous Mock Song» war jedenfalls eine bitterböse Parodie, ein Spottlied gegen die fremde italienische Kultur, also gegen ihre Sänger, ihre Oper und damit auch gegen den italienischen Händel, wie das folgende Zitat zeigt:[57]

«Gottes Volk, komme her, ich werde singen,
Ein Lied vom König der Oper,
Der so sehr bewundert wird,
Laßt nicht eure Ohren müde werden. Wiederholt es.

Die Prahlerei der Italiener
Komponierte diese Lieder,
Mit Hilfe von einigen die Oberhand gewinnenden Geistern.
Die Sängerin trägt einen Namen
Von sehr befremdlichem Ruhm.
Kein Meister kann jetzt sagen,
Ob diese Stimme von der Hölle kommt.
Man nimmt an,
Daß das Heer der Unterwelt
Den schlauen Geist hierher gesandt hat,
Die Briten zu erwecken,
Um der Schadenfreude willen.
Sein Aussehen ähnelte einem Menschen.
Die Stimme war ähnlich der verrückten Grann.
Überhaupt keine Anmut, lohfarben, garstig, braun,
Erfreute er wunderbarerweise die Städte ohne deren Widerstand
Und sang so unverschämt,
Daß selbst alle Scheusale verblüfft waren,
Zu hören eine Porcupine,
die mit großem Esprit so fein entzücken konnte.»

Dieses Spottlied, Zeichen einer freilich negativen Popularität, bildete das Begleitgeschrei zu Händels raschem Erfolg. Schon im Dezember 1710 wurde dieser Text ohne die Melodie gedruckt, die offenbar bereits halb London auswendig kannte und auf der Straße sang. «Mr. Handell», so wurde sein Name geschrieben, galt nicht als Deutscher – die, wie bereits erwähnt, im musikalischen Nationalwettstreit noch keine Rolle spielten –, sondern als böser Geist aus dem italienischen Opern-Inferno.

Doch nicht nur auf der Straße, sondern auch im Buckingham Palace erklang Händels Musik. Über die Geburtstagsfeier von Königin Anne berichtete Abel Boyer in «The Political State of Great Britain» am 6. Februar 1711: «Zwischen ein und zwei Uhr am Nachmittag wurde eine feine Consort-Musik aufgeführt, ein Dialog in Italienisch zum Lob Ihrer Majestät, der zu exzellenter Musik von dem berühmten Mr. Hendel, einem Gefolgsmann des Hannoveranischen Hofes in der Funktion eines Kapellmeisters der herzoglichen Kapelle, komponiert und von dem Kavalier Nicolini Grimaldi und den anderen gefeierten Stimmen der italienischen Oper gesungen wurde.»[58] Da hatte er nun also in nur wenigen Wochen bereits den Königshof erobert. Nicht mehr ein englischer Komponist, wie bis dahin üblich, durfte die Geburtstags-Ode komponieren, sondern Händel, der Fremde, der Virtuose aus Italien.

Schon vor dem Februar 1711 zeichnete sich ein anderes Ereignis ab: Händels neue, für London komponierte Oper. Bereits am 18. Dezember 1710 kündigten in «The British Apollo», einem Journal für Kulturinteressierte, die folgenden Verse Händels «Rinaldo» an:[59]

«Höhlen in natürlichen Formen erscheinen,
Während ihre Bewohner das Ohr entzücken.

Sogar, sagen sie, Maschinen werden bewegen
Ruhmvolle Regionen von oben.»

Aaron Hill, «der Herrscher der Bühne», wie er im weiteren Verlauf dieses Gedichtes genannt wurde, warb also schon zwei Monate vor der Uraufführung für die neue Oper. Wie diesen Versen zu entnehmen ist, zogen nicht allein die Musik, sondern vor allem Bühnenbilder und allerlei Illusionen hervorrufende Bühnenmaschinerien das Publikum an. Die Menschen in der Großstadt hungerten nach neuen Erlebnissen und wollten wenigstens für einige Stunden in die Scheinwelt des Theaters eintauchen. Dies war schon früher, lange vor Händels Ankunft in London so. Samuel Pepys, Verwalter des Lord Montagu und später Parlamentsabgeordneter, berichtete in seinem Tagebuch am 19.3.1666 beispielsweise das folgende vom Besuch des King's Theatre: «Mir ging es vor allem darum, einmal einen Blick hinter die Kulissen zu werfen, die Garderoben und Apparaturen zu besichtigen. Sehr sehenswert. Und die verschiedenen Kostüme, alles kunterbunt durcheinander: hier ein Holzbein, dort eine Halskrause, da ein Steckenpferd, und dort wieder eine Krone. Man kann vor Lachen kaum an sich halten. Wenn man aber bedenkt, wie schön das alles auf der Bühne im Lichterglanz aussieht und wie armselig das Zeug ist, wenn man es aus der Nähe betrachtet, dann ist es doch ganz und gar unerfreulich. Die Maschinen sind prächtig, und die Bilder sehr hübsch.»[60]

Die Faszination des Theaters war für die Londoner groß. Die italienische Oper zog das Publikum magnetisch an. Scarlatti feierte hier Erfolge, wie er sie zu Hause kaum je erlebte. Seine Oper «Pirro e Demetrio» wurde innerhalb von neun Jahren sechzigmal gespielt.

Doch nun schickte Händel seine Oper «Rinaldo» ins Gefecht. Hill, der Leiter des «Queen's Theatre» am Haymarket, erfand das Szenario, Giacomo Rossi schrieb das Libretto, und Händel komponierte die Musik. Hills Hoffnung, daß «die englische Oper glänzender als ihre Mutter, die italienische»[61] wäre, erfüllte sich: der Erfolg von «Rinaldo» war sensationell, das Werk blieb bis 1717 auf dem Spielplan, wurde 1711 in Dublin, 1715 in Hamburg, 1718 in Mailand und Neapel gespielt. Ein internationaler Erfolg!

«Rinaldo» ist eine Episode aus Tassos «Gierusalemme liberata», die voller Verstrickungen, Verwechslungen, in der Welt der Helden, der Liebesprüfungen und des geheimnisvollen Zaubers spielt und mit Happy End ausgeht. Das war der Stoff, aus dem die Träume der Menschen auch im 18. Jahrhundert gebildet waren.

Der äußere Glanz der Aufführung übertraf alles bisher Gekannte. Oper war damals auch Revue und Musical. Händel setzte vier Trompeten und Pauken ein, vergrößerte das Orchester. Eine Starbesetzung sang: Drei Kastraten (Niccolò Grimaldi, Valentino Urbani und Giuseppe Cassani), das Ehepaar Boschi (Francesca Boschi: Alt, Giuseppe Boschi: Baß), die Primadonna Isabella Girardeau. Hill scheute keine Ausgaben, um Bühnenbild und Maschinerie zu Höchstleistungen anzuspornen. Sogar lebendige Spatzen flogen über die Bühne, als Rinaldos Verlobte Almirena ihr Vogellied «Angelletti che canto» sang. Ganz London sprach davon.

Zur Sensation dieses Werks gehörte aber auch, daß es umstritten war. Händel, der noch nicht einmal englisch sprechen konnte, galt als der fremde, um seinen überwältigenden Erfolg beneidete Musiker aus Italien. Die Anhänger eines englischen Nationalstils wehrten sich bissig gegen den Ausländer.

Sensationshungrig hatte der Librettodichter Giacomo Rossi über Händel im Vorwort geschrieben: «Und für mich überwog ein Wettbewerb der Virtuosität

Das Queen's oder King's Theatre am Haymarket, Zeichnung von William Capon, zwischen 1777 und 1789.

(nicht so sehr in der Perfektion der Oper, sondern allein wegen der Kürze der Zeit), da Herr Hendel, der Orfeo unseres Zeitalters, . . ., mir kaum Zeit gab zu schreiben, und seht, zu meinem großen Erstaunen, in nur zwei Wochen vertonte er eine ganze Oper mit so feinem Empfinden und im höchsten Grad der Perfektion.»[62] Was Rossi als das Wunder eines Genies feierte, verspottete freilich der Italiengegner Joseph Addison in «The Spectator» so: «Erinnere dich, lieber Leser, an die Geburt von einigen wenigen Abenden, die, obwohl es Nacht ist, nicht die Fehlgeburt der Dunkelheit sind, und deren Urheber, der Dichter Rossi behauptet, der Sohn des Apollo mit einem gewissen Hoffnungsstrahl des Parnaß zu sein. Dieser (Rossi) schreitet dann fort, Herrn Hendel als den Orpheus unseres Zeitalters zu nennen, und teilt uns mit derselben Sublimität des Stiles mit, daß dieser die Oper in vierzehn Tagen komponiert habe. So sind die geistreichen Menschen beschaffen, an deren Geschmack wir uns selbst so ehrgeizig anpassen.»[63]

Doch die Kritik wird noch viel schärfer, wenn die Gegner der italienischen

Oper Regie und Bühnenbild aufs Korn nehmen. Aaron Hill hatte erkannt, daß italienische Opern «zu deren offensichtlichem Nachsehen gegenüber dem englischen Theater gehört und gesehen wurden, wenn man sie nicht mit Bühnenmaschinen und -dekorationen ausstatten wollte, die bei ihrem Erscheinen der Oper eine so große Schönheit verleihen.» Deshalb setzte er in «Rinaldo» alles daran, «das Auge mit vielen entzückenden Prospekten zu erfreuen und so auf einmal zwei Sinnen die gleiche Freude zu geben.»[64] Hill bemühte sich, das Geschehen sehr realistisch darzustellen, erntete allerdings bei den Gegnern der italienischen Oper nur Spott: «Einer Oper darf erlaubt werden, überaus verschwenderisch in ihren Dekorationen zu sein, da ihre einzige Absicht ist, die Sinne zu befriedigen und eine – freilich – träge Aufmerksamkeit aufrechtzuerhalten. Gemeiner Menschenverstand jedoch fordert, daß nichts in den Szenenbildern und Bühnenmaschinen gezeigt werden sollte, das kindisch und absurd erscheint. Wie hätten die Gebildeten zur Zeit von König Charles gelacht, wenn sie Nicolini gekleidet in einer Robe aus Hermelin einem Gewitter ausgesetzt und in einem offenen Boot auf einem Meer von Pappdeckeln segeln gesehen hätten? ... Als ich ungefähr vor zwei Wochen durch die Straßen ging, beobachtete ich, wie ein ordentlicher Kerl einen Käfig voller kleiner Vögel auf seiner Schulter trug; und als ich mich für mich selbst wunderte, zu welchem Zweck er sie beförderte, wurde er glücklicherweise von einem Bekannten getroffen, der dieselbe Neugierde hatte. Als dieser ihn fragte, was er auf seiner Schulter trüge, sagte er ihm, daß er Spatzen für die Oper gekauft hätte. Spatzen für die Oper, sagte sein Freund, leckte seine Lippen. Was? Werden sie gebraten? Nein, nein, sagte der andere, sie müssen am Ende des I. Aktes hineingebracht werden und über der Bühne fliegen. Dieser seltsame Dialog erweckte meine Neugier so sehr, daß ich sofort das Textbuch der Oper kaufte, worin ich erfuhr, daß die Spatzen Singvögel in einer entzückenden Höhle spielen sollten; bei einer näheren Untersuchung fand ich heraus, daß die Spatzen denselben Trick bei den Zuhörern bewirken sollten wie Sir Martin Marall bei seiner Geliebten: wenn die Spatzen in Sicht des Publikums flogen, dann entsprang hinter der Szene eine Musik aus dem Klang von Flageoletts und Vogelrufen ... Doch um auf die Spatzen zurückzukommen; es wurden so viele zu Flügen in der Oper losgelassen, daß befürchtet wird, daß das Haus sie nie wieder los werden wird; und daß sie in anderen Stücken bei sehr falschen und ungeeigneten Szenen auftreten werden ... abgesehen von den Unannehmlichkeiten, welche die Köpfe der Zuschauer manchmal von ihnen erleiden werden ... Bevor ich dieses Papier weglege, muß ich den Leser informieren, daß – wie ich höre – ein Vertrag mit London und Wise (die zu Gärtnern des Theaters bestellt werden) ausgehandelt wird, der zum Inhalt hat, daß die Oper von Rinaldo und Armide mit einer von

Orangenbäumen umgebenen Grotte ausgestattet werden soll; und daß beim nächsten Mal die Singvögel von Meisen dargestellt werden: Die Theaterunternehmer sind entschlossen, weder Mühen noch Kosten zum Wohl der Zuschauer zu scheuen.»[65] Zum besseren Verständnis: London & Wise war eine Gartenbaufirma, welche die größte Baumschule in England besaß.

Die illusionistische Darstellung von Arkadien, wie sie Händel in den römischen Palazzi erlebt hatte, wurde von dem rationalistischen Addison lächerlich gemacht. Die vielen Donner- und Blitzszenen, die Feuerwerke erschienen ihm kindisch, und an Händels Musik störte ihn, daß sie nur eine träge Aufmerksamkeit errege. Entsprach diese Kritik den Tatsachen? Dem gesunden englischen Menschenverstand erschien das wohl wahr und richtig: die südlichen Künstler wirkten auf ihn etwas verrückt. Doch die meisten Engländer – vor allem der Adel und das reiche Bürgertum – scherten sich wenig um solche Vernünftelei und besuchten die Oper, um eine ferne Traumwelt zu erleben.

Aber in welchen Theatern zerstreute sich der hausbackene Durchschnitts-Engländer? Er besuchte das Stück «Whittington and his cat», das der Puppenspieler Martin Powell im «Punch's Theatre» bei den «Seven Stars» in «the Little Piazza» in Covent Garden gab und das – wie Powell in seinen Anzeigen behauptete – «Rinaldo und Armida» in jeder Hinsicht übertreffen würde. Der Kritiker Sir Richard Steele, der beide Stücke miteinander verglich, bestätigte dies: «Die Spatzen und Buchfinken fliegen im Haymarket-Theater wie immer sehr unregelmäßig über die Bühne; und anstelle auf die Bäume zu sitzen und ihre Rolle zu spielen, fliegen diese jungen Schauspieler entweder zur Galerie oder blasen die Kerzen aus; dagegen hat Mr. Powell sein Schwein Punch so gut dressiert, daß er und Punch in der ersten Szene zusammen ein Menuett tanzen. Ich bin jedoch darüber informiert, daß Mr. Powell sich entschließt, seine Gegner auf seine eigene Art zu übertreffen und Lerchen in seiner nächsten Oper über ‹Susanna oder die verratene Unschuld› auftreten zu lassen...»[66] Sir Richard beendete seinen Vergleich der beiden Theaterstücke mit dem Fazit: «Ich muß die Vorstellung von Herrn Powell vorziehen, da sie in unserer eigenen Sprache stattfindet.»

Welche Musiknation spielte die erste Geige? Die Italiener oder die Engländer? Der Wahlitaliener Händel hatte sich zunächst einmal durchgesetzt. Vielleicht half ihm, daß er kein echter Italiener war, sondern in seiner Musik «deutsch» dachte, und das Deutsche wiederum dem Englischen verwandt war. Selten nämlich richteten sich die Angriffe gegen seine Musik, sondern meistens gegen die italienische Oper allgemein. Doch zweifellos verhalf Händel der italienischen Oper zu einem triumphalen Siegeszug. «Rinaldo» wurde bereits am 24. April 1711 vom Verlagshaus John Walsh und John Hare im

Druck herausgebracht, was außergewöhnlich war und die Popularität der neuen Oper beweist. Der italienische Händel war also Gewinner dieser ersten musikalischen Schlacht zwischen englischer und italienischer Musik. So genial, zwar sparsam in den kompositorischen Mitteln, doch kraftvoll in der Wirkung, war seine Musik komponiert. Dem konnte sich niemand entziehen, nicht einmal die Gegner der italienischen Musik.

Händel mußte nach dieser gewonnenen Schlacht London wieder verlassen. Sein Urlaub war zu Ende. Der Dienst in Hannover wartete auf ihn. Mit Befriedigung trat er die Heimreise an: er war nun noch berühmter als nach dem Ende seiner Italienreise, ein international bekannter Virtuose und Komponist, hatte in London viele wichtige Persönlichkeiten kennengelernt und wertvolle Verbindungen geknüpft. Er war zwar ein Fremder, aber geachtet. Er sprach noch kaum englisch, sondern unterhielt sich auf italienisch oder französisch. Doch er lernte bereits diese Sprache, als ob er ahnte, daß London seine neue Heimat sein würde. Ende Juli 1711 schrieb er in Hannover an seinen Freund Andreas Roner nach London auf französisch: «Ich machte, seitdem ich von Ihnen abgereist bin, einigen Fortschritt in dieser Sprache.»

Doch bevor an eine Rückkehr nach London zu denken war, mußte Händel über ein Jahr in Hannover ausharren. Opern konnte er dort nicht komponieren – und das wäre sein eigentliches Ziel gewesen. So verging dieses Jahr wenig ertragreich, bildete aber eine schöpferische Ruhepause zur Vorbereitung auf die nächste musikalische Schlacht in London. Im Oktober 1712 war es endlich so weit: wieder ging er in Holland an Bord und schiffte sich nach England ein. Dieses Mal für immer.

Fand er in London eine Heimat? Wurde er nun vom «Italiener» zum Briten? Noch lange blieb er ein Fremder. 26 Jahre lang komponierte er italienische Opern, leitete nacheinander drei italienische Opernunternehmen. Doch zuletzt verlor er doch den Kampf gegen die englische Oper: «The Beggar's Opera» siegte über die artifizielle Kunst aus Italien. Aber diese Niederlage der italienischen Oper konnte Händel in einen Sieg für sich umkehren. Nun wandte er sich der englischen Sprache zu und komponierte die Oratorien, die im Gegensatz zu seinen vielfach vergessenen italienischen Opern noch heute bekannt sind. Mit großer Altersweisheit und einem musikalischen Horizont, der deutsche, französische, italienische und englische Musik zusammenfaßte, schuf er jetzt seine bedeutendsten Werke – und wurde später sogar zum englischen Nationalkomponisten, doch das geschah erst am Ende des 18. Jahrhunderts, lange nach seinem Tod.

Die Lebensreise eines Kastraten. Charles Burney bei Carlo Broschi, genannt Farinelli

Am 25. August 1770 betrat der englische Musikschriftsteller Charles Burney, der auf einer Reise durch Frankreich und Italien das Musikleben erkundete, die vornehme und luxuriöse Villa des Kastraten Farinelli in Bologna. Er war zusammen mit dem berühmtesten Musiktheoretiker des 18. Jahrhunderts, Padre Martini, bei ihm zum Essen eingeladen.

Der alte Kastrat zeigte den Besuchern seine umfangreiche Gemäldesammlung: Bilder von Ximénez und Murillo, «spanischen Malern vom ersten Rang», wie Burney in seinem Reisebericht anmerkte, Porträts der Fürsten, mit denen er vertrauten Umgang pflegte, «worunter zwei Kaiser, eine Kaiserin, drei Könige von Spanien, zwei Prinzen von Asturien, ein König von Sardinien ... und der Papst Benedikt der Vierzehnte sich befinden», und Gemälde von ihm selbst, seinem Freund Metastasio und der berühmten Sängerin Faustina.

Dann führte er dem englischen Gentleman seine beachtliche Sammlung von Klavieren vor, zu denen er ein besonders liebevolles Verhältnis hatte, wie Burney schrieb: «Er besitzt eine Menge Klavierinstrumente, die in verschiedenen Ländern gemacht sind; er benennt sie mit den Namen der größten italienischen Maler, je nachdem sie bei ihm in Gunst stehen. Sein erster Liebling ist ein Pianoforte, welches 1730 zu Florenz verfertigt worden, auf welchem mit goldenen Buchstaben der Name Raffael d'Urbino steht; hierauf folgt ein Correggio, Tizian, Guido usw. Er spielte sehr lange auf seinem Raffael mit feinem Urteil und Delikatesse. Sein zweiter Günstling ist ein Flügel, welchen ihm die hochselige Königin von Spanien geschenkt, welche sowohl in Portugal als in Spanien Scarlattis Schülerin war...»

Doch Burney widmete seinen Aufenthalt nicht nur musikalischen, künstlerischen und kulinarischen Genüssen, sondern er befragte ihn über sein Leben. Dabei verhielt er sich sehr dezent und sparte die wichtigste, aber auch unangenehmste Frage aus: Was war das für eine Existenz als Kastrat?

Pietro Metastasio (1698–1782), Porträt von J. Steiner, Stich von Mansfeld. Er war sein Leben lang ein Freund von Farnelli. Metastasio wurde 1730 Hofdichter in Wien und war der am meisten geschätzte Dichter von Opernlibretti des 18. Jahrhunderts.

«Durch Kastrieren zum Singen tüchtig gemacht»

Burney machte einen Umweg um dieses heikle Thema. Erst später, im Kapitel über Neapel, beschäftigte er sich eingehender mit dem italienischen Kastraten(un)wesen: «Ich erkundigte mich durch ganz Italien, an welchem Orte vornehmlich die Knaben durchs Kastrieren zum Singen tüchtig gemacht würden, aber ich konnte keine gewisse Nachricht erhalten. Zu Mailand sagte man mir, es geschehe zu Bologna; zu Bologna leugnete man es und wies mich nach Florenz, von Florenz nach Rom und von da nach Neapel.» [1] Doch auch in Neapel fanden keine Kastrierungen statt, wie ihm sowohl der britische Konsul, Herr Jamineau, und Dr. Cirillo, ein berühmter Arzt, versicherten. Schließlich fand er aber doch den Ort, der sich offenbar auf diese Operation spezialisiert hatte: Leocia in Puglia, wahrscheinlich das heutige Lucera in Apulien, also weit von Neapel entfernt auf der anderen Seite des Apennin.

Daher also kamen die vielen Kastraten, die man «in jeder italienischen Stadt» in großer Anzahl antraf. Viele, so stellte Burney fest, haben «gar keine Stimme oder doch keine so gute». Sie mußten entweder ihren Lebensunterhalt durch Prostitution verdienen – Neapel war hierfür besonders berüchtigt – oder fanden, wenn sie Glück hatten, eine Stelle als Kirchensänger: «Alle Musici in

Farinelli, anonyme Federzeichnung. Das Aussehen von Farinelli regte viele Zeichner zu Karikaturen an. Doch auch sie sind ein Beweis für seine Popularität.

den Kirchen werden izt aus dem Ausschusse der Opernhäuser zusammengelesen.»[2] Damit milderte die italienische Kirche wenigstens etwas die Not vieler verschnittener Männer, die nicht ganz ohne kirchliche Schuld dieses Schicksal erlitten, denn es war verboten, daß Frauen in der Kirche singen, weshalb man im ausgehenden 16. Jahrhundert – da man Knabenstimmen nun für zu schwach empfand – Kastraten den Sopranpart gab. Am Ende des 17. Jahrhunderts wurde in Rom von Papst Innocenz XI. sogar untersagt, daß Sängerinnen in der Oper mitwirkten. Freilich gab es dennoch außerhalb Roms das ganze 18. Jahrhundert hindurch zum Teil weltberühmte Primadonne. Doch aus dem päpstlichen Verbot war nun auch eine ästhetische Frage geworden. Die Faszination der überaus starken Knabenstimmen aus dem Munde erwachsener Männer war so außerordentlich, daß nun viele männliche Heldenrollen für Sopran komponiert wurden. Die Kastration als «Dienst für Gott», wie Papst Clemenz VIII. zu Beginn des 17. Jahrhunderts schrieb[3], war eine Mode geworden.

«Carlo Broschi, genannt Farinelli, wurde im Jahr 1705 zu Neapel geboren. Sein Vater, Sgr. Broschi, gab ihm selbst seine erste musikalische Erziehung, nachher studierte er unter Porpora, der mit ihm reiste.»[4] So kurz berichtete

Burney über Farinellis Kindheit, die so nachhaltig sein Leben prägen wird. Vom ersten Biographen des Sängers, G. Sacchi[5], erfahren wir außerdem, daß der Knabe eine frühe Begabung für Musik zeigte, die vom Vater intensiv gefördert wurde. Salvatore Broschi war adelig und musikalisch gebildet; er stieg 1706-1709 zum königlichen Statthalter in Maratea und Cisternino auf und gab im Alter Musikunterricht. Der etwa sieben Jahre ältere Bruder Riccardo wurde ein angesehener Komponist. Um des Geldes willen – wie es sonst häufig der Fall war – gaben die Eltern also ihren Carlo nicht zur Operation. Vielmehr war wohl Ehrgeiz im Spiel: als Kastrat konnte man im 18. Jahrhundert so berühmt und reich werden wie kein anderer Künstler.

Vor der Operation ging man gewöhnlich – so fand Burney heraus – mit den Knaben in ein Konservatorium, «um sie daselbst zu prüfen, ob eine gute Stimme von ihnen zu erwarten ist, alsdann nehmen ihre Eltern sie zu diesem barbarischen Zweck nach Hause. Inzwischen steht die Todesstrafe darauf, wenn jemand die Operation verrichtet, und der Bann, wenn man darum weiß, es sei denn, daß es, wie man oftmals vorgibt, wegen einer Krankheit an diesen Teilen, wovon man glaubt, daß sie die Operation erfordere, und mit Einwilligung des Knaben geschehe.»[6] Auch Carlos Vater führte seinen Sohn im Konservatorium vor, wahrscheinlich dem berühmten Komponisten und Gesangslehrer Nicola Antonio Porpora. Der war von der Stimme und Musikalität des kleinen Carlo so begeistert, daß er zur Operation riet. Dabei umging offenbar auch Salvator Broschi das Gesetz; denn der Biograph Sacchi überliefert, daß die Operation mit einem Reitunfall gerechtfertigt wurde.

Fast zehn Jahre lang dauerte die harte und anstrengende Ausbildung im Konservatorium von Neapel. Makellose Intonation, möglichst große Schnelligkeit beim Singen von Koloraturen und vor allem eine große Stimme waren die wichtigsten Eigenschaften, die ein Gesangsvirtuose haben mußte. Nur dann hatte er eine Chance, vom Publikum wahrgenommen zu werden. Denn das Benehmen des Theaterpublikums, wie es Charles Burney bei seiner Italienreise beobachtete, hatte sich seit Farinellis Jugend kaum verändert: «Die Unaufmerksamkeit, der Lärm und das unanständige Betragen der Zuschauer sind nun völlig barbarisch und unerträglich. Das Stillschweigen, welches in den Schauspielhäusern zu London und Paris während der Vorstellung herrscht, dient dem Schauspieler zur Ermunterung und ist dem verständigen und empfindenden Zuhörer erwünscht. In Italien sind die Theater unermeßlich groß, und die Akteurs scheinen also beständig fortzuschreien, um durch den Raum und das Geräusch gehört zu werden.»[7] Neben Lautstärke und Schnelligkeit wurden Fähigkeiten geschult, die heutige Virtuosen kaum noch beherrschen: Sänger und Instrumentalisten des 18. Jahrhunderts gingen mit dem Notentext viel freier und schöpferischer um; sie improvisierten Verzierungen, neue melodische Wendungen, Koloraturen, so daß ein und dieselbe Arie in jedem Konzert, ja sogar bei jeder Wiederholung anders klang. Die Improvisation war ein fester Bestandteil der Gesangsausbildung und erforderte genaue Kenntnisse in der Komposition.

Neapel war die erste Station der Lebensreise Farinellis. Dort erhielt er eine hervorragende Ausbildung: fast alle berühmten Kastraten des 18. Jahrhunderts stammten aus dieser Kaderschmiede des Belcanto. Doch er war auch ein Gezeichneter: nie würde er ein Mann werden. Seine Eltern hatten mit hohem Einsatz – mit seinem Leben – gespielt.

Farinelli erobert Italiens Opernhäuser

Aus Carlo Broschi wurde Farinelli, «der Knabe», wie man ihn bald in ganz Italien nannte (dieser Künstlername stammt wahrscheinlich von der neapolitanischen Familie Farina, die nach Sacchi den jungen Carlo in Neapel förderte), und er hatte so großen Erfolg wie kaum ein anderer Kastrat seiner Epoche. Freilich kostete auch dieser Erfolg seinen Preis. Heimatlos reiste der Sänger von Stadt zu Stadt, verbrachte unzählige Stunden in unbequemen Postkutschen, war zwar gefeiert und reich, aber einsam, und vor allem seiner natürlichen Bestimmung entzogen, eine Kunstfigur auch im Leben, beschnitten aus Gründen der Ästhetik wie die Bäume in den Gärten des Barock.

15jährig trat Farinelli erstmals als Solist in der Serenata «Angelica et Medoro» seines Lehrers Nicola Porpora auf. Der Text stammte von dem sieben Jahre älteren Pietro Metastasio, dem bedeutendsten Librettodichter des 18. Jahrhunderts. Farinelli blieb sein ganzes Leben lang mit ihm befreundet.

Den entscheidenden Durchbruch erkämpfte sich Farinelli im Alter von 17 Jahren in Rom. Burney erfuhr die folgende Anekdote: «Hier war, solange die damalige Oper im Gange war, alle Abend ein Wettstreit zwischen ihm und einem berühmten Trompeter, der ihm eine Arie mit seinem Instrumente begleitete. Dieser Streit schien anfangs freundschaftlich und bloß scherzhaft, bis die Zuschauer anfingen, Teil daran zu nehmen und sich auf die eine oder andere Seite zu schlagen. Nachdem sie verschiedenemal Noten ausgehalten hatten, worin jeder die Kraft seiner Lunge zeigte und es dem andern an glänzender Fertigkeit und Stärke hervorzutun suchte, kriegten beide zusammen eine haltende Note und einen Doppeltriller in der Terze, welchen sie solange fortschlugen, unterdes daß die Zuschauer ängstlich auf den Ausgang warteten, daß beide erschöpft zu sein schienen; der Trompeter, der ganz atemlos war, gab ihn auch in der Tat auf und dachte, daß sein Nebenbuhler ebenso ermüdet sein würde, als er selbst war, und daß der Sieg unentschieden wäre, als Farinelli mit einer lächelnden Miene, um ihm zu zeigen, daß er bisher nur mit ihm gespaßt habe, auf einmal in eben dem Atemzuge mit neuer Stärke ausbrach und nicht nur die Note schwellend aushielt und trillerte, sondern auch sich in die schnellsten und schwersten Läufe einließ, wobei er bloß durch das Zujauchzen der Zuschauer zum Stillschweigen gebracht wurde.»[8]

Diese Wettkämpfe hatten, wie man sieht, nicht nur eine musikalische, sondern auch eine sportliche Seite. Wie Ringer kämpften die Gesangs- und Instrumentalvirtuosen gegeneinander. Die Oper wurde zur Arena, der Kastrat zum Gladiator, den man bejubelte oder ausbuhte.

Farinelli war nun in Neapel und Rom bekannt. In etwa einem Dutzend und mehr Opern wirkte er während der Jahre 1722-1724 mit, stets zwischen den beiden Städten hin- und herreisend.

Kritik in Wien: «Unendliche Noten und Gurgeleien»

1724 fuhr er dann erstmals nach Wien, wo Kaiser Karl VI. von ihm nicht nur begeistert war, sondern ihn auch kritisierte: «Seine Kaiserliche Majestät würdigte ihn einstmals, ihm mit vieler Gnade und Herablassung zu sagen, daß er bei seinem Singen weder das Bewegen noch das Stillstehen anderer Sterblicher habe, sondern daß alles übernatürlich sei. ‹Jene gigantischen Schritte›, (sagte er), ‹jene unendlichen Noten und Gurgeleien überraschen uns, und itzt ist es Zeit für Sie zu gefallen; Sie sind mit den Gütern, die Ihnen die Natur verliehen hat, zu verschwenderisch; wenn Sie die Herzen einnehmen wollen, so müssen Sie einen ebenern, simplern Weg gehen.› Diese wenigen Worte brachten eine gänzliche Veränderung in seiner Singart hervor; von der Zeit an vermischte er das Lebhafte mit dem Pathetischen, das Simple mit dem Erhabenen, und auf diese Weise rührte er jeden Zuhörer sowohl, als er ihn in Erstaunen setzte.»[9]

Diese Anekdote weist auf eine neue Stufe der Gesangskunst hin, die Farinelli etwa im Alter von 19 Jahren erreichte und die ihn vor allen anderen Virtuosen seiner Zeit auszeichnete. Er war nun nicht mehr nur ein Kämpfer auf Bühnenbrettern, der durch Lautstärke und Schnelligkeit das Publikum eroberte, sondern auch ein wahrer Musiker, der auf der Höhe seiner Zeit stand. Die Ratschläge von Kaiser Karl VI. nämlich entsprachen dem Ideal des empfindsamen Stils: ein schneller Wechsel des Ausdrucks – der Lautstärke vom Piano bis zum größten Forte und des Timbres von der Trauer bis zur Freude –

Farinelli in einer Frauenrolle, Rom 1724, Federzeichnung von Pier Leone Ghezzi.

wurden nun vom Musikkenner gefordert; der Sänger mußte alle Gefühle und Leidenschaften auf der Bühne möglichst naturgemäß und mit größtem Empfindungsreichtum darstellen können.

Nach dem ersten Gastspiel in Wien erweiterte Farinelli sein Wirkungsfeld in Italien. Er sang nun nicht mehr nur in Rom und Neapel, sondern auch in Venedig, Verona, Parma und Bologna, wo er 1727 dem damals besten älteren Kastraten, Antonio Bernacchi, begegnete: «welcher damals der erste Sänger, sowohl an Geschmack als an Einsicht in Italien war.» [10] 1728 reiste Farinelli ein zweites Mal nach Wien, trat im Oktober in München auf, war im Winter in Venedig, sang 1729 wieder auf verschiedenen Bühnen in Oberitalien, verbrachte die Karnevalssaison in Venedig, reiste 1731 oder 1732 ein drittes Mal nach Wien, ließ sich dann erneut auf den oberitalienischen Bühnen als «primo uomo» feiern und erreichte im Herbst 1734 mit dem Schiff London. Erst 1759, 25 Jahre später, wird er nach Italien zurückkehren.

Opernkrieg in London

In der Themsestadt herrschte damals ein Opernkrieg. Nicola Porpora, der Lehrer Farinellis, trat gegen Händel an: im Theater am Haymarket, aus dem dieser durch mancherlei Machenschaften und Mißerfolge vertrieben worden war und nun das Theater am Covent-Garden neu bezogen hatte. Wie bei einem Gefecht stellte jeder der beiden Operndirektoren möglichst gute Kämpfer auf. Dabei hatte Porpora die besseren Karten; denn seine Operntruppe war neu, ihm stand mehr Geld zur Verfügung, und seine Sänger und Komponisten entsprachen der neuesten Mode. Hasse und Porpora lieferten die Musik, Metastasio die Libretti, die Cuzzoni, die Faustina, die Bartolli, die Sezatti und die Kastraten Senesino und Farinelli waren die Gesangsstars – unter ihnen viele Neuankömmlinge wie eben Farinelli, manche aber auch «Deserteure» aus Händels Oper.

Der Erfolg war überwältigend – vor allem für Farinelli: «Ohne die zahlreichen Geschenke zu zählen, die er vom Adel, den fremden Botschaften und von anderen Persönlichkeiten erhielt und deren Wert sich auf einige 1.000 Pfund Sterling beläuft, verzeichnete er am Theater einen so großen Zulauf allein um seinetwillen, wie man ihn noch nie auf einem englischen Theater erlebte. Die Schwärmerei für ihn zeigt, bis zu welchem Punkt alle seinem Charme erliegen. Der blühende Zustand dieser Oper erklärt, daß die anderen Theater darniederliegen. Händel, dessen hervorragende Kompositionen so häufig unsere Ohren bezauberten und unsere Herzen bewegten, spielte diesen Winter nahezu vor

Szene aus Händels Oper «Flavio», um 1723, Stich von J. Vanderbank. Möglicherweise sind die beiden Kastraten Senesino (links) und Berenstadt sowie die Primadonna Cuzzoni (Mitte) dargestellt.

einem leeren Parkett ...»[11], schrieb die Zeitung «The Old Whig» am 20. März 1735.

«Alle waren hingerissen, entzückt, bezaubert», berichtete Burney und begründete Farinellis Erfolg so: «In der berühmten Arie ‹Sono qual Nave›, die sein Bruder gesetzt hatte, fing er die erste Note so sanft an, schwellte sie durch ganz unmerkliche Grade zu einer erstaunlichen Stärke und linderte sie auf ebendiese Weise wieder, daß man ihm völlig fünf Minuten zuklatschte. Sodann fing er mit einer so glänzenden Fertigkeit an fortzusingen, daß es dem damaligen Orchester schwer ward, mit ihm Takt zu halten. Kurz, er übertraf alle Sänger so sehr, als das berühmte Rennpferd Childers alle andere Renner übertraf. Doch er war nicht nur an Geschwindigkeit ihnen überlegen, sondern er vereinigte in sich aller großen Sänger Vortrefflichkeiten. In Ansehung seiner Stimme: Stärke, Annehmlichkeit und weiten Umfang; in seiner Singart: Zärtlichkeit, Anmut und Fertigkeit. Er hatte Vorzüge, dergleichen man weder vor noch nach ihm bei irgendeinem Menschen zusammen antraf; Vorzüge, deren Kraft man nicht widerstehen konnte und die jeden Zuhörer, den Kenner und Nichtkenner, Freund und Feind besiegen mußten.»[12]

Was war der besondere Reiz der Kastratenstimmen? Aus zeitgenössischen Beschreibungen ergibt sich, daß die Stimmen silbern und hell klangen, sie wirkten nicht weniger süß und angenehm als die von Frauen, aber kräftiger und länger im Raum nachklingend; sie hatten denselben «Charakter wie Knabenstimmen»: «klar und durchdringend, aber viel lauter», wobei allerdings etwas «Trockenes und Saueres» beigemischt war. Sie wirkten »brillant, licht und voll von Spannkraft» – so wenigstens begeisterte sich De Brosses in seinen «Lettres historiques et critiques sur l'Italie» aus dem Jahr 1799. Erst seit 1903 gab es unter Pius X. keine Kastraten mehr in der Sixtinischen Kapelle. Der letzte Kastrat, Alessandro Moreschi, starb 1922 im Alter von 64 Jahren. Er hielt seine Stimme auf einer Schallplatte fest. Trotz schlechter Qualität läßt sich eine fremdartige, zugleich leidenschaftliche und körperlose Stimme erkennen.

Nicht das Natürliche suchten die Menschen des Barock in der Kunst, sondern das Übernatürliche; nicht umsonst übernahmen die Kastraten stets die Rollen von Helden und griechischen Göttern und verkörperten außergewöhnliche Kraft und überirdische Reinheit. Freilich bewunderte die barocke Ästhetik das Künstliche, das dann im 18. Jahrhundert zunehmend Abscheu erregte und im 19. Jahrhundert nur noch als eine Monstrosität der Vergangenheit angesehen wurde. Mendelssohn jedenfalls, der 1830 die Sänger der Sixtinischen Kapelle in Rom hörte, war entsetzt: «... die päpstlichen Sänger sogar werden alt, sind fast ganz unmusikalisch, treffen sogar selbst die herkömmlichen Stücke nicht richtig, und der ganze Chor besteht aus 32 Sängern, die aber nie zusammen sind.» [13]

Doch im 18. Jahrhundert zählten die Kastraten zu den größten Attraktionen. Farinelli ersang sich während seines zweijährigen Aufenthalts in London ein Vermögen. In der zweiten Spielzeit (1735/36) freilich stumpfte das Interesse des Publikums deutlich ab. In London zählte nur die aktuelle Sensation, und schnell wandte sich die Menge Neuem zu. Porpora zog sich vom englischen Opernbetrieb zurück, und auch Farinelli suchte nun sein Glück anderswo: er reiste im Sommer 1736 nach Paris, wo sich der französische König über ihn begeisterte.

Madrid: Der geisteskranke König und sein Sänger

Wie heute bei einem Opernstar, so wurden damals Farinellis Reisen in ganz Europa verfolgt. So berichtete der deutsche Musiker und Musikschriftsteller Mattheson in seinem Buch «Der vollkommene Capellmeister» aus dem Jahr 1739: «Farinelli, der vortreffliche Welsche Sänger, hatte kaum vor einem Jahr allhier (in England) seine güldene Ernte zurückgeleget, da er sich zu einer reichen parisischen Nachlese einige tausend Louis d'or erschloß, und seine

Sachen auch wohl ausrichtete. Am 9. Juli 1737 stellete er sich aufs neue zu Versailles ein, der Hoffnung, bei der vermuthlichen Geburt eines Herzogs von Anjou, abermahls Ausbeute zu machen. Da ihm aber solches fehlgeschlagen, wird er sich nach Madrid begeben, und allda bis nächsten Winter einsammeln. Wornach ihn sodann die trächtigen Engländischen Beutel in London von neuem mit Schmerzen erwarten, damit er sie in etwas erleichtere, und, nächst seiner ordentlichen Versoldung, an Geschenken und Einkünfften, wenn eine Oper zu seinem Behuf gespielet wird, wenigstens 5000 Pfund Sterling des Jahrs erhebe.»[14]

Farinellis Einnahmen waren außerordentlich hoch, vergleichbar heute denen eines Pavarotti oder Domingo. Von Gestalt groß, im Gesicht etwas dick geworden, wirkte der etwa 30jährige Künstler in seinen märchenhaft schönen und wertvollen Kleidern und mit feinem, adeligem Benehmen wie ein übergroßer Junge. So malte ihn Bartolommeo Nazari 1734; das Gemälde befindet sich heute im Londoner «Royal College of Music». Auf der Bühne überragte er durch seine Größe alle anderen, insbesondere die Primadonna Cuzzoni. Eine Karikatur zeigt ihn als überlange Bohnenstange, zu der die Sängerin kaum hinaufblicken konnte. Er soll gutmütig gewesen sein und nicht den Hochmut und die Starallüren anderer Kastraten besessen haben. Dennoch bekam auch er gewiß den Neid der Kolleginnen und Kollegen zu spüren.

1737 erreichte er Madrid und wollte – wie Mattheson berichtete – bald wieder nach England zurückkehren. Doch es kam anders: er blieb 22 Jahre dort, verzichtete auf seine glanzvollen Opernauftritte, internationalen Ruhm und Bewunderung beim Publikum. Wie ist der Rücktritt des erst 32Jährigen vom öffentlichen Konzertleben zu erklären? Es erscheint kaum wahrscheinlich, daß seine Stimme allzu früh alterte, denn noch viel später begeisterte er bei privaten Darbietungen seine Zuhörer. Eher ist möglich, daß ihn das dauernde Reiseleben belastete. Er hatte sich so großen Ruhm und Reichtum ersungen wie kein Musiker vor ihm. Was wollte er mehr? Er litt wahrscheinlich unter den Gehässigkeiten der Kollegen und sehnte sich nach menschlicher Wärme und nach Bindung. Metastasio, der Jugendfreund, lebte weit von ihm entfernt in Wien als Hofdichter, und er selbst war verurteilt, von Opernbühne zu Opernbühne zu reisen, zwar umjubelt, doch einsam.

In Madrid dagegen wurde er bald nicht mehr nur als Musiker, sondern auch als Höfling geschätzt. Burneys Anekdote von der Begegnung des geisteskranken Königs Philipp V., der jedes Licht scheute, in verdunkelten Räumen lebte und in tiefer Depression die Staatsgeschäfte vernachlässigte, mit dem Kastraten erscheint wie ein Märchen von der wunderbaren Heilkraft der Musik, an welche die Menschen des Barock glaubten: «Die Königin bestimmte, daß ein

Philipp V. und seine Familie, Gemälde von L. M. van Loo, Madrid, Prado.

Konzert in einem Raum stattfinden sollte, der an die königliche Wohnung angrenzte. Philipp erschien zuerst überrascht, dann tief bewegt; beim Ende der zweiten Arie ließ er den Sänger in die königlichen Gemächer eintreten und überlud ihn mit Komplimenten und Liebkosungen; er fragte ihn, wie er solch eine Begabung genügend belohnen könne. Farinelli, der zuvor über den Zustand des Königs informiert worden war, bat Seine Majestät nur darum, daß er den Dienern erlaube, daß sie ihn rasierten und ankleideten, und daß er versuche, bei der Ratsversammlung wie üblich zu erscheinen.» [15]

Der König kam den Bitten des Sängers nach, nahm die Staatsgeschäfte wieder auf und wirkte plötzlich gesund. Farinelli hatte in Madrid nun den Ruhm, mit seiner Musik heilen zu können.

Was war geschehen? Die zeitgenössischen Berichte geben uns nur einige Hinweise. Farinelli wurde einer der einflußreichsten Höflinge. Doch es wurde ihm streng verboten, öffentlich zu singen. War Philipp eifersüchtig auf den Kastraten? Farinellis Kunst hatte nun wohl allein der Unterhaltung des Königs zu dienen: «Er erzählte mir, daß er die ersten zehn Jahre seines Aufenthalts am spanischen Hof, solange Philipp V. lebte, diesem Monarchen alle Abend die nämlichen vier Arien vorsingen mußte, worunter zwei von Hassen gesetzt waren ...»[16] Der depressive König und der Kastrat: verband sie nur die Musik oder mehr? Wir wissen nur, daß Farinelli noch später in der italienischen Verbannung sehr am spanischen Hof hing. Offenbar hatte er dort die menschliche Bindung gefunden, nach der er sich während seines Reiselebens gesehnt hatte, so daß er sich in Madrid nicht einmal eingesperrt fühlte, obwohl er es war. Geld allein konnte es jedenfalls nicht sein, das ihn hier festhielt.

Vom märchenhaften Aufstieg des Sängers am spanischen Hof berichtete der Chronist Mattheson im fernen Hamburg das folgende: «Der König von Spanien hat den berühmten Farinelli nicht nur zum Ritter geschlagen und ihm einen jährlichen Gehalt ausgemacht, sondern auch sein Bildniß demselben geschenkt, welches mit Diamanten besetzt und auf 5000 Thaler geschätzt ist. Die Königin hat ihm dazu eine güldne Tabacks-Dose verehret, auf deren Dekkel zween große Diamanten befindlich sind, und worin ein Wechsel von 500 Pistolen geleget war. Der Prinz von Asturien hat ihm einen Diamantenen Knopff und eine dergleichen Schleufe am Hut von großem Werth gegeben: wie denn auch gesaget wird, daß er Königlicher Kammer-Juncker geworden sei.»[17]

Schwierig und anstrengend, wie er selbst Burney erzählte, waren die Jahre bei dem psychisch kranken König. Nach seinem Tod (1746) konnte sich Farinelli unter König Ferdinand VI. aus seinem goldenen Käfig befreien und seine vielseitigen Begabungen voll entfalten. Er organisierte als Direktor der königlichen Theater den Aufbau einer glänzenden italienischen Oper im Palast Buon Retiro, holte berühmte Sänger nach Madrid, bestellte neue Opernlibretti bei seinem Freund Metastasio in Wien, führte Regie und gestaltete selbst die Bühnenbilder. Er wurde in Madrid der maßgebende Mann für alle kulturellen Fragen, beaufsichtigte die künstlerische Gestaltung der königlichen Paläste und Parks und hatte den Ruf, der einflußreichste Höfling in Madrid zu sein. Kein Kastrat vor und nach ihm erreichte eine so mächtige Stellung.

Alterssitz in Bologna: Reich und einsam

Doch nach 24 Jahren, nach dem Tod Ferdinands VI., wurde er aller seiner Ämter enthoben und mußte Spanien verlassen. Warum ihn König Karl III. aus Madrid vertrieb, bleibt wohl immer im Dunkel der Geschichte verborgen: wußte der Kastrat zu viel, hatte er zu großen Einfluß, hatten seine Gegner am Hof gesiegt?

Immerhin wurde er nicht verjagt, sondern in Ehren entlassen. Der König zahlte ihm bis zum Lebensende das hohe Gehalt weiter, und er durfte all seinen Besitz mitnehmen. Der Zug von Pferden und Kutschen, von Soldaten, welche die wertvollen Gegenstände vor Banditen beschützten, muß lang gewesen sein. Die Rückkehr nach Italien dauerte gewiß viele Wochen.

Farinelli ließ sich in Bologna und nicht in Neapel nieder, weil der spanische Hof es so bestimmt hatte. So lebte er nun in seiner großen Villa zusammen mit einer Schwester und deren beiden Kindern, «... wovon das eine noch ganz klein ist, in welches er, ungeachtet seines Eigensinns, seiner Kränklichkeit, Unartig- und Häßlichkeit dennoch innig verliebt ist. Inzwischen ist dies unter anderem ein Beweis, daß ihn die Natur zu gesellschaftlichen Beschäftigungen und häuslichen Freuden bestimmt hat» [18], berichtete Burney.

Den alten, einsamen Sänger besuchten berühmte Leute, deren Weg durch Bologna führte, wie etwa Wolfgang Amadeus Mozart oder Casanova, der eine böse Klatschgeschichte über den Kastraten erzählte: «Er hatte einen Neffen, der all seinen Reichtum erben sollte. Er ließ ihn ein Mädchen aus einer vornehmen toskanischen Familie heiraten. (...) Aber anstelle von Glück wurde diese Heirat für ihn die Ursache für Seelenqualen; denn, alt und impotent, hatte er das Unglück, sich in seine Nichte zu verlieben und eifersüchtig auf seinen Neffen zu werden. Um das Unglück noch zu vergrößern, wurde er gehässig auf das Objekt seiner Begierde; denn seine Nichte konnte sich nicht vorstellen, daß ein altes Tier seiner Art sich schmeicheln konnte, einem Gatten vorgezogen zu werden, den sie liebte und der, letztlich, ein Mann war. Farinelli, der auf die junge Frau erzürnt war, hatte seinen Neffen auf Reisen geschickt und erlaubte ihr keine Freude, tyrannisierte sie und ließ sie niemals aus den Augen.» [19]

War dieser Bericht wahr oder nur eine böse Verleumdung? Burney jedenfalls sah in dem alten Mann den großen Musiker, nicht den Kastraten. Am Tag seiner Abreise aus Bologna besuchte er ihn ein letztes Mal. Farinelli wirkte auf ihn traurig und einsam: «Ich traf ihn bei seinem Raffael an, und er spielte mir zu Gefallen noch eine ziemliche Zeit lang; er singt dazu mit unbeschreiblich vielem Geschmacke und Ausdrucke. Es tat mir wirklich leid, diesen außerordentlichen, liebenswürdigen Mann zu verlassen.» [20]

Farinellis Villa in Bologna, Zeichnung von Paul Cézanne.

Wunderkinder reisen. Maria Anna und Wolfgang Amadeus Mozart in Westeuropa

«Das heist auf der Schneckenpost gereiset! – aber nicht aus unserer Schuld. 2 Stunden außer Wasserburg brach uns ein hinteres Rad in Stücken. Da sassen wir. zum glücke war es heiter und schön . . .»[1]

So nüchtern und doch optimistisch berichtete Vater Leopold Mozart vom Radbruch seiner Kutsche am 10. Juni 1763, dem ersten Tag der größten und längsten Reise, die er jemals mit seinen Wunderkindern unternahm. Erst drei Jahre später, am 29. November 1766, wird er wieder nach Salzburg zurückkehren. Aus der fast zwölfjährigen Anna Maria, dem Nannerl, war dann eine 15jährige weitgereiste junge Dame geworden, aus dem sechsjährigen Wolfgang ein in ganz Europa berühmter junger Virtuose und Komponist – und der Vater erzielte nicht nur finanziellen Gewinn, sondern vergrößerte seinen Ruf als Musikpädagoge. Dem engen Salzburg, wo er immer der «zweite», der Vizekapellmeister, blieb, hatte er gezeigt, was in ihm steckte.

Aber war diese Reise nicht ein Raubbau an der Gesundheit der Kinder, eine Form von Kinderarbeit, ja eine Art musikalischer Kindesprostitution? War er das Opfer übersteigerten väterlichen Ehrgeizes, schnöder Gewinnsucht und Ruhmesgier? Wie hatten die Wunderkinder selbst die Reise erlebt? Litten Nannerl und Wolfgang darunter, daß sie keine ruhige, dem Spiel und Lernen vorbehaltene Kindheit erlebten? Was profitierten sie, was war – abgesehen vom materiellen – der geistige Gewinn? Fragen an eine Reise, die wohl einzigartig in der Menschheitsgeschichte ist. Kein Genie zeigte sich so früh wie das Mozarts, und keinem Vater war es jemals wieder vergönnt, zwei Wunderkinder gleichzeitig der Öffentlichkeit präsentieren zu können.

Doch warum unternahm Leopold Mozart diese Reise? Viele Gründe hatte er: er wollte seinen Sohn in der ganzen Welt bekannt machen und dabei auch selbst berühmt werden. Selbstverständlich wollte er Geld verdienen, wobei allerdings die Reise eine gewagte Spekulation war: Leopold Mozart finanzierte die Reise mit Schulden.

Doch allein um des Geldes willen nahm er alle die Beschwerden damaligen Reisens nicht auf sich. Ihn erfüllte vielmehr ein großes Sendungsbewußtsein: «Seine hochfürstlichen Gnaden haben keinen Lügner, keinen Charlatan, keine Leutebetrüger in Ihren Diensten, die mit Vorwissen und gnädigster Erlaubnis an fremde Orte gehen, um den Leuten, gleich den Taschenspielern, einen blauen Dunst vor die Augen zu machen, nein, sondern ehrliche Männer, die zur Ehre ihres Fürsten und Vaterlandes der Welt ein Wunder verkündigen, welches Gott in Salzburg hat lassen geboren werden»[2], schrieb Leopold Mozart zwei Jahre nach der großen Reise aus Wien, als dort mit allerlei Intrigen die Uraufführung von Wolfgangs Oper «La finta semplice» hintertrieben wurde.

«... der Welt ein Wunder verkündigen, welches Gott in Salzburg hat lassen geboren werden ...». Diese fast biblische Sprache überrascht bei einem nüchternen Mann wie Leopold Mozart, der ein Anhänger der Aufklärung war und viel von Vernunft und gesundem Menschenverstand hielt. Aber er hatte sich seinen Glauben bewahrt und diesen vermischt mit dem nun beginnenden Geniekult. Daß man mit Vernunft vor allem in der Kunst nicht alles zuwegebringen und heranbilden könne, hatten er und viele andere im 18. Jahrhundert erkannt. Es mußte etwas dazu kommen, was man nicht lernen und lehren kann, die Schöpferkraft der Natur, wie es der Königsberger Philosoph Immanuel

Leopold Mozart, Stich von Jacob Andreas Fridrich (links). Leopold Mozart musiziert mit seinen beiden Kindern Wolfgang und Maria Anna, November 1763, Aquarell von Louis Carrogis de Carmontelle (rechts). Der Stich zeigt ein Konzert Leopolds mit seinen Kindern in Paris.

Kant in seiner «Kritik der Ästhetischen Urteilskraft» 1790 erklärte, oder ein göttliches Wunder, wie Leopold Mozart dachte und dabei das religiöse Kunstverständnis der Romantik vorwegnahm. Er wurde ein glühender Verfechter des Genieglaubens, der um 1760 vor allem in der Literatur, aber auch in der Musik des Sturm und Drang aufkam. «Und wenn ich jemals schuldig bin, die Welt dieses Wunders halber zu überzeugen, so ist es eben jetzt, da man Alles, was nur ein Wunder heißt, lächerlich macht, und allen Wundern widerspricht. Man muß sie demnach überzeugen; und war es nicht eine grosse Freude und ein grosser Sieg für mich, da ich einen Voltairianer mit einem Erstaunen zu mir sagen hörte: Nun habe ich einmal in meinem Leben ein Wunder gesehen; das ist das erste.»[3]

Dieses Sendungsbewußtsein brachte Leopold Mozart, damals ein bekannter Violinvirtuose, berühmter Verfasser einer Violinschule und angesehener Komponist, dazu, auf jegliche weitere eigene künstlerische Tätigkeit zu verzichten. Nachdem er das Genie Wolfgangs erkannt hatte, komponierte er keinen Ton mehr und trat nie mehr als Solist auf. Vielmehr diente er ganz seinem Sohn als Lehrer, Manager – wie man heute sagen würde –, Reise-Impresario, Sekretär, kritischer Kollege und vieles mehr. Wolfgang Amadeus war fortan sein Lebensinhalt.

Radbruch vor Wasserburg

Am 9. Juni 1763 frühmorgens bestieg die Familie Mozart – Vater Leopold, Mutter Anna Maria, das Nannerl und Wolfgang – die eigens für diese Reise angeschaffte Kutsche. Zurück blieb Mozarts Hausherr Johann Lorenz Hagenauer, ein Salzburger Kaufmann und Geschäftspartner Leopolds, der ihm das Geld vorgestreckt hatte und dem er von nun an viele Briefe schreiben würde. Außerdem nahm in der Kutsche der Diener Sebastian Winter Platz, der die Familie auf der Reise bis nach Paris betreute, und vorne auf dem Bock saß ein Lohnkutscher. Als «Rosslehner», Pferdeleiher, bezeichnete ihn Leopold: dieser verlieh die Pferde, welche die Kutsche bis München zogen, und kehrte von dort nach Salzburg zurück. Die Familie Mozart reiste nicht arm wie gewöhnliche fahrende Musikanten, sondern «nobl oder cavaglierment»[4] wie die Adeligen, um – so schrieb Leopold – bei den Höfen eine gute «reputation» zu haben.

Dennoch war das Reisen unbequem und voller meist unangenehmer Überraschungen. Schon zu Beginn – wie anfangs erwähnt – brach das Rad in Stücke. Man fand in einer Mühle ein viel zu kleines Ersatzrad, das notdürftig mit einem

Wasserburg, anonyme Lithographie.

«kleinen Bäumchen» befestigt wurde, und konnte so langsam und vorsichtig weiterfahren. Leopold Mozart und der Diener Sebastian mußten «im Namengottes per pedes apostolorum», also zu Fuß gehen, Frau Mozart und die Kinder durften fahren. In Wasserburg brachten sie die Kutsche zum Wagner und zum Schmied, und die brauchten den ganzen Nachmittag und den nächsten Tag, um das Gefährt zu reparieren. So mußte die Familie Mozart zwei Nächte im Wirtshaus «Zum goldenen Stern» verbringen, wo man – wie Wolfgang Amadeus Mozart 14 Jahre später schreiben wird, als er allein mit seiner Mutter nach Paris aufbrach – «unvergleichlich bedienet» ist: «ich sitze da wie ein Prinz.»[5]

Leopold nutzte den erzwungenen Aufenthalt in Wasserburg sogleich pädagogisch: «Das Neueste ist, daß, um uns zu unterhalten, wir auf die Orgel gegangen, und ich dem Wolferl das Pedal erkläret habe. Davon er dann gleich stante pede die Probe abgeleget, den schammel hinweg gerückt, und stehend preambulirt und das pedal dazu getreten, und zwar so, als wenn er schon viele Monate geübt hätte. alles gerüth in Erstaunen und ist eine neue Gnad Gottes, die mancher nach vieler Mühe erst erhält.»[6] Auch in Wasserburg offenbarte sich also wieder das Genie seines Wolferl.

München: «Der Wolferl macht seine Sache gut»

Endlich erreichten die Mozarts am 12. Juni München, wo sie im Gasthof «Zum goldenen Hirschen»[7] übernachteten. Der Wirt, Johann Heinrich Störzer – so schrieb Leopold Mozart –, «hat den Ruhm, daß er gut bedient; aber auch brav schreibt und rechnet!»[8]. 10 Tage blieb die Musikerfamilie in München. Liest man Nannerls Reisenotizen, so entsteht fast der Eindruck eines touristischen

Aufenthalts: «Zu münchen hab ich gesehen das ninfenburg, daß schlosse und den garten und die vier schlosser, nemlig amalienburg, badenburg, bagotenburg und die ermitage. das amaligenburg ist daß schönste, worinnen das schöne bett ist und die kuchel, wo die Kurfürstin selbst gekocht hat. badenburg ist das größte, wo ein sall ist von lauter spiegeln, das bad von marmor, bagotenburg ist daß kleinste, wo die mauern von meolika ist. und die ermitasche ist das Sitzamste, wo die capel von muschel ist.»[9] Die Wunderkinder hatten offenbar genug Zeit und Muße, sich in der fremden Stadt umzusehen. Die 12jährige Nannerl war nicht eine einseitig gedrillte Tastenkünstlerin, sondern interessierte sich für die damals neueste Kunst, die sie in den Rokokoschlößchen des Nymphenburger Parkes bestaunte.

Doch selbstverständlich weilte Leopold Mozart nicht in München, um Sehenswürdigkeiten zu betrachten. Allerdings hatte er sich am Münchner Hof weder vorher angemeldet noch wußte jemand am Hof von seiner Ankunft. «Am Montage» – am Tag nach der Ankunft – «war galla wegen dem Antoni Fest, wir fuhren nach Nymphenburg...»[10] Und dort spazierte die Familie Mozart im Schloßpark nicht nur, um bayerische Kunst zu bewundern, sondern um gesehen zu werden. In der Tat: der Pfalzgraf Friedrich Michael von Birkenfeld-Zweibrücken-Rappolstein, «der uns von Wien her kannte, sah uns vom Schlose aus im Garten spazieren, er erkannte uns, und gab uns ein Zeichen vom Fenster, wir näherten uns, und nachdem er vieles mit uns sprach, fragte er, ob der Churfürst wuste, daß wir hier wären. Wir sagten nein...» Leopold hatte durch reines Glück erreicht, was er wollte. Er mußte nicht selbst untertänig bitten, am Hof mit seinen Kindern auftreten zu dürfen, sondern ein Kavalier kündigte auf Befehl des Prinzen die Familie beim Kurfürsten an, für den die Wunderkinder eine willkommene Abwechslung waren. Ein «Laufer» meldete der Familie Mozart, die inzwischen ihre Parkbesichtigung fortsetzte, «daß wir um 8 Uhr bey der Musick erscheinen sollten.» Der stolze Vater war mit dem Erfolg seiner Kinder beim abendlichen Konzert zufrieden: «der Wolferl machte seine Sache gut.» Er praeambulierte, also: improvisierte auf dem Klavier, und spielte je ein Konzert auf der Geige und dem Klavier. Das Nannerl mußte hinter ihrem Bruder zurückstehen und durfte nicht auftreten. Für sie blieb keine Zeit mehr; der sechsjährige Wunderknabe war die Hauptattraktion.

«Wir kamen erst um 1/4tl nach 11 Uhr nach Hause», berichtete der Vater. An den folgenden zwei Abenden traten wieder beide Wunderkinder auf: dieses Mal beim Herzog Clemens. Gesund war diese «Nachtarbeit» für die Kinder gewiß nicht.

Doch der Vater hatte andere Sorgen. Wie konnte er von den hohen Herrschaften sein Geld für die musikalischen Kunststücke der Kinder erhalten?

München, Stich von Matthäus Merian, 17. Jahrhundert.

Feste Honorarverträge oder irgendwelche Absprachen gab es nicht, das war nicht üblich. Er war ungeladen gekommen, mußte dankbar sein, seine Kinder vorstellen zu dürfen, und wurde im übrigen freundlich, ja fast familiär behandelt. Wie konnte man da von Geld reden? In Wirklichkeit waren die Mozarts «fahrende Musiker», auch wenn sie «noblement» reisten, abhängig von Fürstengunst und -laune. Das wußte Leopold Mozart nur allzu gut: «Nun hat es Hitze, wie wir hier weiter kommen: da der schöne Gebrauch hier ist, die Leute lange auf die Regalien warten zu lassen; so, daß man frohe seyn muß, das zu bekommen, was man verzehret.»

Doch schlau fädelte Leopold auch den Abgang von München ein. Endlich wurde er mit seiner Familie zur kurfürstlichen Tafel eingeladen: «Er, seine Schwester, der Prinz von zweybrücken unterhielten sich mit uns die ganze Tafel durch; ich ließ den Buben sagen, daß wir Morgen weggehen wollten.» Nun interessierte sich der Kurfürst plötzlich wieder für die Mozarts, nachdem er sie fast 10 Tage unbeachtet hatte warten lassen. Er wollte jetzt auch Nannerl hören, und als er diesen Wunsch zweimal geäußert hatte, sagte Leopold, «daß es darauf nicht ankomme ein paar Tage noch zu verbleiben.» Zerstreuungen am Hof gab es freilich viele: Jagd und französische Komödie waren angesagt. Erst danach konnte Nannerl «schlagen» – so bezeichnete Leopold das Klavierspiel.

Kurfürst Maximilian III. Joseph mit dem Grafen Salern, Ölbild von Georg Desmarées, 1755. Der Kurfürst komponierte selbst und spielte Gambe und Flöte. Erstrangige Musiker beschäftigte er freilich nicht an seinem Hof.

Auch sie spielte offenbar zur Zufriedenheit der hohen Herrschaften und zerstreute angenehm deren Langeweile. Jedenfalls war der Lohn, den der Vater einsteckte, reichlich: «Izt sind wir expediert. von Churfürst: haben wir 100 f, vom Herzog aber 75 f bekommen.» Das waren insgesamt 175 Gulden. Der geschäftstüchtige Vater freilich spielte den Erfolg im Brief an seinen Hausherren und Geldgeber Lorenz Hagenauer herunter: «wie aber unser Conto im Wirtshaus lauten wird, das werden wir morgen zu vernehmen die Ehre haben...» 47 Gulden und 58 Kreuzer verlangte der Wirt.

Enttäuschung in Augsburg

Am 22. Juni reiste die Familie nach Augsburg weiter, wo sie im Gasthaus «Bey den 3 Mohrn» abstieg. Schon vor seiner Ankunft hatte Leopold Mozart für seine Wunderkinder Werbung gemacht. Er veröffentlichte in der Augsburger Zeitung ein ziemlich langes Schreiben, in dem anonym von den wundervollen Fähigkeiten der Geschwister Mozart berichtet wurde: «Merkwürdigkeiten. Daß die Deutschen in diesem Jahrhundert in der Tonkunst sich sehr herfürgethan und das Angenehme, das mit der Harmonie reizend ist, denen Italienern nicht nur glücklich abgelernt, sondern auch, da jetzo Deutschland so fürtreffliche Virtuosen aufzuweisen vermag, selbe noch in vielen Stücken übertroffen haben, wird wohl kein Musikverständiger mehr in Zweifel ziehen; zumal, da sich jetzo Könige, Fürsten und Regenten bemühen, denen sonst in der Musik so berühmten Virtuosen der Italiener den Rang abzulaufen. Wir begnügen uns aber für heute, was besonders Merkwürdiges von zwei bewundernswerten Kindern, deren ihr Vater ein sehr berühmter Virtuos und besonders geschickter und glücklicher Komponist ist, in diesen Blättern vorzüglich anzumerken, und zwar in der Form eines Schreibens, so von Wien an einen hiesigen guten Freund übersandt worden.»[11] Ziemlich umständlich, aber dennoch sehr geschickt packte hier Leopold Mozart das bürgerliche Publikum in Deutschland bei seinem Nationalstolz: endlich zwei deutsche Wunderkinder!

Dann werden die außergewöhnlichen musikalischen Fähigkeiten der beiden Geschwister aufgezählt: «Stellen Sie sich einmal ein Mädchen von elf Jahren vor, das die schwersten Sonaten und Konzerte der größten Meister auf dem Clavecin oder Flügel auf das deutlichste, mit einer kaum glaublichen Leichtigkeit fertig und nach dem besten Geschmack wegspielt. Das muß schon viele in eine Verwunderung versetzen. – Nun wird man aber in ein gänzliches Erstaunen gebracht, wenn man einen Knaben von sechs Jahren bei einem Flügel sitzen sieht und nicht nur selben Sonaten, Trios, Konzerte nicht etwa tändeln, sondern mannhaft wegspielen hört, sondern wenn man ihn hört bald Cantabile, bald mit Akkorden ganze Stunden aus seinem Kopfe phantasieren und die besten Gedanken nach dem heutigen Geschmack hervorbringen, ja Symphonien, Arien und Rezitative bei großen Akademien vom Blatt weg akkompagnieren. Sagen Sie mir, übersteigt dies nicht alle Einbildungskraft? Und dennoch ist es die pure Wahrheit.»

Das Nannerl war also schon eine richtige Musikerin: sie spielte sogar die schwierigsten Werke auf dem Klavier. Doch als eigentliche Sensation wurde das «Wolferl» herausgestellt. Er war noch viel jünger, ein wirkliches Kind, konnte offenbar ebenso gut spielen wie seine Schwester und noch mehr: er musizierte «mannhaft», und er hatte Genie, was sich im stundenlangen Improvisieren zeigte. Wenn ein Kind das konnte, so war das Wunder der schöpferischen Begabung überdeutlich. In den etwas trockenen und dürren Zeiten der Aufklärung dürstete das Publikum nach dem Unerklärlichen, dem Genie und dem Wunder. Leopold Mozart zog dies ins Kalkül.

Aber er begnügte sich nicht damit, seine Kinder als ernstzunehmende Musiker vorzustellen, sondern veranlaßte sie auch zu zirzensischen Kunststücken, zu Akrobatik auf dem Klavier für ein sensationshungriges Publikum, das nur wenig von Musik verstand: «Ich habe überdies gesehen, daß man ihm die Tastatur mit einem Schnupftuch zugedeckt hat; und er hat auf dem Tuche ebenso gut gespielt, als wenn er die Claves vor Augen gehabt hätte. Ich habe überdies gesehen und gehört, wie man ihm, da er in einem andern Zimmer zuhören mußte, einzelne Töne nicht nur bald unten, bald oben auf dem Klavier, sondern auch auf allen nur erdenklichen Instrumenten angegeben, er aber in demselben Augenblick den Buchstaben oder Namen des angegebenen Tones benennet hat. Ja, wenn er eine Glocke läuten und eine Uhr, ja sogar eine Sackuhr schlagen hörte, war er im Augenblick imstande, den Ton der Glocke oder Uhr zu benennen. Ich war ferner selbst gegenwärtig, wie ihm ein Klavierist zu verschiedenen Malen einige Takte einer Oberstimme vorspielte, die er nachspielte und den Baß selbst dazu spielen mußte, welches er auch jedesmal so schön, genau und gut machte, daß alles in Erstaunen geriet.»

Das waren also die Kunststücke, welche die Kinder vorführen mußten und mit denen sie wie ein seltsames Wunder der schaulustigen Menge präsentiert wurden. Leopold Mozart wußte, warum er «noblement» in der eigenen Kutsche reiste und immer in guten und teuren Gasthöfen abstieg: eigentlich führte er seine Kinder wie Jahrmarktgeschöpfe vor, war nichts anderes als ein fahrender Musikant, verbrämte aber diese Schaustellung mit der Aura höfischen Glanzes, deutschen Nationalstolzes und eines göttlichen Wunders.

Am 28., 30. Juni und 4. Juli veranstaltete Leopold Mozart in Augsburg drei Konzerte. Mit dem finanziellen Gewinn zeigte er sich sehr unzufrieden: «Augsburg hat mich lange aufgehalten und hat mir wenig, ja nichts genutzet. denn was einkahm, das gieng auch wieder weg, weil alles ungemein Theuer ist; ob mich gleich der gastgeb zu den 3 Mohren H: Linay, der der artigste Mann der Welt ist, recht gut hielt. H: Weiser ist Zeuge davon, und was ins Concert kam, waren fast durchaus Lutheraner.» [12] Nicht einmal die eigenen Glaubensbrüder hörten zu, nur die Lutheraner! So schwäbisch-sparsam verhielten sich seine Landsleute. Leopold Mozart hielt es deshalb nicht lange daheim aus und reiste ab. Selbst eine gute Kritik in der Zeitung konnte ihn nicht versöhnen.

Ludwigsburg: «Die Teutschen auszurotten»

Am 6. Juli kamen die Mozarts bis Ulm, warteten am nächsten Tag bis Mittag, weil sie erst dann Pferde erhielten, erreichten am Abend Plochingen, wo Leopold auf der Poststation eine ziemlich ungünstige Nachricht erfuhr: «. . . hörten wir, daß der Herzog den Augenblicklichen Entschluss gefast habe, den 10. in der Nacht nach seinem Jagdschloss grafenegg abzugehen, welches 14 Stund entlegen ist.» Schnell änderte Leopold die Reiseroute, fuhr nicht nach Stuttgart, sondern über Cannstatt nach Ludwigsburg. Am 9. Juli, spät abends kam er dort an, stieg «Im goldenen Waldhorn» ab, ging sofort ins Schloß, wo eine französische Komödie gespielt wurde, konnte aber nichts ausrichten. Erst am Morgen des nächsten Tages wurde er beim «OberCapellmeister» Jomelli und Oberjägermeister Baron von Pölnitz vorgelassen, «an welche beyde ich briefe vom H. grafen von Wollffegg hatte: allein, kurz zu sagen! Es war nichts zu machen.» [13] Wenig tröstete es ihn, daß es dem Geiger Tomasini ähnlich erging, der 14 Tage vergeblich warten mußte und «auch nicht dazu kam, sich hören zu lassen». Leopold Mozart fand dafür einen Sündenbock, den OberCapellmeister Jomelli, einen der damals führenden Opernkomponisten aus Neapel, «der sich alle Mühe giebt die Teutschen an diesem Hofe auszurotten und nichts als Italiener einzuführen.» Da war also wieder der verletzte deutsche Nationalstolz Leopold Mozarts. Immerhin war Tomasini auch ein Italiener und wurde ebenso nicht vorgelassen. Vielleicht zog der Herzog schlicht und einfach die Jagd allen musikalischen Belustigungen vor – Pech für die fahrenden Musikanten.

Zu allem Unglück gab es wegen der bevorstehenden Reise des Herzogs keine Pferde mehr. Der unrentable Aufenthalt in Ludwigsburg mußte also verlängert werden.

Was taten die Kinder bei diesem Vagabundenleben? Gewiß mußten sie ständig üben: Violinen und ein Klavier von Johann Andreas Stein waren im Gepäck. Und sie hatten den «Vortheil», wie der Vater schrieb, «Länder und Stätte und verschiedene Leute» zu sehen. Allerdings entsprach nicht alles dem Geschmack der Mozarts, vor allem das mittelalterliche Stadtbild von Ulm erregte Leopold Mozarts Unmut: «Ulm ist ein abscheulicher, altvätterischer, und so abgeschmackt gebauter ort, daß ich vielmahl an Sie gedacht und gewunschen habe, daß Sie ihn sehen sollten. Stellen Sie sich nur Häuser vor, wo sie von aussen das ganze Stock- und alles Holzwerk, so wie es angelegt ist, sehen müssen, und wenn es hoch kommt, solches mit einer Farbe überstrichen, das Mauerwerk aber schön weiß oder ieder Ziegel, so wie er liegt, natürlich angemahlt ist, damit die Mauer und das Holzwerk desto deutlicher gesehen wird.» [14] Mittelalterliche Stadtbaukunst erschien ihm altmodisch und deshalb abscheulich. Erst in der Generation Goethes entdeckt man die Schönheit des Mittelalters. In Ludwigsburg bestaunte die Familie das «schlosse, den Salon, und die wachtbarate,» wie Nannerl in ihr Reiseheft notierte. [15] Vor allem die «wachtbarate» und die vielen Soldaten imponierten Leopold Mozart, reizten ihn aber auch zu Spott: «sie werden lachen! und es ist wirklich lächerlich. wenn ich zum fenster stand, so glaubte ich nichts als Soldaten zu sehen, die bereit wären, eine Person auf einer Comedie oder opera vorzustellen. dencken sie nur, alle leute sind haargleich, und täglich, nicht in wuckeln gekämmt und schneeweiß eingepudert, die bärte aber kohlschwartz geschmiert.» Auch der kleine Mozart teilte wohl die Meinung seines Vaters: Soldaten und Haremswächter, Militärmusik, wenn auch türkische, stellte er später gerne in seinen Opern als lächerlich dar. Man denke an den etwas dümmlichen Kraftprotz und Aufseher Osmin in «Die Entführung aus dem Serail» oder den vorgetäuschten Abschied der Verlobten in «Così fan tutte», der vom Chor mit dem plakativ, naiv-martialischen Lied besungen wird: «O, wie schön, Soldat zu sein. Ein Soldat hat nie zu sorgen; darbt er heute, schwelgt er morgen, bald zu Land, bald auf der See. Bei Trompetenschall und Pfeifenklang, bei dem Donner der Geschütze, kämpft er frei für Ehre und Vaterland, an den Sieg denkt er allein.» Mozart schuf hier am Ende seines Lebens, 1790, lange vor Jacques Offenbach, eine Karikatur des Militärs. Doch zurück zum Jahr 1763. Der Vater Leopold schrieb mit gesundem Menschenverstand über den Herzog in Ludwigsburg: «12- bis 15000 Soldaten (...) sind zum Ernste zu wenige und zum Spaß zu kostbar, folglich zu viel.» [16] Doch abgesehen vom Militär gefiel der Familie Mozart «Wirtemberg» gar sehr: «von Grissling an bis Ludwigsburg sieht man nichts als rechts und lincks zu gleicher Zeit Wasser, Wälder, felder, wiesen, gärten und Weinberge.» [17]

Schwetzingen: «weder Säufer, weder liederliche Lumpen»

Auch auf der Fahrt von Ludwigsburg nach Bruchsal, ihrem nächsten Reiseziel, sahen sie «angenehme gegenden». In Bruchsal besichtigten sie das Schloß: «die Zimmer sind vom allerbesten Geschmack; nicht viele Zimmer, aber so edl, unbeschreiblich reizend und kostbar, daß man nichts angenehmeres sehen kann.» [18] Mozart verkehrte mit seinen Kindern in adeliger, prächtiger Umgebung. Deshalb verwundert es nicht, daß der Sohn später in Wien seinen Lebensstil am Adel orientierte: was diesem gut genug war, das war ihm, dem vom Adel seit seiner Kindheit bewunderten Genie, gerade recht.

Von Bruchsal lenkte Leopold Mozart die Kutsche direkt nach Schwetzingen, der Sommerresidenz des Mannheimer Kurfürsten. Dort endlich wurde er so geehrt, wie er es erwartete. Eigens für seine Kinder wurde eine «Academie anbefohlen», die von «5 uhr abends bis nachts 9 uhr» dauerte. Mit großer Genugtuung schrieb der Vater nach Salzburg: «Meine Kinder haben ganz Schwetzingen in Bewegung gesetzet: und die Churf.-Herrschaften hatten ein unbeschreiblich Vergnügen, und alles gerieht in verwunderung.» Der Erfolg hier war um so beachtlicher, da der Mannheimer Kurfürst ein wirklicher Musikkenner war und sich das damals in Europa beste Orchester hielt. Die

Mannheimer – Cannabich, Carl Stamitz, Franz X. Richter – hatten einen epochemachenden Orchesterstil entwickelt, beherrschten das leiseste *piano* und lauteste *forte*, ein raketenartiges *crescendo*, klagende Seufzer und sprühende «Walzen-» und «Funkenmotive». Der kritische Leopold schrieb begeistert: «Ich hatte das Vergnügen, nebst guten Sängern und Sängerinnen einen bewundernswürdigen Flautotraversisten Mr. Wendling zu hören, und das Orchester ist ohne Widerspruch das beste in Teutschland, und lauter junge Leute, und durchaus Leute von guter Lebensart, weder Säufer, weder Spieler, weder liederliche Lumpen; so, daß sowohl ihre Conduite als ihre production hochzuschätzen ist.» Auch dies war ein Gewinn der Reise: der kleine Wolfgang hörte schon als Kind die besten Musiker seiner Zeit. Er wußte also, woran er sich orientieren konnte, und wuchs schon mit sieben Jahren über die engen Grenzen Salzburgs hinaus.

Frankfurt: «kleiner Mann mit Frisur und Degen»

Reich beschenkt – Leopold Mozart erhielt 15 Louis d'or – zogen die fahrenden Musiker weiter. Zunächst stand etwas Erholung auf dem Programm, eine Spazierfahrt nach Heidelberg, «um alda das Schlos, und das große Faß zu sehen.»[19] Heidelberg gefiel den Mozarts gut, weil es an die Heimat erinnerte: «Überhaupt hat Heidelberg viel ähnliches mit Salzburg, das ist; der Lage nach: und die eingefahlenen Thürm und Mauern im Schloß, die mit erstaunen anzusehen sind, zeigen die traurigen Früchte der ehemaligen französischen Kriege.»

Freilich ganz wollte der Vater seinen Sohn nicht in Ruhe lassen. In der Heilig-Geist-Kirche mußte er Orgel spielen und überzeugte dabei so sehr seine Zuhörer, daß «auf ordre des Herrn Statt-Decani» sein Name «alda mit umständten angeschrieben worden.»

Schon am nächsten Tag zog die Familie weiter nach Mannheim, das besonders dem an der Aufklärung geschulten Geschmack Leopolds entsprach: «Die Stadt Mannheim ist wegen ihrer Regularität ungemein schön; aber, da alle Häuser nur ein Stock hoch sind; so scheint es eine Statt en Miniatur zu seyn. Hingegen sind gleich beym Eingange der Häuser schon ungemein schöne Zimmer, und man findet auch unter dem Tache die feinsten Wohnungen. Am Ende ieder Strasse sehen sie 4. Hauptstrassen im Kreutz zu gleich, deren iede der andern in allem vollkommen ähnlich ist. Und durch alle Strassen stehen beyderseits zwischen dem mittlern fahrweege, und den beyderseitigen Wasserablauf-Rinnen, bemählte Pfähle, auf denen bey dunkler Nacht die Laternen stehen. Es kann demnach, wie leicht zu erachten, nichts schöneres zu sehen seyn, als ein dergleichen beleuchtete perspectivische Aussicht, sonderheitlich in den 4 Hauptstrassen, da man zum Exempel vom Schlosse oder Residenz bis ans Neckar-Thor siehet.» Die Familie Mozart übernachtete in Mannheim im Gasthaus «Prinz Friedrich» auf Kosten eines französischen Obersten, der «beständig in Indien gedienet hat», der Musikerfamilie alle seine exotischen Kunstgegenstände zeigte und dem Nannerl einen Ring und dem Wolfgang eine Zahnstocher-Büchse schenkte.

Über Worms – «ein Altväterischer und durch die alten Franzosen-Kriege sehr verdorbener Ort» – und Oppenheim gelangte die Kutsche der Mozarts nach Mainz, wo sie ein Konzert gaben, von der schweren Krankheit des Kurfürsten Nachricht erhielten, deshalb keine Konzerte am Hof geben konnten und mit dem Schiff nach Frankfurt weiterfuhren. Auch Frankfurt erschien Leopold Mozart als «altväterischer» Ort. Wichtig war ihm die Mitteilung an seinen Freund Lorenz Hagenauer, daß dort «ein schönes Kaufmanns Gewölber und viel 1000. Juden» waren, die sich «wegen dem erstaunlichen Banquerot, der in Amsterdam ausgebrochen»[20] sehr ängstlich bei ihren Geschäften verhielten:

Schiffe auf dem Main, anonyme Guaschmalerei, um 1770. Das Reisen zu Schiff war viel angenehmer als zu Land auf schlechten Straßen.

Frankfurt am Main, kolorierter Kupferstich von Koller, 1780.

eine Warnung an den Kaufmann in Salzburg. Auch in anderer Hinsicht war Leopold Mozart ihm dienlich. Er teilte ihm stets die aktuellen Umrechnungskurse mit. Vater Mozart war also nicht nur ein hervorragender Musiker, sondern auch ein guter Kaufmann, was man von seinem Sohn später nicht sagen konnte.

Am 10., 22. und 25. (oder 26.) August veranstaltete Leopold Mozart Konzerte in Frankfurt. «Alles gerieth in Erstaunen! Gott giebt uns die Gnade, daß wir, Gott Lob, gesund sind, und aller Orten bewundert werden. Der Wolfgang: ist ganz außerordentlich lustig, aber auch schlimm. Die Nannerl leidet nun durch den Buben nichts mehr, indem sie so spielt, daß alles von ihr spricht, und ihre Fertigkeit bewundert»[21], berichtete der Vater – was höchst selten ist – etwas genauer über seine Kinder. Wir erfahren, daß sich das Nannerl zurückgesetzt fühlte und daß der kleine Mozart offenbar nur wenig unter der Reise litt. Er war kein blutleeres, überfordertes, zurecht gedrilltes Wunderkind, sondern «außerordentlich lustig», ja sogar «schlimm». Freilich wechselte seine Stimmung offenbar schnell; denn zumindest einmal weinte er auch sehr: «. . . ich glaube es war zu Augsburg, fieng der Wolfgang: da er morgens erwachte an zu weinen. Ich fragte warum: er sagte es wäre ihm leid, daß er den H. Hagenauer, H. Wenzl, Spizeder, Deibl, Leitgeb, Vogt, Caietan, Nazerl etc. und andere gute Freunde nicht sehe. Wir empfehlen uns demnach alle ihnen . . .»[22]

Auch dies gehörte zur Pädagogik Leopolds: er nahm seinen Kindern nicht ihre Natürlichkeit und ihre Gefühle – um so mehr verblüfften sie das Publikum als Künstler. Überraschend war dabei wohl der Gegensatz zwischen kindlicher Ausgelassenheit und Natürlichkeit und der Kleidung und dem Benehmen von Erwachsenen. Auf dem Gemälde von Pietro Antonio aus dem Jahr 1763 sehen wir Mozart und seine Schwester vornehm wie Adelige gekleidet: ein Kavalier und eine Hofdame en miniature. Der Maler stellte ihre Gesichter ernst und für das Alter viel zu reif wirkend dar. Er zeigte keine Kinder, zumindest nicht so, wie wir sie uns heute vorstellen, sondern kleine Erwachsene. Dies weist darauf hin, daß damals ein anderes Verständnis der Kindheit herrschte. Zwischen Kinder- und Erwachsenenwelt verliefen die Grenzen weniger streng als heute, Kinder waren oft schon ab dem 10. bis 12. Lebensjahr berufstätig – die Kindheit endete also viel früher als heute. Der französische Kulturhistoriker Philippe Ariès zeigt dies sehr plausibel in seiner «Geschichte der Kindheit»[23]. Die beiden Mozartkinder lebten in einer Umbruchszeit, als noch Kinderarbeit wie seit dem Mittelalter üblich war, gleichzeitig aber die Kindheit als eine Periode der Unschuld und Natürlichkeit entdeckt wurde. Dies trug dazu bei, daß sie so viel Aufsehen als Wunderkinder erregten. Der 81jährige Goethe erinnerte sich in seinen Gesprächen mit Eckermann an den «kleinen Mann in seiner Frisur und Degen», den er als Knabe in Frankfurt erlebt hatte: «Das musikalische Talent

Wolfgang Amadeus Mozart, Stich nach einem Ölbild von Pietro Antonio Lorenzoni, 1763. So vornehm gekleidet trat der kleine Mozart auf, und so erlebte ihn auch der junge Goethe bei einem Konzert in Frankfurt.

Maria Anna Mozart als Wunderkind, Ölbild von Pietro Antonio Lorenzoni, 1763.

kann sich wohl am frühesten zeigen, indem die Musik ganz etwas Angeborenes, Inneres ist, das von außen keiner großen Nahrung und keiner aus dem Leben gezogenen Erfahrung bedarf.»[24]

Von Frankfurt fuhren die Mozarts zurück nach Mainz, wo sie der «Noblesse» noch ein Konzert gaben und Nannerl sich nach der neuesten Mode kleidete:

«Die Nannerl trägt zum spazieren gehen einen Englischen Hut, wie es in diesen gegenden bey Frauenzimmern mode ist. Wenn wir so zu Salzburg durch die strassen gingen, lieffe es alles zusammen, als wenn der Rhinoceros käme.»

Ärger in Aachen

Zur Weiterfahrt – und das war nun für die reisegewohnte Familie doch etwas ganz Neues – nahm Leopold ein Rheinschiff, eine «Jagt», eine Art Lastkahn: «Die Jagt ist ein Schif, welches groß ist, 3 Zimmer und vorne und hinten noch große verdekte Ort hat, wo die Kaufmanns Güter liegen. Oben drauf auf dem Dache sind die Ruder, und da stellt man auch die Wägen hin.»[25] Obwohl die Schiffsfahrt teurer war und wegen des starken Gegenwindes ziemlich lange dauerte, wählte Leopold Mozart diese Reiseart: «Allein sie müssen wissen, daß die Wege an sich selbst sehr elend sind, weil alles zu wasser geht, iezt aber waren sie, wegen der beständig üblen Witterung gänzlich verdorben.» Abends ließ Leopold seinen eigenen Nachen, den er an der «Jagt» angebunden hatte, von seinem Diener vorausfahren und sich das «beste zimmer im Wirtshause und das Essen» bestellen. So hatten die anderen Gäste aus seiner und den vielen anderen «Jagten» das Nachsehen: «Ich bekam demnach das beste zimmer, eine Suppe, einen guten Rhein Salmen und Butter...» Dazu trank er eigenen Wein, den ihm der Baron von Dalberg in Mainz geschenkt hatte. Er war ein guter Organisator und liebte das angenehme Leben.

Aus Koblenz schickte er Lorenz Hagenauer eine Zwischenabrechnung: 1068 Gulden hatte ihn die Reise bislang gekostet. Er verschwieg allerdings die Einnahmen. Doch offenbar ging die Rechnung auf, auch wenn er darüber schimpfte, daß das Leben im Rheinland viel teurer sei als in Salzburg.

Von Bonn brachte sie die Kutsche, die bislang auf den Lastkähnen mittransportiert wurde, nach Köln. Auf dem Weg dorthin sahen sie «alle Schönheiten der Schlösser Falkenlust, Brühl, die Fasanerey, die Indianischen Häuser, das so genannte Schneckenhaus etc.»[26] Leopold Mozart und seine Kinder schwärmten von den Juwelen, Malereien, Statuen, Uhren, Marmortischen und Kupferstichen, die sie hier sahen.

Dagegen war er – wie nicht anders vorauszusehen – von der «alten, nicht sehr bewohnten traurigen und erstaunlich grossen Stadt» Köln enttäuscht. Im Dom kam ein Custos «betruncken aus der Vesper, uns den Schatz zu zeigen.» Entrüstet bemerkte Leopold: «das heißt man: auf gut Cölnisch gelebt». Der Dom war verfallen und wirkte abstoßend: «Die Domkirche kann ich ihnen unmöglich so abscheulich beschreiben, als sie hier inwendig aussiehet.» Wie ein Pferdestall erschien ihm dieser Tempel des Herrn.

Von Konzerten berichtete Leopold in Köln nicht, was auch erklärt, daß die Familie schon am dritten Tag weiter nach Aachen fuhr, dem «theuersten Ort, den ich Zeit meiner Reise angetroffen». Verärgert war er, daß dort die Prinzessin Amalia, die Schwester des Königs von Preußen, seinen Kindern, «sonderlich dem Meister Wolfgang» – wohl als Lohn für deren musikalische Darbietungen – zwar Küsse, aber keine Louis d'or gab und sogar die Stirn hatte, sie zu überreden, statt nach Paris nach Berlin zu reisen. So schnell wie möglich wollte Leopold dem verhaßten Aachen enteilen, allein er litt unter Schmerzen und mußte einen Tag ausruhen.

«Mittags Tafel als ein gemahltes Holländer-Stück»

Auf dem Weg nach Lüttich verloren sie den Eisenreifen am Vorderrad der Kutsche, am nächsten Tag sprang auch noch der Reifen des anderen Vorderrades ab. Vater Mozart schimpfte über den Grund so viel Unglücks: die Poststraße «ist wie ein Stadt gepflastert», und das richte Wagen, Räder und Eisenwerk der Kutsche «zugrunde». Mit galligem Humor beschrieb er dann die durch die Kutschenreparatur erzwungene Mittagspause in der Art eines deftigen niederländischen Genrebildes: «da bekamen wir ein klein elendes Tischchen hin, und aus dem großen Kessel wurde uns Suppe und fleisch angerichtet, und eine Bouteillie Rother Champagner gereichet, dabey aber kein Wort Teutsch, sondern pur Wallonisch, das ist schlecht französisch gesprochen. Die Thüre war beständig offen, darum hatten wir sehr oft die Ehre, daß uns die Schweine einen Besuch abstatteten und um uns herum gruntzten. Sie können sich nichts natürlicher vorstellen, als wenn sie sich unsere Mittags Tafel als ein gemahltes Holländer-Stück vorstellen.»

Vater Leopold meinte die Anspielung auf das «gemahlte Holländer-Stück» nicht nur ironisch. Denn er war ein Kenner der Malerei und nützte jetzt, da er in den Niederlanden war, jede Minute, um mit seinen Kindern die Meisterwerke holländischer Kunst zu besichtigen. In Löwen besuchten die Mozarts die Kirche und sahen das Rathaus. In Brüssel wurde er gar nicht mehr fertig mit der Aufzählung all der Kunstgegenstände, die er dort sah: «Weiß und schwarzer Marmor und Messing, dann die Mahlereyen der berühmtesten Männer ist hier in allen Kirchen hauffenweis zu sehen. Ich habe tag und Nacht das bild vom Rubens vor Augen, so in der großen Kirchen ist, auf welchem Christus in gegenwart andrer Apostel Petro die Schlüssel überreichet. Die Figuren sind

Lebensgröße. Die berühmtesten Maler, deren Kunst Stücke in dem Brabantischen anzutreffen sind, heissen: Hubert und Hans von Eyck, Peter Paul Rubens, Gerhard Honthorst, Jacob Jordans, Lucas Gassel, Jocob Grimmer, Paul Brill, Wilhelm Bemmel, Aegydius Mostart, welcher von Hulst gebürtig, Martin de Voss, Hieronymus de Wingen, Cornelius Kettel, Michale Janson, Mireveld, Antonius van Dyck, Rembrant von Ryn, Bartholomäus Spranger und Lucas van Leiden.» Diese genaue, aus eigener Anschauung gewonnene Kenntnis niederländischer Maler widerlegt die weit verbreitete Meinung, Wolfgang Amadeus Mozart sei ein einseitig gedrillter und gebildeter Musiker gewesen: der weite Horizont seines Vaters hatte ihn bestimmt geprägt.

Auch in Brüssel hatten die Mozarts wieder Einblick in fremde Gebräuche: «Hier fängt es an, wo die Frauenzimmer Mäntel mit Capuzen über dem Kopf von Cammelot tragen, und so in ganz Brabant. Die gemeinen Leute tragen Holzschuhe etc.» Fast einen halben Monat blieb die Familie Mozart dort und fühlte sich recht wohl. Das Straßenpflaster – so staunten sie – war so glatt wie der Boden eines Zimmers, die Stadt war bei Nacht beleuchtet, und der Markt bot Waren im Überfluß an. Die Mozarts wohnten sehr nobel im «Hotel d'Angleterre». Die Ausgaben der Familie waren groß, weshalb der Vater seinen Salzburger Freund Hagenauer um neuen Kredit – 500 Gulden – bat. In Paris hoffte er genug Geld zu verdienen, um alle Schulden begleichen zu können. Hier in Brüssel erhielten seine zwei Kinder zwar schöne Geschenke – der «Wolfgangerl» zwei Degen, das Mädchen niederländische Spitzen und «saloppe Mäntel» –, aber das Konzert, bei dem der Vater hoffte, «gute beute von grossen thalern und louisd'or zu machen», ließ fast drei Wochen auf sich warten: «... der Prinz Carl hat mit mir selbst gesprochen, und gesagt, daß er in einigen Tagen meine Kinder hören will, und doch ist noch nichts geschehen. ja, es hat den Anschein, daß gar nichts daraus wird, denn der Hr. Prinz thut nichts als jagen, fressen und sauffen und am Ende kommt heraus, daß er kein geld hat.» Doch schließlich konnten die Mozarts dann doch «in Brüssel ein großes Konzert» geben, «wo der Prinz Carl gegenwärtig war.»[27] Die Einnahmen verschwieg Leopold Mozart wie auch sonst zumeist.

Die Wunderkinder erobern Paris

Die bisherigen Stationen der Wunderkinderreise waren gleichsam nur «Vorgefechte». In Paris ging es nun ums Ganze. Diese Stadt prägte wie keine andere die Kultur in Europa. Hier wirkten hervorragende Virtuosen und Komponisten. Konnte Leopold Mozart in Paris seine Kinder erfolgreich der Öffentlich-

Paris, Kupferstich von Martin Engelbrecht, um 1750.

keit vorstellen, so bedeutete dies nach damaligen Verhältnissen den internationalen Durchbruch. Würde er scheitern, so wäre die Schadenfreude in Salzburg groß.

Doch zunächst hatte er ganz andere Sorgen: auf dem Weg nach Paris erschienen ihm die Postknechte, die seine Kutsche steuerten wie «Mausfallträger», «Spitzbuben aus einer Nach-Comödie», «welsche Eselstreiber», «verlauffene peruquiers» oder «abgedankte Feldwebels», jedenfalls als Gesindel, vor dem man sich in acht nehmen mußte. Sie fuhren mit vier und ab Valencienne mit sechs Pferden so schnell, als wenn »wir die Reichs-Armeé wären, und von einem Chor Preussen verfolgt würden.» Das Reisen war damals ein Abenteuer!

Paris – so hob Vater Leopold hervor – hatte kein Stadttor, war ein offener Ort und wirkte beim Hineinfahren wie ein Dorf. «Allein es kömmt bald anders.» Die Mozarts staunten über die großen und «unglaublich bequem» gebauten Häuser. Sie wohnten in einem dieser prachtvollen Gebäude: im «Hotel des Comte Van-Eyck», des Bayerischen Gesandten in Paris, in der heutigen rue François-Miron 68. Dort hatten sie ein Zimmer und durften den Flügel der Gräfin benützen. Zwar sparte sich Leopold Mozart so die Ausgaben für ein Hotel, aber er klagte doch über die hohen Lebenskosten. Trinkwasser mußte gekauft werden. Um in Adelspaläste einfahren zu dürfen, konnte man nicht mit dem «Fiacre», einem «elenden fuhrwerk» kommen, sondern mußte eine teuere «Carosse de remise» einen ganzen Tag lang mieten.

Doch schnell knüpfte Mozart Verbindungen zu Musikern, Intellektuellen und Adeligen. Dabei hatte er großes Glück, indem er Herrn Grimm, «Secretaire vom Duc d'Orleans» und einen der wichtigsten Köpfe der Aufklärung, kennenlernte. Grimm war so begeistert von den beiden Wunderkindern, daß er bereits am 1. 12. 1763 einen enthusiastischen Artikel in seiner «Correspondance littéraire» veröffentlichte: «Die wahren Wunder sind selten genug, um davon zu reden, wenn man Gelegenheit hat, eines zu sehen. Ein Salzburger Kapellmeister namens Mozart ist soeben hier angekommen mit zwei Kindern von der hübschesten Erscheinung der Welt. Seine Tochter, elf Jahre alt, spielt in der glänzendsten Weise Klavier, sie führt die größten und schwersten Stücke mit einer staunenswerten Genauigkeit aus. Ihr Bruder, der nächsten Februar sieben Jahre alt wird, ist eine so außerordentliche Erscheinung, daß man das, was man mit eigenen Augen sieht und mit eigenen Ohren hört, kaum glauben kann...»[28] Grimm bewunderte nur mit wenigen Worten das Nannerl, um dann fast ausschließlich vom Genie Wolfgangs zu schwärmen. Ganz im Sinn der Sturm-und-Drang-Begeisterung lobte er vor allem die außerordentliche Improvisationskunst des kleinen Meisters: «... wie er eine ganze Stunde hindurch phantasiert und so sich der Begeisterung seines Genies und einer Fülle entzückender Ideen hingibt, welche er außerdem mit Geschmack und ohne Wirrwarr aufeinanderfolgen läßt.» Die Harmonien und ungewöhnlichen Modulationen erstaunten den Literaten. Schon damals suchte Mozart nicht das Gefällige, sondern das Überraschende und Ungewöhnliche. Beim Wunderkind wurde dies als Zeichen seines Genies mit Beifall honoriert, später dagegen stieß es auf Ablehnung. Dann zählte Grimm die bekannten Kunststücke auf, etwa das Spiel auf verdeckten Tasten. Doch im Vordergrund stand für ihn der ernstzunehmende Musiker, der Komponist, nicht das dressierte Virtuosenkind. Das unterscheidet Mozart von fast allen Wunderkindern, die ihm nachfolgten. Sie waren zumeist – wie seine Schwester – Frühbegabungen in der Beherrschung eines Instruments, aber nicht im schöpferischen Neugestalten von Musik. Grimm schloß seinen Artikel mit einem Satz, der bezeichnend für die Gefühlslage jener Zeit war: «Ich sehe es wahrlich noch kommen, daß dieses Kind mir den Kopf verdreht, wenn ich es noch oft höre; es macht mich begreifen, daß es schwierig ist, sich gegen den Wahnsinn zu schützen, wenn man Wunder sieht.»

Dieser Artikel entzündete in Paris ein wahres Mozart-Fieber. Grimm erreichte für die fahrende Künstler-Familie so gut wie alles: «Er hat die Sache nach Hofe gebracht.»[29] Nach einigem ungeduldigem Warten fuhren die Mozarts am 24. Dezember nach Versailles. Befriedigt schrieb Leopold: «Meine Kinder machen hier fast alles zum Narrn.«[30] Zur Attraktion wurden sie am Hof

Baron Friedrich Melchior von Grimm (1723–1807), Stich von Ambroise Tardieu, 1758. Der aus Regensburg stammende Pfarrerssohn hatte in Paris, wo er seit 1748 lebte, mit seinen Schriften einen großen Einfluß auf die französische Aufklärung.

nicht nur wegen ihres außergewöhnlichen Könnens, sondern auch wegen ihres aus der strengen Etikette herausfallenden Benehmens. Leopold Mozart erläuterte dies seinem Freund Hagenauer umständlich: «Es ist wohl zu merken, daß hier keineswegs der Gebrauch ist, den königlichen Herrschaften die Hände zu küssen oder sie au Passage, wie sie es nennen, wenn sie nämlich in die kirche durch die Gallerie und königappartements gehen weder mit überreichung einer Bittschrift zu beunruhigen, noch solche gar zu sprechen. Wie es dann auch hier nicht üblich ist weder dem König noch iemand von der könig-Familie durch Beugung des Hauptes oder der Knie einige Ehrenbezeugung zu erweisen, sondern man bleibt aufrecht ohne mindeste Bewegung stehen und hat in solcher Stellung die Freiheit, den König und seine Familie hart bey sich vorbey gehen zu sehen.» An dieses steife Hofzeremoniell hielten sich die beiden Wunderkinder nicht. Vielmehr zeigten sie auch hier ganz frei ihre Gefühle und durchbrachen die strenge Etikette: «Sie können sich demnach leicht einbilden, was es denen in ihre Hofgebräuche verliebte Franzosen für einen Eindruck und Verwunderung gemacht, wenn die Töchter des Königs nicht nur in ihren Zimmer, sondern in der öffentlichen passage bey Erblickung meiner Kinder stille gehalten, sich ihnen genähert, sich nicht nur die Hände küssen lassen, sondern solche geküsst und sich ohne zahl küssen lassen.» Doch nicht nur die

Kinder unter sich, sondern auch die Königsfamilie benahm sich beim abendlichen Diner sehr familiär mit den Mozarts: «. . . sondern daß mein Herr Wolfgangus immer neben der Königin zu stehen, mit ihr beständig zu sprechen und sie zu unterhalten und ihr öfters die Hände zu küssen, und die Speisen, so sie ihm von der tafel gab, neben ihr zu verzehren die Gnade hatte.» Leopold Mozart stand auf der Seite seines «Heldenmütigen Wolfgang», seine Frau und Tochter unterhielten den Dauphin. Der bürgerliche Traum, mit den Adeligen gleichgestellt zu verkehren, verwirklichte sich hier für die Wunderkind-Familie Mozart wenigstens ein festliches Diner lang.

Auch die allmächtige Mad^{me} Marquise Pompadour war auf den kleinen Wolfgang neugierig und lud ihn zu sich in ihren Palast ein. Und die Hagenauers in Salzburg wiederum waren – wie Leopold wußte – begierig, etwas über diese skandalumwitterte Frau, die am Hof mehr Einfluß als die Königin hatte, zu erfahren: «Sie möchten doch auch wissen, wie die Mdme Marquise Pompadour aussieht, nicht wahr? – Sie muß recht gar schön gewesen seyn, denn sie ist noch sauber. Sie ist grosser ansehnlicher Person, sie ist fett, wohl bey Leib, aber sehr proportioniert, blond, hat vieles von der ehemaligen Freysauf tresel und in den Augen einige ähnlichkeit mit der Kayserin Mayst: Sie giebt sich viele Ehre und hat einen ungemeinen Geist. ihre Zimmer in Versailles sind wie ein Paradiß gegen den garten zu; und in Paris in der Faubourg St. Honoré ein ungemein prächtiges Hotel so ganz neu aufgebauet ist. In dem Zimmer, wo das Clavecin war, welches ganz vergoldt und ungemein künstlich laquiert und gemahlt ist, ist ihr Porträt in Lebensgröße und an der Seyte das Porträt des Königs.» Neuester, pikanter Hofklatsch aus Paris.

Doch der nüchterne Leopold Mozart schwelgte nicht lange in der Freude über die Erfolge seiner Kinder, sondern klagte über die hohen Lebenskosten. Es gab keine Kutschen in Versailles, man mußte sich von teueren «Sesseltragern» befördern lassen. 12 Louis d'or hatte er – «außer dem was wir vom Hofe zu erhoffen haben» – eingenommen, aber 26 ausgegeben. Vom äußeren Glanz in Versailles ließ sich also Vater Mozart nicht täuschen: «Die Herren sind voller Schulden. der gröste Reichtum steckt etwa unter 100 Personen.» Das waren vor allem Bankiers, Manufakturen- und Hausbesitzer. Die Mode fand er hier «närrisch», und den Brauch, «die neugeborenen Kinder aufs land zur Aufziehung» wegzugeben, hielt er für «liebe zur Bequemlichkeit, welche verursachet, daß diese Nation auch die Stimme der Natur nicht mehr höret.»

Er dagegen bemühte sich, seine Kinder so zu umsorgen, «daß es eines ist, ob wir in Salzburg oder in welchem Ort der Welt sind». Umsichtig und klug steuerte er das Schicksal seiner Familie. «Wer dieses Reisen nicht gemacht hat, der kann es sich nicht vorstellen, was alles dazu erforderet wird. Man muß die

Madame de Pompadour, Ölbild aus der Werkstatt von Jean-Marc Nattier, Versailles.

Hände beständig im Geldbeutl, und seine 5 Sünnen immer wohl beysammen, und ohnaufhörlich einen Plan auf viele Monate hinein vor Augen haben ...»

Der «Plan» mit seinen Wunderkindern ging nach dem Wunsch des Vaters auf. Sein Sohn war – so scheint es – nun erwachsener geworden und in der Achtung seines Vaters gestiegen. Er nannte ihn «meinen kleinen Mann» oder «der große Herr Wolfgang». Auch das Nannerl gewann in Paris hohes Ansehen:

«Mein Mädl spielt die schwersten Stücke, die wir itzt von Schoberth und Eckard etc. haben.» Die berühmtesten Pariser Komponisten, neben Schoberth und Eckard auch Hr. Hochbrucker – alle in Paris lebende Deutsche – und Le Grand «haben ihre gestochne Sonaten alle zu uns gebracht und meinen Kindern verehret». Das Nannerl, das sie alle mit einer «unglaublichen Deutlichkeit» wegspielte, erregte sogar die «Eyfersucht und den Neid» von Herrn Schoberth, der – wie Leopold schimpfte – «schmeichelt ins Gesicht, und ist der fälscheste Mensch». Doch das größte Aufsehen erregte Mr. Wolfgang Mozart: zum ersten Mal wurden seine Werke – die Kompositionen eines Siebenjährigen – gedruckt: «Sonaten für Klavier, die mit Violinbegleitung gespielt werden können», wie es in der Widmung an die Prinzessin Victoire de France heißt.

Nun hatten die Wunderkinder genug Aufsehen erregt, um ein öffentliches Konzert wagen zu können. Dies war gar nicht so einfach. Denn eigentlich hatten hierfür nur die Oper, das «Concert spirituel», das französische und italienische Theater das «Privilegium» des Königs. Doch Leopold fand in einem taktisch klugen Schachspiel einen Weg, die Erlaubnis mit Hilfe von Adeligen zu erhalten. Im «Théatre de M. Felix, rue et porte St Honoré» sollte das Ereignis stattfinden. Wieder half Grimm kräftig mit, nahm 320 Karten für seine Freunde und Bekannten ab. Die übrigen Billets verkauften andere Freunde Mozarts und 12 bis 24 Damen, «die es dann umso leichter austheilen, weil man solches anzunehmen aus Höflichkeit nicht abschlagen kann. est modus in rebus, oder zu Teutsch, die H. Franzosen wollen gefoppet seyn», merkte der gewitzte Konzertmanager Mozart an. Der Erfolg war überwältigend: beim ersten Konzert am 10. März 1764 nahmen die Mozarts 112 Louis d'or ein. Auch beim 2. Konzert am 9. April waren die Einnahmen wohl nicht viel weniger. Freilich verschwieg sie der geschäftstüchtige Vater seinem Geldgeber in Salzburg. Mit Stolz aber berichtete er, daß er beabsichtige, «denen Banquiers Turton et Baur 200 Louis d'or zu behändigen, um solche entzwischen in sichere Hände zu geben, und seiner Zeit nach Salzburg übermachen zu lassen.»[31]

Leopold Mozarts Plan war also aufgegangen. Seine Kinder wurden angestaunt und mußten keineswegs den Vergleich mit den erwachsenen Musikern scheuen. Der finanzielle Gewinn war groß, der Durchbruch zu einer internationalen Virtuosenkarriere geschafft. Leopold Mozart sorgte – wie man das heute nennen würde – für eine gute Öffentlichkeitsarbeit: zu Hause in Deutschland ließ er Zeitungsartikel veröffentlichen, die über die erstaunlichen Erfolge seiner Kinder in Paris berichteten.

«Nach Engelland zu gehen, ware ich bey meiner Abreise aus Salzburg nur halb entschlossen: Alleine da alle Welt, auch in Paris uns angelegen hat, nach London zu gehen, so habe ich mich gleichwohl entschlüssen müssen; und nun sind wir mit der Hilfe Gottes da: allein nach Holland gehen wir nicht . . .»[32] Leopold Mozart und die Seinen hatte das Reisefieber gepackt. Denn einiges spricht dafür, daß er nur nach Paris hatte fahren wollen – und das wäre ja schon weit genug gewesen. Nun aber – wie viele Möglichkeiten eröffneten sich! Im Haag «könnte ich 2 bis 300 Ducaten geschwind» einnehmen. Allein die Holländer – so meinte er – «sind ein bischen grob». Später wird er darüber anders denken. «Nach Copenhagen» könnte er «mit den großten Vortheil der Welt gehen», und der Prinz Gallizin gar hatte ihn nach Rußland eingeladen. Aber: «Diese Länder sind zu entfernt und zu kalt.» Doch in diesem Brief an die Hagenauers im heimatlichen Salzburg dachte er auch an noch viel weitere Reisen: «. . . wenn wir nach Amerika segeln wollten.»

Jetzt fuhren sie nach London. Die Überfahrt von Calais nach Dover verlief sicher im eigenen, zusammen mit vier anderen Reisenden gemieteten Schiff, «allein ohne S. V. Spei = = übergab ist es nicht abgegangen doch hat es mich am meisten hergenommen.»[33] Die Kinder und die Eltern erlebten das erste Mal das Meer. Für Nannerl war es ein großer Eindruck: «Zu Calais habe ich gesehen, wie das mer ablaufet und wieder zunihmt.»[34] England begeisterte den Vater, wenngleich er doch vorsichtig war: «. . . obwohl es, was die Feldfrüchten und Viehzügl anbelanget eines der schönsten und glückseeligsten Länder ist, so ist es doch wegen der beständigen Abwechslung von Hitze und Kälte ein gefährliches Land.»[35]

London erschien den Mozarts zu allererst fremd und unermeßlich groß. «Man kann in der That nichts Prächtigeres sehen»[36], staunte Leopold Mozart: 95 968 Wohnhäuser, über 6000 Straßen und Gassen gab es damals in London. So stand es wenigstens in einem Reiseführer aus dem Jahr 1750. Viele tausend Häuser mehr wurden seitdem wieder gebaut, vermutete er. «4 Opern und comoedien Häuser, 108 grosse Kirchen, 159 Fischhändler, 551 Cofeéhäuser, 1072 Bäcker, 1515 Metzger, 5975 Bierschänken, 8659 Brandweinschänken, ein jährlicher Verzehr von 98 344 Ochsen, von 711 123 Schafen, von 10 533 Tonnen Butter und von über 14 Millionen Makrelen»: Leopold Mozart konnte sich an solchen gigantischen Zahlen nicht sattsehen und mußte sie nach Hause mitteilen. Wie klein war dagegen Salzburg!

Die britische Insel war damals vom Kontinent viel mehr getrennt als heute. Deshalb unterschied sich das Leben von dem auf dem Festland. Man fiel als

Fremder sofort auf: «Wenn die Gassenbuben jemand der geputzt ist und ein wenig nach französischer Art gekleidet gehet, sehen, ruffen sie gleich laut aus: Burger French! Da ist das beste Mittel schweigen und thun als wenn mans nicht hörte. Sollte einem in den Kopf kommen, sich darüber aufzuhalten, so würde bald ein Succurs von Pöbel zugegen seyn, und man hätte Mühe, wenigst mit etlichen Löchern im Kopfe, davon zu kommen.» [37] Da war es das klügste, sich anzupassen: «Wir, unsers theils sehen ganz englisch aus.» Sein Mädl und seine Frau trugen englische Hüte und er und der «große Wolfgang» [38] englische Kleider.

Was sie hier sahen, erschreckte sie und fesselte sie zugleich. «Gemeine Weiber» rauchten auf dem Markt die «TobacksPfeife». [39] Oft prügelten sich rauflustige Männer auf der Straße, und in kurzer Zeit sammelten sich «mancher 10 000 Menschen auf offnen Platz» [40], etwa als zwei Schmiedknechte mit glühenden Eisen aufeinander losgingen und «einander die nackenden Leiber verbrannten.» Aber nicht nur diese Straßenszenen erschienen bedrohlich-fremd. Auch die Eßsitten beschäftigten den Vater. Wie «ungemein nahrhaft, substantios und kräftig» [41] lebte hier selbst der «gemeine Bürger, die alle NB: vermögende Leute sind:» [42] Morgens Tee und eine «Menge butter-Brod», einige Stunden später «Strong-beer» für den Hausherrn, um 2 Uhr «Mittags Tafel» mit einem «grossen Schöpsernen Schlägel der gebraten ist oder einem Roasted Beef», dazu «gesottene Erdäpfel oder Bohnen», manchmal «Plumb-pudding», um 5 Uhr «Thee» und «nachts gegen 8 oder 9 Uhr wieder der mittägige schöpsene Schlägl oder Roasted-Beef». Die Kinder tranken «leichtes Bier», und alle aßen «Zwiebel wie die Panduren». Je nach Jahreszeit gab es aber auch Fische, Krebse, Schildkröten und Austern. Die Familie Mozart lebte vergleichsweise bescheiden: um drei Uhr aßen sie für 4 Schillinge zu Mittag und abends eine Suppe und ein wenig «eingemachtes kalbfleisch» zu etwa einem Schilling. Nur einen Luxus gönnten sie sich: statt des in England üblichen Bieres leisteten sie sich jeden Tag eine Flasche teueren, aus Florenz importierten Weines: «Allein, sowohl ich als meine Frau wurden bald gewahr, daß es (das Bier) unserer Gesundheit höchst schädlich wäre.» [43] Auch Nannerl und Wolfgang erhielten etwas Wein ins Wasser gemischt.

Wie wirkten die Menschenmassen in Londons Straßen auf den kleinen Wolfgang? War das viele Neue, das auf ihn eindrang, nicht zuviel für den kleinen Jungen? Einiges deutet darauf hin, daß er öfters Heimweh hatte: «Es vergehet kein Tag, wo er nicht wenigst 30 mahl von Salzburg und seinen und unseren Freunden und Gönnern spricht.» [44] Er war schnell erregt und oft nervlich gereizt. Als er erfuhr, daß sein Freund Caietan als Novize in den Orden eingetreten war, hat «der Wolfgangerl geweinet» und «auf befragen warum? – so war

London, St. Paul's Cathedral und Themse, Ölgemälde von Giovanni Antonio Canal, um 1747.

es ihm leyd, weil er glaubte, daß er ihn nun nicht mehr sehen werde. Wir belehrten ihn aber eines anderen, und er erinnerte sich, daß er (Caietan) ihm oft die Fliege gefangen und die Orgel aufgezogen, auch die Pölz-windbüchse gebracht.»[45] Sehnsucht nach daheim, nach kindlichem Spiel und gleichaltrigen Freunden zeigt diese Begebenheit. Auf dies alles mußte das Wunderkind verzichten.

Dafür aber erlebte Wolfgang Amadeus Mozart schon als Siebenjähriger Erfolge, wie sie einem Erwachsenen selten zuteilwurden. In London mußte die Familie Mozart nicht wochenlang warten, bis sie am Hof vorgelassen wurde. Schon vier Tage nach der Ankunft, am 27. April, «waren wir von 6 bis 9 Uhr bey der Königin und dem König in S:t. James Park in Queens Palace.»[46] Die hohen Herrschaften unterhielten sich mit den Mozarts, als ob es keine Standesunterschiede gäbe: «Kurz zu sagen: beyder gemeinschaftlicher Umgang und beyder freundliches Wesen lies uns gar nicht mehr denken, daß dieß der König und die Königin von England wären. Man hat uns an allen Höfen noch ganz außerordentlich höflich begegnet: allein diese Art, die wir hier erfahren, übertrifft alle die anderen.» Als acht Tage später Königin und

König in der Kutsche an der Familie Mozart, die im St. James Park spazieren ging, vorbeifuhren, erkannte sie die Salzburger sofort, «obwohl wir alle andere Kleider anhatten» und «grüßten nicht nur, sondern, der König öffnete das Fenster und neigte das Haupt heraus und grüßte lachend mit Haupt und Händen im Vorbeyfahren uns, und besonders unsern Master Mozart.»

Das demokratische England unterschied sich doch sehr vom Kontinent. Bürgersfrauen waren, wie Leopold Mozart feststellte, zumeist besser geputzt als adelige, und jeder war ein Herr, wenn er genügend Geld hatte. Die gesellschaftliche Hierarchie wurde hier eher versteckt als – wie auf dem Kontinent – im Ritual höfischen Zeremoniells zelebriert. Den «Master» Mozart prägten diese englischen Umgangsformen für sein ganzes Leben. Er empfand sich stets den Adeligen gleichberechtigt und ließ es – im Gegensatz zu seinem Vater – im entscheidenden Augenblick auch zum Streit kommen, wie 17 Jahre später der Eklat mit dem Salzburger Erzbischof und der Entschluß, in Wien als freier Musiker zu bleiben, beweisen.

Doch die Freundlichkeit hatte auch ihre Grenzen, zumindest beim Geld: «das present war zwar nur 24 Guineé,» schrieb Leopold etwas unzufrieden; er war größere Beträge von Königshöfen gewöhnt. Freilich so wenig Geld waren 24 Guineas wiederum auch nicht. Ein Perückenmacher-Geselle beispielsweise verdiente am Tag 2 Schilling, in der Woche also 12 Schilling, ein «guter Arbeiter» erhielt in der Woche 1 Guinea (21 Schilling ergeben 1 Guinea). In wenigen Stunden nahmen also die Wunderkinder einen Betrag ein, für den ein gewöhnlicher Mann acht Monate lang arbeiten mußte.

Doch die Einnahmen wurden noch reichlicher. Am 19. Mai spielten die beiden Wunderkinder abermals vor der königlichen Familie und erhielten wieder 24 Guineas. Inzwischen waren sie in ganz London bekannt. Dafür sorgte der Cellovirtuose Graziani in einer Anzeige im «Public Advertiser», mit der er für ein eigenes Konzert warb, in dem auch die Mozarts auftreten sollten: «Ein Konzert auf dem Klavier von Master Mozart, der ein wirkliches Naturwunder ist. Er ist erst sieben Jahre alt, spielt alles vom Blatt, ohne je die Noten vorher gesehen zu haben, und komponiert bewundernswert. Er hatte die Ehre, sich vor dem König und der Königin zu deren großer Zufriedenheit zu produzieren.»[47] Dieses für den 17. Mai geplante Konzert mußte freilich auf den 22. Mai verschoben werden, an dem Wolfgang dann aber unpäßlich war, was wiederum in einer Anzeige der Öffentlichkeit bekannt gemacht wurde. Für Werbung war nun gesorgt. Die Wunderkinder allerdings traten dann nicht in einem Konzert von Herr Graziani, sondern in einem eigenen auf: «Im großen Saal in Spring Garden, nahe dem St. James-Park wird am Dienstag, den 5. Juni, um zwölf Uhr mittags ein großes Konzert von Vokal- und Instrumentalmusik gegeben...

Jedermann, der die Kinder hört, und insbesondere den Knaben von sieben Jahren, wird von Bewunderung erfüllt sein, wie er mit außergewöhnlicher Gewandtheit und Vollkommenheit Klavier spielt. Es übersteigt alles Verstehen und alle Vorstellungskraft ...»[48], stand nun mehrmals im «Public Advertiser». Der Termin war geschickt gewählt: am 4. Juni feierte der König seinen Geburtstag, weshalb die meisten Adeligen von ihrem Sommersitz nach London kamen. So machte Leopold das Beste aus der Sommersaison. Im Winter hätte er mit 600 Zuhörern gerechnet, nun kamen immerhin 200, worunter die vornehmsten und einflußreichsten Personen. Leopold nahm 100 Guineas ein, von denen er nur 20 an die Musiker weitergab, die aus Gefälligkeit fast alle umsonst spielten. Mit großem Stolz meldete er nach Salzburg, daß er bereits 100 Guineas gespart habe und nach Hause überweisen könne. Um 100 Guineas zu verdienen, mußte ein Arbeiter in London zwei Jahre schuften. Schon damals erhielten berühmte Virtuosen Spitzenhonorare: «Ich hatte wieder einen Schröcken vor mir, nämlich 100 Stück guineas in Zeit von 3 Stunden einzunehmen», beschrieb Leopold Mozart die angenehme Überraschung.

Begeistert waren die Mozarts auch von den beiden großen Vergnügungsparks in London, dem «Garten zu Ranelagh» und Vauxhall. Der erstere war etwas kleiner, bot aber doch bis zu 6000 Menschen Raum für Erholung, Spazierengehen und Musikhören. Man promenierte hier unter schattigen Bäumen auf Wegen, die «mit einer von Stroh fein geflochtenen Matte oder Teppich» bedeckt waren, labte sich an Kaffee, Tee und Butterbrot, das im Eintrittspreis von 2 1/2 Schilling inbegriffen war, oder hörte im 3000 Menschen fassenden Konzertsaal Musik: die Orgel, die keineswegs als rein geistliches Instrument galt, und Quartette von Waldhorn, Klarinetten und Fagott.[49] Bei einem Wohltätigkeitskonzert zugunsten des «neu aufgerichteten ‹Hospitals de femmes en Couche›» spielte auch Master Wolfgang die Orgel, um «dadurch einen Act eines englischen Patrioten (...) auszuüben» und um auf diesem Weg, «sich die Liebe dieser ganz besonderen Nation zu erwerben.»

Vauxhall entzückte die Mozarts noch mehr: «Ich habe mir die Eliseischen Felder vorgebildet. Stellen Sie sich einen ungemein großen Garten vor, der alle Arten von Alleen hat, die alle wie der helle Tag mit viel 1000 Lampen, die alle in den schönsten Gläsern eingeschlossen, beleichtet sind.» Dort war ein Sommerhaus mit einer Orgel und ein Orchester «mit Trompeten und Paukken» sowie ein großer Konzertsaal. Über 6000 Menschen sahen die Mozarts dort, wie diese wenigstens vermuteten. «Hier ist jeder Mensch gleich, zumindest für sein Geld», stellte Leopold Mozart fest: 1 Schilling kostete der Eintritt, und das «ist nicht viel», wie der sparsame Schwabe feststellte – allerdings: «man weis nicht wie man herauskömmt.» Wein, Hendl, Biscuit lockten «die

Vauxhall Gardens, Aquatinta von Francis Jukes, 1785. Konzert in der Rotunde des berühmten Konzertgartens, den auch die Familie Mozart besuchte.

guineas aus dem sack». Dennoch aber waren die Mozarts von Vauxhall begeistert, da hier der bürgerliche Traum von Freiheit, Gleichheit und Brüderlichkeit wenigstens beim Vergnügen verwirklicht war: «nirgends sind der Adl und der gemeine Mann so vereinigt als hier.»

Da in London in dieser Zeit keine Saison war, entschloß sich Vater Mozart zu einem kurzen Urlaub in Tunbridge, wo «ein Gesund Baad alda» war und «wo sich sehr viel Noblesse im Julio und August versammelt.» Die Mozarts blieben dort etwa eine Woche. Auch wenn der Vater nichts darüber berichtet, so ist es doch kaum wahrscheinlich, daß sie sich dort nur erholten. Gewiß trugen die Wunderkinder zur Unterhaltung des sich auf dem Land langweilenden und nach Musik hungernden Adels bei.

Schon bald kehrten die Mozarts nach London zurück, und dort durchkreuzte den bisher so glücklich verwirklichten Plan des Vaters ein Unstern, der die Familie von nun an nicht mehr verlassen wird: Krankheit. Das erste Opfer war der Vater selbst. Am 8. Juli mußte er zu Mylord Taneth, fand keine Kutsche, da es Sonntag war, ließ seine Kinder von einem Sesselträger transportieren und ging zu Fuß mit. Allein die «sesselträger gehen hier so geschwind»[50], daß er in Schweiß gebadet ankam und sich im Haus des Lords – «der Abend war frisch; alle Fenster waren offen» – so sehr erkältete, daß er die nächsten Monate krank war. Am 6. August zog die Familie nach Chelsea hinaus, damit er sich auf dem ruhigen Land und bei frischer Luft erholen konnte. Kein Laut durfte den um sein Leben ringenden Mann stören. Master Wolfgang setzte sich deshalb vor ein Notizbuch und notierte erstmals, völlig unbeaufsichtigt von seinem Vater, eigene Kompositionen. Gestrenge Forscher finden hier zwar viele Fehler und stellen mit Befriedigung fest, daß auch das Wunderkind noch einiges zu lernen hatte, aber erstaunlich sind Ideen- und Ausdrucksreichtum des Achtjährigen doch.

Sieben Wochen später kehrte die Familie nach London zurück. Nun mußte der Vater aufholen, was er durch seine Krankheit versäumt hatte. Noch nie hatte er eine so lange Pause in seinem Briefwechsel mit Hagenauer eingelegt: am 13. September schrieb er aus Chelsea, erst am 27. November meldete er sich wieder aus London. Inzwischen hatte ein Konzert beim König stattgefunden, und Sonaten von Master Wolfgang wurden auf Kosten des Vaters gedruckt. Die Noten wurden nicht nur in London, sondern auch von Hagenauer in Salzburg, von den Verlegern Lotter und Haffner in Augsburg und Nürnberg verkauft.

Der kleine Wolfgang Amadeus Mozart spielt ein Klavierkonzert, Zeichnung von Johann Joseph Zoffany.

Publikum für neuerliche Konzerte zu finden war schwierig, weil das Parlament erst «wider die Gewohnheit» am 10. Januar zusammenkam. Am 21. Februar 1765 wagte Leopold, ein großes Konzert zu veranstalten, das immerhin einen Gewinn von 100 Guineas einbrachte. Er war mit den Einnahmen keineswegs zufrieden, zeigte aber genug Verantwortungsbewußtsein, seine Kinder nicht überall dem sensationslustigen Publikum vorzuführen: «ich habe eine mir gemachte proposition nicht angenommen. Allein, was hilfts viel von einer Sache zu sprechen, die ich, nach reiffer Überlegung, und nach etlich schlaflosen Nächten mit wohlbedacht gethan habe, und die nun vorbey ist, da ich meine Kinder an keinen so gefährlichen Orte, wo der theil der Menschen gar keine Religion hat, und wo man nichts als böse Beyspiele vor Augen hat, erziehen will.»[51] Welchen Ort Leopold meinte, bleibt dunkel.

So ging er also nicht zum Äußersten, um finanziell über die Runden zu kommen. Aber die letzten Monate in London waren für die Kinder doch sehr anstrengend. Am 9. April 1765 warb im «Public Advertiser»[52] eine Anzeige für Hauskonzerte bei Herrn Williamson in Thrift Street Soho, wo man als Belohnung für den Erwerb von Konzertkarten für den 13. Mai die Wunderkinder auf die Probe stellen und die gedruckten Kompositionen Wolfgangs kaufen konnte – und zwar jeden Tag in der Woche von zwölf bis zwei Uhr. Einige Monate später verlegte sich Leopold Mozart auf Konzerte im großen Saal des Gasthofs «Zum Schwan», die jeden Tag zwischen zwölf und drei Uhr stattfanden, und deren Eintritt 2 Schillinge 6 Pence kostete.

Es war Zeit, London zu verlassen! Der Adel hatte sich an den Wunderkindern sattgehört und wandte sich anderen Attraktionen zu, vor allem der Oper, für die der Bach-Sohn Johann Christian, der «Mailänder» und «Londoner» Bach, komponierte. Jetzt mußte man die Wunderkinder den niederen Schichten zu Billigpreisen vorführen. Selbstverständlich standen nun vor allem artistische Kunststücke im Vordergrund. Der kleine Wolfgang muß diese Zurschaustellung seiner Kunst bei Bier- und Tabakgestank vor einem sensationshungrigen und lauten Publikum gehaßt haben. Er und seine Schwester waren hier nichts anderes als kleine Zirkusartisten – Unterhaltungskünstler, einer Masse von Menschen vorgeführt, die London bewohnten.

War Mozart nun noch ein Kind? Gewiß nicht ein Kind, wie wir es uns vorstellen, und doch anders als ein altkluger, die Erwachsenen nachahmender Knabe. Er war ein anerkannter Meister: «Ich habe ihn gesehen, wie er auf der Orgel Organisten, die sich für sehr geschickt hielten, besiegte und zum Schweigen brachte.»[53] Von Johann Christian Bach, den er sehr bewunderte, wurde er als gleichwertiger Kollege behandelt: «Bach nahm ihn zuweilen zwischen seine Knie, und sie spielten so abwechselnd auf dem nämlichen Claviere zwei Stunden lang in Gegenwart des Königs und der Königin.» Doch wenn er vom Klavier aufstand, benahm er sich wie ein Kind: «Während er mir vorspielte, kam seine Lieblingskatze herein, worauf er sogleich sein Klavier verließ und wir ihn auch eine geraume Zeit hindurch nicht wieder zurückbringen konnten. Zuweilen ritt er auch auf einem Stocke zwischen den Beinen wie auf einem Pferde im Zimmer herum»[54], berichtete Daines Barrington in einer Untersuchung für die «Royal Society» über das Wunderkind. Und dann saß der Knabe täglich drei Stunden in einer verrauchten Wirtschaft, spielte mit verbundenen Augen, über verdeckten Tasten, improvisierte die Melodien, die ihm das Pubikum zurief – müde, abgearbeitet, zum Vergnügen des Pöbels.

London war ein Hexenkessel. Das erlebten die Mozarts vom eigenen Fenster aus: «. . . ich sahe durch die Straße, wo ich wohne, über 4000 Menschen bey meiner Wohnung vorbeiziehen.»[55] Der «mob oder Pöbel» plünderte, trat Menschen und Pferde nieder, trug schwarze Fahnen und protestierte gegen Arbeitslosigkeit, Unterbezahlung und zu hohe Lebenskosten. London war nicht nur das paradiesische Vauxhall, sondern auch Armut und Elend: «Es gehet halt hier wie in Teutschland; die Unterthanen müssen wacker bezahlen», seufzte Leopold Mozart. Aber – so meinte er – sie hätten immerhin die Freiheit; «vorstellungen zu machen» und die «Wahrheit zu entdecken.»

Wie wirkten auf den kleinen Master Wolfgang diese Menschenmassen? Erschreckten sie ihn? Hatte er Alpträume?

Er sah auch die Feuersbrünste, die London so oft heimsuchten. Einmal beobachteten die Mozarts ganz nahe das Feuer, als sie beim Sächsischen Gesandten Grafen von Brühl soupierten: «Obwohl nur 6 Häuser und ein paar Ställe abbrannten, so war das Feuer noch ganz außerordentlich furchtsam.»

Wolfgang Amadeus Mozart berichtete später in seinen Briefen nie von den Eindrücken und Erlebnissen dieser großen Wunderkind-Reise. Wir erfahren alles nur aus der Sicht der Erwachsenen, der Grimm, Barrington und vor allem seines Vaters. Er selbst schwieg darüber und komponierte Musik, die empfindsam von Trauer und Schmerz, aber auch von überwältigender Freude berichtet. Ein unerfahrenes Kind hätte eine solche Musik nicht komponieren können, ein Erwachsener freilich auch nicht.

Heimreise mit vielen Verzögerungen

Am 1. August 1765 verließ die Familie Mozart England, schiffte sich in Dover ein und erreichte bei «schönstem Wetter» in 3 1/2 Stunden Calais – sogar ohne Seekrankheit. Auch sonst war die Stimmung gut, wenn nicht sogar übermütig:

«Sie erhalten hier ein Schreiben aus dem Haag; nicht aber aus dem Haag bey München, noch aus dem Haag so bey Lambach in Oesterreich liegt. nein! sondern aus dem Haag in Holland!»[56] Freund Hagenauer wunderte sich über diese lustigen Bemerkungen nicht wenig. Denn er hatte geglaubt, daß die Mozarts in Paris seien und bald heimkommen würden. Aber denen gefiel das Vagabundenleben offenbar gut. Jetzt waren sie in Holland, obwohl sie keinesfalls dorthin reisen wollten, und außerdem dachte Leopold Mozart daran, die Wunderkind-Tournee nach Italien auszuweiten: Mailand und Venedig tauchten plötzlich im «Plan» auf.

Nun waren sie also über Calais nach Dünkirchen gereist, wo sie die von den Engländern zerstörten Festungswerke bestaunten, und weiter nach Lille (wo Wolfgang und Leopold starker Katarrh befiel), nach Gent und nach Antwerpen. Dort – wie schon in Gent – trat Master Wolfgang als Orgelvirtuose auf. Außerdem bewunderten die Salzburger wieder «auserlesene Mahlereyen», insbesondere die «Abnehmung Christi vom Kreuz in der großen Kirche in Antwerpen, ein Stück von Rubens, so alle Einbildung übertrifft». Über Rotterdam erreichten sie Den Haag: hier hatte die Schwester des Prinzen von Oranien, die Prinzessin von Weilburg, eine «ausserordentliche Begierde», Wolfgang zu sehen und zu hören: die Kosten der Hinreise wurden deshalb von ihr übernommen. Leopold Mozart legte nun auch seine Vorurteile gegen die Holländer ab. Er meinte, daß in Europa alles ziemlich gleich aussehe, nur Holland sei «gänzlich unterschieden», weshalb es ihm sehr «leyd wäre, wenn ich Holland nicht gesehen hätte».

Im Haag kam freilich alles anders, als der tüchtige Vater gedacht hatte: «Ich mußte wider meine Neigung nach Holland gehen, um alda meine arme Tochter, wo nicht gar zu verlieren, doch schon fast in den letzten Zügen zu sehen.»[57] Das Nannerl hatte die Pocken! «Aderlassen» und «Geißmilch» waren die Medizin. Allein, das Mädchen wurde immer schwächer und schien dem Tode nah: in einem Zimmer kämpfte sie um ihr Leben, im anderen unterhielt sich der «Wolfgangl mit seiner Musique». Der Vater legte gläubig ihr Schicksal in Gottes Hände: «Stirbt meine Tochter, so stirbt sie glückseelig.»

Sein «ganzes Concept» war «auf einmal wieder verrücket» und wurde es noch mehr: als es dem Nannerl wieder besser ging, wurde auch der Sohn krank: hatte auch «unser lieber Wolfgangerl nun durch die Hilfe Gottes einen förchterlichen Strauß ausgestanden.»[58] Auch ihn befielen die Pocken, allerdings nicht so schlimm wie seine Schwester. Sein ganzes Leben lang wird er von Blatternarben gezeichnet sein.

Einen Monat lang wollten sie im Haag bleiben, fast ein halbes Jahr wurde daraus. Mutter und Vater Mozart dienten während dieser Zeit hauptsächlich

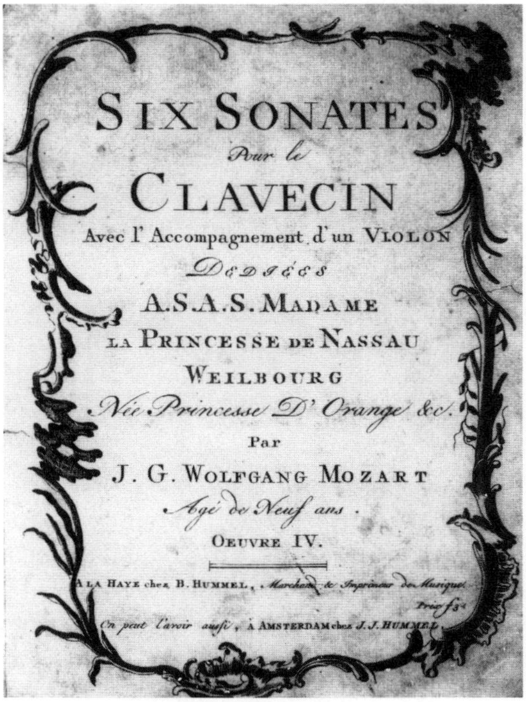

Wolfgang Amadeus Mozart: Six Sonates pour le Clavecin avec l'accompagnement d'un violon, K. V. 26–31. Diese Sonaten komponierte Mozart für die Prinzessin von Nassau-Weilburg in Den Haag.

als Krankenpfleger. Dies war die schwerste Prüfung während der Reise. Dennoch konnten die Mozarts auch musikalische Erfolge verbuchen. Wolfgang widmete der Prinzessin von Nassau-Weilburg neu komponierte Sonaten für Violine und Klavier, die sofort gedruckt wurden, und der Vater war stolz auf die Übersetzung seiner Violinschule ins Holländische.

Dann ging es endlich Mitte April über Amsterdam, Utrecht, Rotterdam, Mecheln, Brüssel, Valencienne nach Paris, wo sie die «Bagage hier in gutem Stande» vorfanden.[59] Dort wärmte Leopold wieder die alten Bekanntschaften auf und regelte die notwendigen Finanzgeschäfte.

Nach Salzburg zurückreisen? Heimweh? Davon liest man nun in den Briefen Leopolds immer weniger. Vielmehr berichtete er stolz, daß sie der Prinz von Condé nach Lyon engagiert habe, um die Versammlung der Staaten von Burgund musikalisch zu unterhalten: «Erschröcken sie nicht, daß ich ihnen aus Lyon schreibe»[60], entschuldigte sich der Vater bei Hagenauer für diese neuerliche Veränderung seines Planes.

Den Mozarts fiel es schwer, die Reise zu beenden und wieder nach Salzburg zurückzukehren. Das Herumvagabundieren – wohlgemerkt: *noblement* – hatte sie in seinen Bann gezogen: »Man hat uns zugesetzt zu bereden, jetzt nach den französischen See-Häfen Marseille, Bourdeaux etc. zu reisen; und halten sie es etwa nicht für einen Heldenmüthigen und großmüthigen Entschluß sich zu überwünden, den Weeg nach Turin, der uns vor der Nase liegt, vorbey zu gehen? hätte uns nicht die natürliche Laage, unserer Umstände, der allgemeine Zuruff aller Menschen und unser eigenes Interesse und Reiß Begierde verführen sollen, gerade der Nasen nach, nach Italien zu gehen, und im frühen Jahre nach gesehener Festivität der Ascensa in Venedig durch das Tyroll nach hause zu kehren? ist nicht jetzt noch die Zeit, wo die Jugend der Kinder alles in Verwunderung setzet?» So beschrieb Leopold Mozart das Reisefieber, das ihn und seine Familie gepackt hatte. Trotz mancher Rückschläge, trotz der harten Prüfung durch die Krankheiten, war das Reisen offenbar nicht so unangenehm und der finanzielle Gewinn auch nicht allzu gering. Doch so schwer es Leopold fiel: «ich habe versprochen nach Hause zu gehen, und ich werde auch mein Versprechen halten.»

Er hielt es, wenn er auch die Heimkehr lange hinauszögerte. In Lyon blieben die Mozarts vier Wochen, in Genf drei, in Lausanne fünf, in Bern acht und in Zürich 14 Tage. Dort trafen sie den Schweizer Dichter Salomon Gessner, von dem sie dann «sehr betrübt»[61] Abschied nahmen. In Schaffhausen verweilten sie vier Tage – «sehr angenehm» –, und in Donaueschingen hielt sie der Fürst 12 Tage fest: «9 Täge war Music von 5 Uhr Abendes bis 9 Uhr.» Als sie die kleine Provinzstadt verließen, «flossen dem Fürsten Zähren aus den Augen», und alle weinten vor Rührung. Außerdem erhielten die kleinen Künstler 24 Louis d'or und jeder einen diamantenen Ring. Nein – nicht Heimweh, sondern Fernweh, Abschiedsschmerz vom Reiseleben klangen in Leopold Mozarts Briefen nun an, je näher er Salzburg kam.

In München wiederholten sich die Erlebnisse des Reiseanfanges. Man wohnte wieder beim Störzer, wurde am Hof gnädigst empfangen, speiste mit Seiner Kurfürstlichen Durchlaucht «bey der Tafel» und durfte seine Kunststücke vorführen: «Der Wolfgangl muste gleich neben dem Churfürsten ein Stück auf der Tafel componieren, davon ihm S.^e Durchlaucht den Anfang oder idea von ein paar Tacte vorsang, er musste es auch bey Höchstdenselben nach der Tafel im Cabinet Spielen.» Und wieder mußte man lange warten, bis man vom Hofe entlassen wurde und sein Geld bekam. So war eben der Münchner Fürst.

Der Aufenthalt dauerte dann noch länger, weil Wolfgang wieder einmal krank wurde. Freund Hagenauer mußte offenbar nun den immer ungeduldiger werdenden Salzburger Dienstherrn der Mozarts, den Erzbischof Sigismund Graf Schrattenbach, mit viel Überredungskunst besänftigen. Von Leopold Mozart erhielt er aus München die notwendigen Argumente: «Allein da seiner durchlaucht [in München] bey unserer vorigen durchreise uns mit ausdrücklichen worten gemeldet, daß wir ihn bei unserer Rückreise besuchen sollen; da über das meine Kinder in einem grossen theil Europens so viel aufsehen gemacht; wie wollen sie, daß wir S:r Durchleucht hätten vorbeigehen sollen?»[62]

Aber die Mozarts zögerten die Heimreise nicht ungern hinaus. Allzugut war ihnen das freie Leben bekommen, allzu erfolgreich waren sie in der weiten Welt gewesen: «Vielleicht begegnet man uns so, daß wir ganz gerne unsern Wanderbingl über den Rücken nehmen und davon ziehen. Wenigst bring ich dem Vatterland, wen Gott will, die Kinder wieder: will man sie nicht, so habe ich keine Schuld: doch wird man sie nicht umsonst haben.»[63] Stolz und selbstbewußt hatte ihn das Reisen gemacht – offenbar auch den kleinen Mozart. Mit den um vieles älteren Salzburgern, Michael Haydn und Anton Adlgasser, komponierte er das dreiaktige Oratorium «Die Schuldigkeit des ersten Gebots» – er den ersten, die beiden anderen jeweils den zweiten und dritten Akt. Der 10jährige Wolfgang wirkte nun gleichberechtigt neben seinen erwachsenen Kollegen.

Noch viele Reisen wird der Vater mit dem Sohn unternehmen. Er wird ihn zu harter Arbeit anhalten, ihm keine «müssigen» Stunden gönnen, reichen finanziellen Gewinn erzielen, seinen kindlichen Körper überfordern und ihn über sich hinauswachsen sehen. Der weitgereiste Wolfgang Amadeus Mozart wird es nicht mehr in der Enge Salzburgs aushalten, nicht mehr im Fürstendienst, nicht mehr als gefälliger Unterhaltungskünstler und Musik-Artist. Er wird seiner eigenen Zeit schon bald weit vorausgeeilt sein. Er wird nie irgendwo ganz zu Hause sein, auch nicht in Wien, sondern ein Reisender bleiben.

Revolution auf Bühnenbrettern. Christoph Willibald Gluck im vorrevolutionären Paris

«Wenn man von der Wasserseite nach Wien kommt, hat es viel Ähnlichkeit mit Venedig, weil die Donau oberhalb der Stadt sich in drei Arme geteilt hat. Man entdeckt von der Wasserseite aus vierzig bis fünfzig Türme und Turmspitzen. (...) Die Gassen sind so eng und die Häuser so hoch, daß sie dadurch beides, sehr finster und kotig, werden. Da die Häuser aber größtenteils von weißen Steinen von gleichförmiger und zierlicher Bauart sind, in welcher wie auch in der Musik hier der italienische Geschmack hervorsticht; so haben sie etwas Großes und Prächtiges von Ansehen und fallen schön in die Augen. Selbst viele von den Häusern, welche in der Erde Kramläden haben, scheinen von oben Paläste zu sein ...»[1], schrieb 1772 der Engländer Charles Burney, einer der ersten Musikjournalisten, über Wien, das er anläßlich einer «Musikalischen Reise» durch den Kontinent besuchte. Er begegnete dort auch Christoph Willibald Gluck, der in einem der besten Stadtteile, in der Markusvorstadt, am Rennweg ein schönes Haus besaß: «Er wohnt da recht gut, hat einen hübschen Garten und viele hübsche und möbilierte Zimmer.»[2]

Der weltberühmte Komponist kam dem englischen Journalisten auf der Treppe entgegen, zusammen mit seiner Frau und seiner dreizehnjährigen Nichte, einer begabten, jungen Sängerin: «Sein Gesicht ist stark von den Blattern gezeichnet, seine Figur und sein Blick sind ziemlich widrig; er war aber bald milder gemacht ...»[3] Gluck sang seinem Besuch aus seiner neuen französischen Oper «Iphigénie» vor: «Von dieser letzteren hat er zwar noch keine Note zu Papier gebracht, er hatte sie aber schon in seinem Kopfe so völlig ausgearbeitet, daß er sie fast von Anfang bis zu Ende ebenso fertig hersang, als ob er eine rein abgeschriebene Partitur vor sich gehabt hätte.»[4]

Burney besuchte den 58jährigen Meister auf dem Höhepunkt seines Ruhmes. Gluck beherrschte in Wien und in Italien fast unbestritten die Opernbühnen, war begütert, wurde vom Wiener Kaiserhof unterstützt – und ruhte doch nicht auf seinen Meriten aus. Er war nämlich gerade dabei, eine neue Schlacht

Die Pfarrkirche an der Landstraße in Wien, Zeichnung und Radierung von J. Ziegler.

auf Theaterbrettern vorzubereiten. Nachdem er, der Widerspenstige, der Experimentator, der Anspruchsvolle, der Äußerstes von sich und seinen Musikern forderte, die italienische Oper reformiert hatte, wollte er nun dasselbe mit der französischen tun. Der Komponist spielte und sang Burney seine erste Reformoper für Frankreich, «Iphigénie en Aulide», nach den Versen des klassischen französischen Dramatikers Racine aus dem Gedächtnis vor.

Was wollte Gluck revolutionieren? Er war kein Dichter, kein Beaumarchais, der politischen Sprengstoff in Theaterstücken verpackte, er war ein Musiker – und freilich doch mehr, wie Burney bemerkte: «An Erfindung, glaub' ich, kommt ihm kein itztlebender oder verstorbner Komponist gleich, besonders in dramatischer Malerei und theatralischer Wirkung. Er studiert ein Gedicht erst lange Zeit, ehe er daran geht, es zu setzen. Er erwägt genau die Verhältnisse der Teile untereinander, die Grundlage eines jeden Charakters, und trachtet mehr danach, den Verstand zu vergnügen, als dem Ohre zu schmeicheln. Dies heißt, nicht nur ein Freund der Dichtkunst, sondern selbst ein Dichter zu sein.»[5] Gluck hatte erkannt, daß sich die inzwischen über 150 Jahr alte Oper von ihren ursprünglichen Zielen allzuweit entfernt hatte: Musiktheater im Sinn des alten antiken Theaters zu sein, in dem Wort und Ton ganz dem Drama dienten. Allzusehr beherrschten Konventionen wie die ermüdenden Wiederholungen der Da-capo-Arien, die virtuose Kehlkopfgymnastik der Kastraten und Primadonnen und der Pomp an Bühnenmaschinerie, Blitz- und Donnergeräuschen (und in Frankreich an Balletten und Divertissements, die überhaupt nicht zur Handlung gehörten) die Opera seria. Gluck ging es um die Suche nach dem natürlichen, ergreifenden Drama, nicht allein um autonome musikalische Kunst. Das hatte er erfolgreich in seinen italienischen Reformopern verwirklicht.

Kriegserklärung an die alte französische Oper

Doch nun wollte er auch die Revolution der französischen Oper in Angriff nehmen – er, der Komponist aus Erasbach in der Oberpfalz, also ein Ausländer, der «Schwierigkeiten hat, das Französische zu sprechen.»[6] Wie war das möglich? Der alte Gluck kannte sich im Musikgeschäft seiner Zeit aus, er war ein Fuchs im Knüpfen von Beziehungen und Intrigen. Als erstes ließ er du Roullet, seinen Freund und Librettisten, einen Brief an die Leitung der Pariser Oper schreiben, in dem sein Vorhaben – ziemlich umständlich – so angekündigt wurde: «Die Achtung, die Ihnen, meine Herrn, Ihren unzweifelhaft höchst ausgezeichneten Talenten, der Lauterkeit Ihres Charakters, die mir genau bekannt ist, zukommt, veranlaßt mich, Ihnen zu schreiben, um Ihnen mitzuteilen, daß der berühmte, in ganz Europa wohlbekannte Herr Gluck eine französische Oper geschrieben hat und wünscht, sie möchte auf dem Theater von Paris gegeben werden.»

Gluck ließ in diesem Brief seinen Wunsch höchst ungewöhnlich begründen. Gewiß wird dort seine große Kunst gelobt, die – wie hier gesagt wird – bei «Iphigénie» ihren Höhepunkt erreichen würde: «Ich gewann den Eindruck, der große Mann habe alle Mittel der Kunst in diese Komposition gelegt. Eine schlichte, natürliche Gesangslinie, die von dem wahrsten, tief empfundenen Ausdruck und der einschmeichelndsten Melodie getragen wird; ein unerschöpflicher Reichtum an Themen und Wendungen; die größten harmonischen Effekte bei der Wiedergabe des Schrecklichen, des Erhabenen und des Anmutigen; ein gedrängtes, aber im Geschmack edles und ausdrucksvolles Rezitativ; vollendet deklamierte Beispiele unseres französischen Rezitativs; Tanzweisen von größter Mannigfaltigkeit, ganz neuem Geschmack und liebenswürdiger Frische ... nichts dünkte mich einem französischen Ohr fremd.» Doch nicht diese außerordentlichen Qualitäten, sondern vor allem ein nationaler Aspekt stehe im Mittelpunkt: «... ist dieser große Mann durch aufmerksames Lesen der Alten und Neuen und durch tiefes Nachsinnen zu der Überzeugung gelangt, die Italiener hätten sich mit ihren Bühnenwerken vom wahren Weg entfernt, und die französische Art zu komponieren, sei dramatisch die einzig richtige.»

Christoph Willibald Gluck, Porträt von Greuze, Louvre, Paris.

Obwohl er schon über vierzig italienische Opern komponiert hatte, merkte er nun erst, 58 Jahre alt, daß die französische Musik der italienischen überlegen sei. Den Grund fand er in der französischen Sprache, er erkannte, «daß die italienische Sprache, die sich infolge der häufigen Wiederholungen der Vokale besser für Läufe eignet, wie die Italiener sagen, nicht die Klarheit und die Kraft der französischen besitze; so daß der Vorzug, den wir ihr in neuerer Zeit geben, der wirklich musikdramatischen Kunst abträglich wäre, in der jeder Lauf fehl am Platz sei oder zumindest den Ausdruck abschwäche. Sobald er einmal soweit war, empörten Herrn Gluck die kühnen Behauptungen derjenigen unserer berühmten Schriftsteller, die es wagten, die französische Sprache zu verleumden, indem sie beteuerten, sie eigne sich nicht für die große musikalische Form ...» Der Brief endet mit großem Pathos: «Als Mann von Talent und als guter Bürger werden Sie mit Vergnügen sehen, daß ein so berühmter Ausländer wie Herr Gluck sich damit beschäftigt, an unserer Sprache zu arbeiten und vor den Augen Europas die verleumderischen Anschuldigungen, die von unseren eigenen Schriftstellern erhoben wurden, zu rächen.»[7]

Raffiniert spielte dieser Brief mit nationalen Gefühlen: der deutschsprachige Gluck, der erfolgreiche Komponist italienischer Opern bekehrte sich zur französischen Sprache und wollte ihr nun auch in der Musik zu ihrem Recht und Sieg verhelfen, nachdem zwar jeder Gebildete in Europa sie beherrschen mußte, aber dennoch das Italienische in der Musik dominierte. Die Situation, die Gluck in diesem Brief skizzieren ließ, war pikant, selbst geeignet als Theaterstoff, wenngleich freilich mehr für eine Komödie als für eine Tragödie. Der Ausländer Gluck setzte sich für die französische Sprache ein, während die französischen Intellektuellen – wie empörend für den französischen Bürger! – sie in musikalischer Hinsicht als minderwertig betrachteten.

Dieser Brief war freilich nicht allein für den Leiter der französischen Oper bestimmt, sondern für die Öffentlichkeit. Er wurde im «Mercure de France» im Oktober 1772 veröffentlicht. Dies war also Glucks Kriegserklärung an die alte, verzopfte französische Oper. Taktisch sehr geschickt schrieb er wenige Monate später einen Brief, in dem er, bescheiden wirkend, die Lobeshymnen des ersten Briefes zurückwies: «man könnte mir mit Recht Vorwürfe machen (...) wenn ich mich nicht beeilen würde, zu erklären – nachdem ich dem Schreiber des Briefes meine Dankbarkeit für die Lobeserhebungen, mit denen er mich gütigst überhäufte, zum Ausdruck brachte –, seine Freundschaft und allzu günstige Meinung hätten ihn zweifellos mitgerissen, und ich sei weit davon entfernt, mir zu schmeicheln, sein Lob zu verdienen.»[8] Dann wurde Gluck noch bescheidener, wies von sich, er habe den neuen Opernstil erfunden, vielmehr gab er seinem italienischen Textdichter Calzabigi die Ehre, um dann doch wieder gegen die Triller, Läufe und Kadenzen der Italiener zu wettern und – ohne jegliche Bescheidenheit – zu sagen: «Nur das eine glaube ich sagen zu dürfen, daß mir die Sprache stets am meisten zusagen wird, in der mir der Dichter die reichsten Möglichkeiten gibt, Leidenschaften auszudrücken.» Und das sei die französische, meinte er. Schließlich kam er zu seinem eigentlichen Anliegen, «eine allen Nationen angepaßte Musik zu schaffen und die lächerliche Unterteilung in Nationalmusiken zum Verschwinden zu bringen. Eine «übernationale» Musik wollte er also im Zeitalter des heftigsten musikalischen Nationalstreits komponieren! So stellte sich der deutsche Komponist über den Streit zwischen Franzosen und Italienern, gleichsam wie ein unparteiischer Schiedsrichter. Er konnte es sich leisten, weil seine eigene Nation noch zu unbedeutend war, um mitzustreiten.

Doch zurück zu Glucks Kabale um die Pariser Oper. Auch dieser zweite Brief wurde im «Mercure de France» veröffentlicht. So hielt sich Gluck im Gespräch. Obwohl er selbst sich einlud, hatte es den Anschein, daß dies ein anderer, allzu sehr von ihm Begeisterter getan hatte, und er konnte sich dann bequem dessen Wunsch anschließen: «Obgleich ich mich noch niemals genötigt sah, eines meiner Werke einem Theater anzubieten, muß ich dem Schreiber des Briefes an einen der Leiter ihrer Académie de musique Dank wissen, daß er meine ‹Iphigénie› vorgeschlagen hat. Ich würde sie gerne in Paris herausbringen, ich gestehe es...»

Der öffentliche Druck war nun groß genug, und die Pariser Oper mußte reagieren: d'Auvergne nahm Glucks neues Werk nur unter der Bedingung an, daß der Meister noch fünf weitere Opern dieser Art für Paris komponiere. Auch das war wieder eine taktische Finesse: d'Auvergne rechnete damit, daß der «alte» Gluck sich das nicht zutrauen würde. Doch er hatte sich getäuscht: Gluck willigte ein.

Paris vor der Französischen Revolution

Im November 1773 bestieg er mit seiner Frau und seiner Nichte die Kutsche, welche die Familie nach Paris brachte. Die Seine-Stadt war damals zugleich die prächtigste und elendeste Großstadt im damaligen Europa. Sie war ein gewaltiger Schmelztiegel, in dem Menschen aus verschiedensten Ländern, Völkern und Rassen wohnten. Die Pariser lebten reicher und aufwendiger als die meisten Menschen in der Provinz in Frankreich und ganz Europa: «Nichts amüsiert den boshaften Pariser mehr, als einen seiner Provinz entlaufenen jungen Mann zu beobachten, der, wie man sagt, mit der Postkutsche ankommt. Alles erscheint ihm neu. Er klopft an die Tür eines Hauses, für das er einen Empfehlungsbrief besitzt, sagt zum Portier, daß sein ‹Vetter› ihn erwartet, macht tiefe Bücklinge vor den Dienern und rennt beim Eintreten fast die Dame des Hauses um, die ihn empfängt... Bei Tisch erkennt er die Gerichte nicht wieder, da sie ihren Namen geändert haben und nicht mehr einfach Kalb-, Hammel- oder Rindfleisch heißen. Wenn der Nachtisch serviert wird, hält er ihn für einen Tafelaufsatz zur Verzierung... Aber welch ein Abstand besteht zwischen dem tristen Haus in der Provinz und dem Stadtpalais seines Vetters, des Finanzmannes! Die Kammerzofe ist hier besser gekleidet als die Herrin an dem Ort, den er verließ...»[9], berichtete der Schriftsteller Louis-Sébastien Mercier über das «Paris am Vorabend der Revolution».

Doch dieser Reichtum war nur die eine Seite: in den Vororten «wohnt das ärmste, unruhigste und ungezügeltste gemeine Volk von Paris. In einem einzigen Haus der Fauborg Saint-Honoré (dort lebten die Bankiers) gibt es mehr Geld als im ganzen Faubourg Saint-Marcel oder Saint-Marceau zusammengenommen. Hier in diesen von der lebhaften Stadtmitte entfernten Wohnungen verbergen sich die Zugrundegerichteten und Menschenfeinde, die Alchimisten, Verrückten und bedürftigen Rentner... Die Häuser besitzen keine andere Uhr als den Lauf der Sonne; die Menschen sind im Vergleich mit dem technischen Fortschritt und den heutigen Sitten um drei Jahrhunderte zurück.»[10] Aber nicht nur in den Vorstädten sah man das verarmte Proletariat, sondern Bettler durchzogen ganz Paris: «Wie sollte diese Stadt, die man die Prächtige nennt, angesichts so vieler geduldeter Mißstände nicht wimmeln von Bettlern! Der Fremde ist durch ihre Zahl immer unangenehm betroffen und kommt aus dem Staunen nicht heraus. So viele Bettler, so viele Makel in der Gesetzgebung eines Landes! Um sich der Bettler zu entledigen, darf man sie freilich nicht einfach, wie es geschehen ist, in sogenannten Depots verschwinden lassen. Das ist eine willkürliche, eine abscheuliche Grausamkeit.»[11] Paris war eine von Spannungen zerrissene und aufgeladene Stadt, als Gluck hier eintraf.

Gluck im Kampf mit den Musikern der Pariser Oper

Er war kein Unbekannter und hatte Freunde in Paris, ohne die es kaum möglich gewesen wäre, den Panzer der Anonymität und der Gleichgültigkeit zu durchdringen, den sich diese Stadt umgelegt hatte: «Denn die Pariser scheuen allzu enge Bindungen, die ihnen lästig werden könnten. Die Häuser der Hocharistokratie sind schwer zugänglich, jene des reichen Bürgertums öffnen sich kaum leichter; die erstaunliche Anzahl gewandter und skrupelloser Abenteurer, die durch ihr imponierendes Auftreten so viele Male die Leichtgläubigkeit täuschten, hat allgemeines Mißtrauen verbreitet. Im übrigen hat man hier Mühe, auch nur seine Freundschaften und Bekanntschaften zu pflegen. Man wird also seine Zeit nicht an einen Menschen verschwenden, den man nur einige Monate lang sieht. ... Nur berühmte Namen durchbrechen alle Schranken; ihre Träger werden überall beachtet. Die anderen lädt man nur ein paarmal zum Essen ein und stattet ihnen Höflichkeitsbesuche ab; zu jenen intimen Gesellschaften aber, wo sich liebenswürdiger Geist und origineller Charakter frei entfalten, sind sie nicht zugelassen.»[12]

Gluck war berühmt und kannte einflußreiche Franzosen. Da war einmal der bereits erwähnte französische Gesandtschaftsattaché Bailli du Roullet, den er in Wien kennengelernt und der Racines Drama für Gluck als Oper bearbeitet hatte. Da war vor allem die österreichische Erzherzogin Marie Antoinette, der er in Wien – er war Musiklehrer der kaiserlichen Familie – Unterricht erteilte und die im Mai 1770 erst fünfzehnjährig den französischen Dauphin geheiratet hatte: bereits 1774 wurde sie als Gemahlin Ludwigs XVI. französische Königin – und 18 Jahre später würden beide unter der Guillotine sterben ...

Gluck traf an der Pariser Oper eine für seine Ziele günstige Situation an. Schon lange gab es keinen bedeutenden französischen Opernkomponisten mehr. Rameau war tot und mit ihm auch – mehr oder weniger – die ernste französische Oper. Dagegen zog die «Opéra comique» mit ihrem frechen Witz und ihren eingängigen Melodien das Publikum in großer Zahl an. Dort hatte sich Chevalier Gluck bereits durch einige erfolgreiche musikalische Komödien bekannt gemacht. Aber trotz dieser günstigen Ausgangsposition empfing ihn die Opernleitung nicht gerade mit offenen Armen. Selbst nach der Zusage mußten noch viele Hürden überwunden werden, was vor allem durch den gewichtigen Einfluß von Kronprinzessin Marie Antoinette gelang. Allerdings, auch am Hof überwogen die Befürworter der italienischen Oper: König Ludwig XV., seine Maitresse Madame Dubarry, der Kronprinz und viele andere Adelige. Sie planten, den durch seine musikalischen Komödien bekannt gewordenen Italiener Niccolò Piccini ins Gefecht zu führen – ein Plan, der vorerst durch den Tod des Königs vereitelt wurde, später aber doch gelang.

Im Frühjahr 1774 nahm Gluck dankbar das Angebot Herzogs Christian IV. von Pfalz-Zweibrücken an, in seinem Pariser Palais zu wohnen. Dort war der Maler und Höfling in Diensten des Herzogs, Johann Christian von Mannlich, sein Zimmernachbar und hielt die Erlebnisse mit der Familie Gluck in seinen Lebenserinnerungen fest, die er – obwohl Deutscher – auf Französisch schrieb.

Als erstes porträtierte Mannlich den berühmten Gluck, über den er zuvor zwar viel gehört, den er aber noch nie gesehen hatte: «Wer Gluck in seinem Überzieher und mit seiner runden Perücke begegnet wäre, ohne ihn zu kennen, hätte in ihm ganz gewiß nicht eine hervorragende Persönlichkeit und einen schöpferischen Genius vermutet. Er war über mittelgroß, gedrungen, stark und sehr muskulös, ohne dabei beleibt zu sein. Sein Kopf war rund, sein Gesicht breit, rosig und pockennarbig, die Augen klein, etwas tiefliegend, aber funkelnd, voll Feuer und Ausdruck. Von offener, lebhafter und leicht erregbarer Wesensart, konnte er sich den Anstandsregeln und konventionellen Gebräuchen der guten Gesellschaft nicht fügen. Wahrheitsgetreu nannte er die Dinge bei ihrem Namen und beleidigte auf diese Weise wohl zwanzigmal am Tage die empfindlichen Ohren der Pariser, die an Schmeichelei und lügenhafte Unterhaltung, die sogenannte Höflichkeit, gewöhnt waren ... Ohne sich jemals zu berauschen oder den Magen zu verderben, war er ein starker Esser und Trinker. Daß er gewinnsüchtig war und das Geld liebte, verhehlte er selbst nicht. Desgleichen legte er ein gut Teil Egoismus an den Tag, besonders bei Tisch, wo er ein Recht auf die besten Bissen zu haben glaubte.» [13]

Als Mannlich Gluck kennenlernte, war dieser gerade in einen heftigen Kampf mit den Musikern der französischen Oper verwickelt. Gluck legte sich mit dem Librettodichter du Roullet an, «der nicht immer die Verse Racines Worten opfern wollte, die sich mehr der Musik des Komponisten anpaßten» [14], er verärgerte das Orchester und die Gesangssolisten, «die nach seiner Meinung weder singen und vortragen, noch ihre Instrumente richtig zu gebrauchen verstanden.» Der Ritter Gluck holte bei diesen Proben vor den französischen Musikern, die «vergötterte Lieblinge der Pariser» waren und «sich allen Ernstes für die ersten Virtuosen der Welt hielten», zu langen Vorträgen über musikalischen Geschmack, guten Gesang und richtige Deklamation aus, «die er vollendeten Sängern und Musikern mühsam beizubringen suchte», wie Mannlich anmerkte. Dabei «zitterte» Madame Gluck jedesmal um ihren Mann und «suchte bei diesen lärmenden Unterrichtsstunden, Proben genannt, seine Aufwallung und germanische Offenheit in den richtigen Schranken zu halten.» Die Musiker sträubten sich zunächst beharrlich, Glucks neuen Stil anzunehmen. Doch der Komponist sah voraus, daß sein neues Werk durchfallen würde, wenn man es nicht genau nach seinen Anweisungen sang und spielte. Von Anfang Februar bis zur Uraufführung am 19. April 1774 dauerten diese anstrengenden Proben, von denen Gluck jedesmal ermattet zurückkam und in Schweiß gebadet war: «dann nahm ihm Mme. Gluck seine Perücke ab, rieb ihm mit gewärmten Tüchern den Kopf und kleidete ihn vollständig um, was er wortlos geschehen ließ.» [15]

Bald überredete Madame Gluck auch Mannlich, zu den Proben mitzugehen und mit einiger Diplomatie den französischen Musikern das despotische Gebaren des deutschen Komponisten verständlich zu machen. So erlebte Mannlich nun selbst eine Gluck'sche Probe: «Die Ouvertüre und zwei Drittel der Oper gelangen schon ziemlich gut, wenn auch der Komponist noch tausend Kleinigkeiten zu bemängeln wußte und sie wohl zwanzigmal *da capo* spielen ließ. Beim Einstudieren des dritten Teiles jedoch lief Gluck wie ein Besessener von einem Ende des Orchesters zum anderen; bald waren es die Violinen und Bässe, bald die Hörner und Bratschen, die seine Gedanken schlecht wiedergaben. Er klopfte kurzweg ab, sang ihnen die Stelle mit dem Ausdruck vor, den er in sie zu legen wünschte, klopfte gleich darauf von neuem ab, indem er aus voller Kehle schrie: ‹Das ist keinen Teufel wert.› Des öfteren sah ich im Geiste den Augenblick voraus, wo ihm alle Geigen und anderen Instrumente an den Kopf fliegen würden. Da ich den ersten Violinisten, der dirigierte, und Mr. Canevas, den ich oft bei Mme. Vanloo gesehen hatte, kannte, so bat ich sie, die erhitzten Köpfe zu beruhigen und ihnen zu sagen, daß Gluck als Ausländer in seinem Feuereifer die Kraft seiner Ausdrücke nicht immer zum Bewußtsein komme und er weit entfernt sei, sie beleidigen zu wollen; aber der Erfolg seiner Oper liege ihm am Herzen, und es beseele ihn der Wunsch, daß alle mit ihm zu Ehren gelangen sollten.»[16] Die beiden Geiger waren nun gewonnen und setzten sich für Glucks Ziele ein. Doch noch immer gab es manche stürmischen und komischen Szenen. So verlor Gluck einmal im Getümmel des Gefechts seine alte Perücke, und die Primadonna Mlle. Arnould nahm sie «mit burlesker Gravität mit den Fingerspitzen vom Boden weg und setzte sie wieder auf seinen Kopf», ohne daß er es bemerkte.

Noch schwieriger war es, die Sänger auf Glucks neuen Stil einzuüben. Dieselbe Primadonna Mlle. Arnould, eine der berühmtesten Sängerinnen der Pariser Oper, beschwerte sich, daß ihre Rolle der Iphigenie nur gesprochene Musik sei, aber keine virtuosen Arien enthalte. «‹Um größere Arien zu singen›, erwiderte Gluck, ‹muß man erst singen können, daher, Mademoiselle, habe ich eine Ihnen und Ihren Kräften entsprechende Musik geschrieben. Versuchen Sie gut zu sprechen, mehr verlange ich von Ihnen nicht, und denken Sie vor allem daran, daß Schreien nicht Singen heißt.› ‹Nun gut›, sagte die berühmte Darstellerin, die von dieser Wahrheit ebenso verwundert als beleidigt war, ‹da Sie so wenig von mir halten, wird es Sie nicht überraschen, wenn ich von nun an nicht weiter für das Gelingen Ihrer Oper einstehe und mich sehr wenig darum kümmere, Ihren Ruhm zu teilen.› ‹Sollten Sie das ernst gemeint haben, Mademoiselle, so wiederholen Sie es bitte; ich habe bereits einen Ersatz für Sie gefunden.›»[17] Gluck hatte erreicht, was er wollte: Sie sang trotzdem und war eine der besten Sängerinnen der Premiere.

Inzwischen nahm auch die Pariser Öffentlichkeit an den spektakulären Proben regen Anteil. Der große Publikumsandrang störte Gluck wenig, sehr wohl aber die von den Parisern «vergötterten» Sänger, die «sich von einem musicien allemand wie Schüler» – so schrieb von Mannlich – in aller Öffentlichkeit abkanzeln lassen mußten. So wurden diese Proben bald zu einem spektakulären Ereignis. Schnell bildete das neue Werk das Pariser Tagesgespräch. «In allen Kreisen der Bevölkerung stritt man bis aufs Blut für und gegen ihn»[18], berichtete von Mannlich. «Kein Volk kommt dem französischen an Zungenfertigkeit nach. Der Pariser aber hebt sich noch durch eine besonders rasche Aussprache hervor. Im allgemeinen spricht er viel, ohne etwas zu sagen, es seien denn Lappalien»[19], charakterisierte Mercier seine Mitbürger. Doch nun hatte man etwas, worüber man sprechen konnte: zuhause, an der Tür, vor der Schwelle, auf der Treppe, in Cafés und in Salons. «Man muß die Quelle dieses unversiegbaren Wortstroms im Wesen des Parisers suchen. Voltaires Verse und Glucks Musik haben die Schwätzer Jahre hindurch beschäftigt, und die Journalisten haben diese Wortfluten anschließend in die Presse abgeleitet.»[20]

Hier herrschte ein Streitklima, eine Kultur der geschliffenen Worte und der geistreichen Wortwechsel, eine Lust, sich gegenseitig mit Esprit zu messen und dabei vor nichts halt zu machen: «Wie leichtfertig springt man in Paris mit den Ansichten der Menschen um! Wie viele Urteilssprüche werden bei einem Abendessen gefällt! Man entscheidet kühn über Grundwahrheiten der Metaphysik, der Moral, der Literatur und der Politik. Vom gleichen Mann behauptet man während desselben Essens zur Rechten, daß er ein Genie, und zur Linken, daß er ein Dummkopf sei. ... Vor allem aber: mit welcher Leichtigkeit geht man von einem Gegenstand zum nächsten über, wie viele Themen werden in ein paar Stunden durchgesprochen! Unbestreitbar hat sich die Kunst des Gesprächs in Paris in einem Maße vervollkommnet, für das es auf der übrigen Welt kein Gegenbeispiel gibt.»[21]

Gebannt erwartete so fast ganz Paris die Uraufführung von Glucks «Iphigénie en Aulide». Doch zunächst wurde sie noch einmal verschoben: der Darsteller des Agamemnon, Henri Larrivée, meldete sich krank – wegen Heiserkeit. Ein zweitrangiger Sänger sollte nun einspringen. Aber Gluck erkannte – oder sah zumindest, mißtrauisch wie er war – hier eine Falle seiner Gegner und setzte durch, daß die Uraufführung erst nach der Genesung Larrivées stattfand. Die Spannung in der Öffentlichkeit wuchs. Endlich fand die Hauptprobe statt, die auch Jean Jacques Rousseau besuchte, bisher ein entschiedener Gegner der französischen und Anhänger der italienischen Oper. Er schickte dem Ritter Gluck danach das folgende Billet: «Herr Chevalier! Eben komme ich entzückt aus der Probe ihrer Oper ‹Iphigénie›. Sie haben in die Tat umgesetzt, was ich bis heute für unmöglich gehalten habe. Empfangen Sie gütigst dafür meine aufrichtigen Glückwünsche und meine sehr ergebenen Grüße.»[22]

Erfolgreiche musikalische Revolution von oben

Endlich kam es am 19. April 1774 zur Uraufführung von «Iphigénie en Aulide». Die Reaktion des Publikums war verhalten; denn die Aufführung war noch keineswegs perfekt, wie Mannlich kritisch anmerkte: «Mlle. Arnould gab die Titelrolle mit der ganzen Anmut und mit allen Feinheiten der Kunst, die sie sich, schon von Natur aus aufs verschwenderischste begabt, durch eigenes Studium erworben hatte. Sie sang mit Geschmack und großer Richtigkeit die Arien und Rezitative, die Gluck der Klangfarbe und dem Umfange ihrer Stimme entsprechend komponiert hatte, und erntete lebhaften und wiederholten Beifall, den das Gemurmel der Widersacher nicht zu ersticken vermochte. Larrivée sang den Agamemnon mit hinlänglichem Ausdruck, aber es fehlte seinem

Titelbild der Pariser Fassung von Orphée et Euridice, Zeichnung von C. Monneti. Der antike Mythos von Orpheus und Eurydike beschäftigte die Menschen des 18. Jahrhunderts wegen der Einheit von Mensch und Natur: Orpheus unterhielt sich durch seine Musik mit den Vögeln. Diese Naturnähe verdeutlicht auch Monnetis Zeichnung.

Spiele an Würde. Le Gros stellte den Achilles etwas linkisch dar; es war mir unmöglich, in seiner Gestalt und seinen Gesichtszügen den homerischen Helden wiederzuerkennen. Seine Stimme war sehr schön, aber er schrie aus vollem Halse und führte sich wie ein Besessener auf. Die schöne Duplant sang die Partie der Klytämnestra ziemlich fehlerhaft . . .»[23]

Dies war also Mannlichs Uraufführungskritik. Erst bei der zweiten Aufführung konnte Gluck seinen Durchbruch feiern: «Am Abend gingen wir wieder zusammen in die Oper. Das Haus war noch besetzter als am Tage vorher; man glaubte beinahe zu ersticken. Bei dieser zweiten Aufführung wurde das Stück bis in den Himmel gehoben, der Erfolg war ein durchschlagender, und die Kabale gebrochen»[24], freute sich von Mannlich. Glucks Revolution, die mehr oder weniger «von oben», von Marie Antoinette angeordnet war, hatte also Erfolg: die folgenden 20 Vorstellungen waren alle ausverkauft.

Klassische Einfachheit, die Handlung zugespitzt auf dramatische Konflikte, Chöre von lapidarer Wirkung, Melodien, die vielfältigste Empfindungen zeichnen, und die kühne Harmonik, die überraschende Klangfarben aus dem Orchester hervorzauberte, hatten auf das Pariser Publikum eine berückende, fast berauschende Wirkung. Der Geist des Streits und der Spannung, der in Paris herrschte und in der Revolution 15 Jahre später zu einem schrecklichen Ausbruch kam, war hier im Spiegel des antiken Mythos der sich für das Volk opfernden Iphigenie eingefangen – ein zeitlich fernes Drama gewiß, das aber von den Parisern durchaus als aktuell empfunden wurde.

Im Leben des Ritters Gluck, das von so vielen Kämpfen und Niederlagen geprägt war, bildete der Durchbruch in Paris einen großen letzten Triumph. Er hatte nun nicht nur erfolgreich die Revolution der italienischen, sondern auch der französischen Oper besorgt. Doch schon bald nach den anstrengenden Proben wurde er ernstlich krank. Ein «heftiger Fieberanfall», wie von Mannlich berichtete, fesselte ihn ans Bett. Die großen Anstrengungen hatten den 60jährigen Meister erschöpft und mitgenommen. Aber nach der Genesung stand er wieder im Mittelpunkt des Pariser Gesellschaftslebens, wurde überall erkannt, bewundert und eingeladen, was ihm freilich sehr wenig imponierte. Geld, gutes Essen und vorzüglicher Wein waren ihm wichtiger als alle gesellschaftlichen Schmeicheleien – und daraus machte der starrköpfige Deutsche kein Geheimnis.

Lieber zog er sich ins familiäre Idyll mit Madame Gluck, seiner Nichte Marianne und einigen Freunden wie dem Maler von Mannlich oder dem Sänger Millico zurück. Da fühlte er sich wohl. Ihm machte es Spaß, wenn seine Musik auf der Straße erklang, wie die folgende Anekdote, die von Mannlich erzählt, zeigt: «Es herrschte schönes Wetter, und die Abende waren milde, so daß wir auf den an unseren Garten angrenzenden Boulevards spazieren gingen. Da kam es Millico in den Sinn, mit seiner Mandoline nach Art italienischer Straßensänger umherzuziehen. Er bot Fräulein Gluck den Arm, die Mutter hatte den meinigen angenommen, Papa Gluck und die übrigen folgten nach. Beim Einbiegen in eine Allee begann Millico zu präludieren und hierauf ein Duett mit Fräulein Gluck zu singen. Schon beim zweiten Takt hielten die Wagen an, die Fenster belebten sich, man lief aus den Cafés auf die Straße, und die Spaziergänger strömten von allen Seiten herbei. So hatte einst Orpheus' Leier die Welt bezaubert, daß sich Bäume und Felsen von ihrem Platz bewegten, die Ströme ihren Lauf hemmten und die Tiere sich um ihn scharten, seinem Liede zu lauschen. Die drängenden Zuhörer wurden indes bald den Sängern und uns unbequem, sie drohten uns zu erdrücken, als Millico seine Partnerin durch eine kleine Armbewegung verständigte und sie beide mit einem Male mitten in ihrem Gesange verstummten. Ihr tiefes Schweigen vertrieb nach und nach die neugierigen Lauscher. Nach fünfzig Schritten nahmen sie ihr Duett bei der Note wieder auf, wo sie es unterbrochen hatten, und flugs waren wir auch schon neuerdings von der Menge umringt. Diese musikalischen Promenaden, nach römischer Art, vergnügten den alten Papa Gluck so sehr, daß er uns stets Gesellschaft leistete.»[25]

Gluck bereitete nun die Aufführung von «Orpheus und Eurydike» in der französischen Bearbeitung vor, die am 2. August 1774 stattfand und eine «ungemein begeisterte Aufnahme erlebte».

Nach dem Triumph: Zermürbung und Verbitterung

Danach kehrte Gluck nach Wien zurück. Dort wurde er noch mehr geachtet als zuvor und stieg zu den höchsten Sprossen der Karriereleiter empor: am 18. Oktober ernannte man ihn zum Kaiserlichen Hofkomponisten mit einem Jahresgehalt von 2000 Gulden.

Gluck hatte sich durchgesetzt, hatte den musikalischen Stil so verändert, wie dies nur alle Jahrhunderte einmal geschieht.

Der alte Meister wirkte nun zugleich in Wien und Paris. Er war einer der ersten international tätigen Musiker. Die hohe Politik – die Heirat von Marie Antoinette mit dem französischen Dauphin – hatte ihn begünstigt, und so hatte er Paris mit Gewalt und gleichsam im Sturm erobert. Das rächte sich in den folgenden Jahren. Noch viermal reiste er nach Paris. Noch mit vier weiteren Opern kämpfte er um seine musikdramatische Revolution. Am Schluß dieser

Zeit kehrte er als kranker und verbitterter Mann nach Wien zurück und war nie mehr bereit, wieder nach Paris zu kommen.

Was war geschehen? Bei seiner zweiten Reise (November 1774 bis März 1775) brachte er die zweite Fassung der komischen Oper «L'arbre enchanté» zur Uraufführung. Dies vergrößerte seine Popularität, verärgerte aber seine Gegner noch mehr. Nach der Rückkehr lähmte ihn eine schwere Krankheit so sehr, daß er ein Jahr nicht nach Paris reisen konnte. Dennoch arbeitete er wie besessen an weiteren Opern: einer französischen Fassung von «Alceste», «Roland» und «Armide».

Endlich bestieg er Anfang März 1776 wieder die Postkutsche nach Paris und brachte dort die französische Fassung von «Alceste» heraus. Seine Gegner pfiffen das Werk bei der Premiere aus, aber in den folgenden Vorstellungen wurde es wieder ein großer Erfolg. Doch bei diesem erneuten Triumph traf den Meister die Nachricht vom Tod seiner erst 17 Jahre alten Nichte und Adoptivtochter Marianne schwer. Mitte Mai fuhr er wieder nach Wien zurück.

Inzwischen formierten sich seine Gegner in Paris zu einem entscheidenden Gegenschlag. Geschickt fädelten sie eine Art Wettkampf des alten Gluck mit dem – bisher als Schöpfer komischer Opern hervorgetretenen – Italiener Niccolo Piccini ein. Ohne daß es der in Wien weilende Gluck zunächst wußte, erteilte die Oper auch dem Italiener den Auftrag zu einer Oper über «Roland». Beide Werke sollten kurz hintereinander uraufgeführt werden. Das würde die Wellen noch höher schlagen lassen und die Opernkassen noch mehr füllen, dachte die Opernleitung. Der Ritter Gluck reagierte hart und entschieden, als er dies erfuhr: er verbrannte das Manuskript mit dem halbfertigen «Roland»: «Überdies bin ich nicht mehr der Mann, der sich in einen Wettkampf einläßt. Herr Piccini wäre mir gegenüber allzu sehr im Vorteil; denn außer seinem sicherlich sehr großen persönlichen Verdienst hätte er auch den Vorteil der Neuheit für sich, während ich bereits vier Werke – ob gute oder schlechte, spielt hier keine Rolle – in Paris herausbrachte. Das stumpft die Phantasie ab, und da ich ihm die Bahn gebrochen habe, braucht er mir bloß zu folgen. Von der Protektion, der er sich erfreut, sage ich nichts, obwohl ich überzeugt bin, daß ein mir bekannter Politiker drei Viertel von Paris zu Diners und Soupers einladen wird, um Proselyten zu machen ...»[26]

Im Mai 1777 kehrte Gluck nach Paris zurück und bereitete die Premiere von «Armide» vor, die am 23. September stattfand. Seine Gegner heizten das Klima nun an, indem sie das Gerücht von Plagiaten Glucks veröffentlichten. «Armide» fand keine besonders gute Aufnahme. Laharpe, einer der entschiedensten Anhänger der italienischen Oper, schrieb: «Am Donnerstag, den 23. erschien Glucks ‹Armide› zum ersten Mal. Im Augenblick, da ich diesen Artikel schreibe, kann man nur die Wirkung dieser ersten Aufführung in Betracht ziehen. Sie war sehr mittelmäßig.»[27] Doch Laharpe hatte auch grundsätzliche Bedenken. Zwar lobte er die Revolution Glucks, die Oper wieder mehr dem Theater zuzuführen, zeigte sich begeistert von «Orpheus und Eurydike», aber er tadelte dann vieles: «Ich bewundere ihre Chöre und den Reichtum ihrer Klänge. Ich wünschte, sie wären verschwenderischer in ihren Melodien und daß sie mehr der französischen Ausdrucksweise angepaßt wären, daß sie weniger unterbrochen und weniger laut wären; und vor allem wünschte ich einige Arien. Denn ich liebe die Musik, die man singt und die Verse, die man fortläßt.»[28] Gluck erwiderte diese Kritik mit einem bitter-ironischen Leserbrief: «Es ist unmöglich, Monsieur, für mich, etwas anderes zu tun, als mich mit Ihren intelligenten Beobachtungen bei meiner Oper, die in einer Nummer Ihrer Zeitschrift am 5. dieses Monats erschienen, einverstanden zu erklären. Ich finde darin nichts, absolut nichts zu widersprechen. Ich war simpel genug, bis jetzt zu glauben, daß Musik, wie die anderen Künste, die ganze Sphäre der Leidenschaften umfaßt, und daß sie nicht weniger gefallen kann, wenn sie die Plagen eines Irren und den Schmerz der Trauer ausdrückt, als wenn sie die Seufzer der Liebe malt. Ich habe gedacht, daß diese Regel in Musik ebenso wie in Dichtung gelten sollte. Ich habe mich überzeugt, daß der Gesang, wenn er sorgfältig die Farbe der auszudrückenden Gefühle annimmt, so verschiedenartig und vielseitig wie das Gefühl selbst sein sollte ... Aber dies war nicht mein einziger Irrtum. Ich dachte, ich hätte bemerkt, daß die französische Sprache weniger rhythmisch war als die italienische und daß sie nicht dieselbe Ordnung in den Silben hat. Ich war erstaunt vom Unterschied der Sänger der beiden Nationen, da ich die Stimmen der einen weich und biegsam, die der anderen stärker und mehr für das Drama geeignet fand; und so beschloß ich, daß italienische Melodien nicht mit französischen Worten verbunden werden können. Dann, als ich kam, um deren alte Opern zu untersuchen, fand ich, daß anstelle der Triller, Läufe und anderer unpassender Verzierungen, mit denen sie überladen waren, so viele genuine Schönheiten in ihnen waren, daß ich überzeugt war, daß die französische Sprache in sich alles hatte, was erforderlich ist, um gute Arbeit zu leisten. Das waren meine Ideen, bevor ich Ihre Beobachtungen las. Jetzt, jedoch, haben Sie mich von meiner Verblendung befreit ...»[29] Glucks Ironie verbirgt seine große Verletzung. Hatte er doch geglaubt, nun seine Gegner mit seinen großen Opernerfolgen überzeugt zu haben. Doch gerade jetzt griffen sie ihn mit bösem Zynismus an.

Aber Gluck, obwohl alt, krank und müde, arbeitete wie besessen weiter. Er blieb sogar in Paris, als Piccinis «Roland» am 27. Januar 1778 Premiere hatte. Ihm gegenüber benahm er sich freundlich und kollegial, wußte er doch, daß

Piccini nur das Werkzeug der Gluck-Gegner war. Doch die Polemiken wurden immer schärfer und gehässiger.

Als Gluck am 1. März nach Wien zurückkehrte, freute er sich über etwas Abstand und Ruhe. Doch auch in Wien komponierte er weiter: «Iphigénie en Tauride» und «Echo et Narcisse». So wenig hielt er auf äußere Ehren, daß er nicht nach Paris kam, als bei einer Feier am 14. März seine Büste in der Oper neben der Lullys und Rameaus aufgestellt wurde.

Erst im November 1778 besuchte er Paris wieder – ein letztes Mal. Die eine Oper, «Iphigénie en Tauride», hatte am 18. Mai 1779 einen triumphalen Erfolg, die andere, «Echo et Narcisse», fiel am 24. September durch.

Für Gluck zählte dieser Mißerfolg mehr als alle Erfolge. Er fuhr noch im Oktober 1779 nach Wien. Es war die letzte Reise des 65Jährigen.

Er war verbittert, traurig über die Undankbarkeit des französischen Publikums und am Ende seiner Kräfte. Mehrere Schlaganfälle lähmten ihn. Aus seiner letzten großen musikalischen Schlacht zog er sich als kranker, alter und vom Tod gezeichneter Mann zurück.

Bildungsreisen eines Musikers. Felix Mendelssohn-Bartholdy in London und Schottland

«Unterwegs überlegte ich mir, was mir schon lange im Kopf gelegen hat, ob es nämlich ganz recht sei, daß ich so aufs Gerathewohl, ohne eigentlichen Zweck, nur fürs Plaisir, schon seit 4 Wochen umherführe, und viel Geld und Zeit ausgebe»[1], schrieb Felix Mendelssohn am 25. August 1829 aus Llangollen in Wales an seinen Vater in Berlin.

Die Reise nach London und Schottland war für einen Musiker dieser Zeit in der Tat ungewöhnlich. Denn er mußte nicht als Virtuose für seinen Unterhalt sorgen, er war nicht mehr ein «fahrender Musikant» wie knapp 60 Jahre zuvor Vater Leopold Mozart mit seinen Wunderkindern, sondern unabhängig: «Da sagte ich mir aber, daß ich etwas sähe, was ich nie wieder sehen würde, daß ich mir England frey und ohne Geschäftssinn anguckte; daß diese Unabhängigkeit mir hier nicht noch einmal werden könnte; denn wenn ich wieder komme, so hab ich zuviel zu thun, als daß ich so munter umherfahren dürfte», fuhr Mendelssohn in seinem Brief fort.

Eine Bildungsreise, wie sie Mendelssohn unternahm, gehörte, als «Kavalierstour», für Adelige seit dem 17. Jahrhundert zur guten Erziehung. Im ausgehenden 18. und vor allem im 19. Jahrhundert konnten sich dies auch Söhne reicher Bürger leisten. Vater und Sohn Goethe zählten zu ihnen, als sie ihre Italienreisen unternahmen. Doch daß ein Musiker sich durch Reisen bildete, in Briefen und Tagebuchnotizen, in Zeichnungen und in Kompositionen seine vielfältigen Eindrücke festhielt, war gänzlich neu. Die Italienreisen von Orlando di Lasso, Schütz, Händel galten nicht dem Müßiggang zum Zweck höherer Allgemeinbildung, sondern der professionellen Ausbildung, wie in den vorhergehenden Kapiteln gezeigt wurde. Mendelssohn war einer der ersten musikalischen Bildungsreisenden, und lange Zeit, bis zu Richard Strauss, dauerte es, bis wieder ein junger Musiker sich so unbeschwert die Welt anschauen konnte.

Die meisten Musiker waren zu arm für solchen «Luxus». Mendelssohn stammte nicht aus der Musikerzunft, seine Familie war in den beiden vorausgehenden Generationen durch ihre Bildung berühmt und dann auch begütert geworden. Der Großvater, Moses Mendelssohn, stammte aus armen Verhältnissen, arbeitete sich vom Hauslehrer bis zum Teilhaber einer Seidenwarenfabrik empor und genoß als Philosoph die Anerkennung so bedeutender Männer wie Kant, Lessing und Herder. Der Vater, Abraham Mendelssohn, baute zuerst in Hamburg, dann in Berlin mit großem Erfolg ein Bankhaus auf. Er heiratete Lea Salomon, die hochmusikalische, an Kunst und Literatur interessierte Tochter eines reichen Berliner Kaufmannes. Auch Abraham Mendelssohn behielt das Interesse seines Vaters für Philosophie bei und sorgte dafür, daß seine Kinder eine breit angelegte humanistische Bildung erhielten, zu der er auch das Reisen zählte. Er selbst hatte für einige Jahre in Paris gearbeitet.

Schon mit Sieben (1816) durfte Felix seinen Vater nach Paris begleiten. 1822 reiste die ganze Familie in die Schweiz, 1825 fuhren Vater und Sohn ein zweites Mal nach Paris, 1829 schließlich begannen die Jahre der großen Bildungsreisen, die Felix Mendelssohn ohne den Vater, zumeist allein oder mit Freunden unternahm. Die erste Reise führte ihn für acht Monate nach England und Schottland, die zweite, die «große Reise», wie er sie nannte, gab ihm von 1830 bis 1832 Gelegenheit, Österreich, Italien, dann wieder Paris und London zu besuchen.

Nach dieser «Reisezeit» – schöpferischste Periode für ihn als Komponisten – widmete sich Mendelssohn vorwiegend seinen Aufgaben als Dirigent in Düsseldorf und Leipzig. Der «Geschäfte» wegen freilich fuhr er noch achtmal nach England, wo er als Komponist mindestens so angesehen war wie in Deutschland.

Postkutsche und Dampfschiff

Jener elegant gekleidete, junge Mann auf dem Dampfschiff der Hamburg-London-Linie hatte sich noch nie so elend gefühlt. «Dazu nimm, daß ich mich von Ohnmacht zu Ohnmacht schleppte, vor Ekel an mir selbst und an allem übrigen, auf Dampfschiff, England und namentlich meine Meeresstille fluchend ...»[2], schrieb Mendelssohn am 21. April 1829 nach Hause.

Sein Vater und seine Schwester Rebekka hatten ihn bis Hamburg begleitet. Hier war er dann am Freitag, dem 17. April, abends an Bord des Dampfschiffes gegangen, das am Samstag früh auslief. Die Fahrt auf dem Schiff war für Mendelssohn ein Alptraum: Sonntag und Montag litt er an schwerer Seekrankheit wie fast alle anderen Passagiere auch.

Er mußte erkennen, welche Urgewalt die Natur hatte, und er «fluchte», wie

Schiffe vor der Einfahrt in den Hafen, Ölgemälde von William Turner.

im oben zitierten Brief bereits erwähnt, auf seine vor einem Jahr komponierte Konzertouvertüre «Meeresstille und glückliche Fahrt». Schon zu Beginn der Reise gewann er für seine Musik eine wichtige Einsicht: diese Ouvertüre nämlich hatte er nicht nach der Wirklichkeit, sondern nach Literatur, nach Gedichten Goethes, komponiert. Und Goethes Verse entsprachen keineswegs dem, was er nun erlebte!

Tiefe Stille herrscht im Wasser,
Ohne Regung ruht das Meer,
Und bekümmert sieht der Schiffer
Glatte Fläche ringsumher.
Keine Luft von keiner Seite!
Todesstille fürchterlich!
In der ungeheuern Weite
Reget keine Welle sich.

Ihm wurde klar, daß der alte Dichter nie den Kanal überquert hatte, und er wußte jetzt, daß er sich beim Komponieren nicht mehr nach vorformulierten, von anderen vermittelten Erlebnissen leiten lassen durfte, sondern nach eigenen Erfahrungen. Gewiß enthält diese Tondichtung durchaus gut getroffene

Einfälle: die Stille des Meeres durch einen liegenden Klang, durch völlige musikalische Ruhe darzustellen, dann das Orchester langsam in Bewegung kommen zu lassen, schließlich sich die Klänge wie Nebelbänke einander brechen zu lassen, um dann gleichsam im klaren Licht die glückliche Fahrt zu zeigen – das war neu, wenn nicht sogar revolutionär. Aber die Ouvertüre entsprang nur seiner Phantasie und der des alten Herrn in Weimar, und sie entbehrte jener Wirklichkeit, die er jetzt erlebte.

Am Montagabend schließlich legte sich das Unwetter, und Mendelssohn berichtete seinem Vater begeistert, wie das Schiff die Küste und die Themse erreichte: «dann aber, um auch von der Lichtseite zu sprechen, gestern Abend den Mondschein auf dem Meere und viele hunderte von Schiffen um uns herum schleichend, heute früh die Fahrt auf der Themse, zwischen grünen Wiesen, mit 20 Dampfbooten um die Wette rennend, alle Kähne bald überflügelnd, und endlich der fürchterlich massenhafte Anblick der Stadt!»[3]

Fast vier Tage hatte die Fahrt von Hamburg nach London gedauert, obwohl er in einem Dampfschiff, dem damals modernsten und schnellsten Schiffstyp, gefahren war. Mendelssohn lernte so eine der neuesten und wichtigsten Erfindungen seiner Zeit kennen: ein Boot, das freilich wegen der Explosionsgefahr der Kessel als nicht ganz ungefährlich galt.

Etwas mehr als 40 Jahre war es her, daß der schottische Ingenieur William Symington eine erste erfolgreiche Probefahrt mit einem Dampfschiff durchgeführt hatte. Doch noch vor 20 Jahren, 1809, hatte Josef von Bader in einem Gutachten für die bayerische Regierung das Dampfschiff als ungeeignet für das Befahren von schnell fließenden Strömen abgelehnt. Erst 1819 wagte es der Raddampfer «Savannah», den Atlantik von Savannah in Georgia nach Liverpool zu überqueren. Doch in den zwanziger Jahren war der Siegeszug des Dampfschiffs nicht mehr aufzuhalten. Nun wurden Raddampfer aus Holz mit Besegelung gebaut. Ein solches Schiff benutzte wohl auch Mendelssohn. Erst ein Jahrzehnt später setzten sich der Schraubenantrieb und Stahl als Baumaterial durch, womit man viel größere Schiffe konstruieren konnte.

Gegenüber dem Dampfschiff war das Transportmittel zu Land, die Postkutsche, schon alt und ehrwürdig. Auch sie wird bald von der technischen Revolution im 19. Jahrhundert verdrängt werden: in Mendelssohns Todesjahr (1847) umfaßte das Eisenbahnnetz in Großbritannien bereits 3945 Meilen.

Die noch im Bau befindliche erste Eisenbahnlinie der Welt – von Liverpool nach Manchester –, die am 15. September 1830 eröffnet wurde, konnte Mendelssohn bereits bei seiner Englandreise ausprobieren, als er Ende August 1829 einen Vormittag in Liverpool verbrachte. Er überredete einen Aufseher, in einem Wagen durch den neuen Tunnel unter Liverpool zum Hafen hinabfahren zu dürfen, wie er seinen Eltern berichtete: «der schwere Wagen kam, hinten auf stieg ein Arbeiter und los gings, 15 Meilen in der Stunde war die Geschwindigkeit, kein Pferd, keine Maschine ist da, der Wagen läuft von selbst, und treibt sich nach und nach zur tollsten Schnelligkeit; das kommt, weil es ein wenig, ganz unmerklich, bergab geht; zwei Lichter brannten vorne, das Tageslicht verschwand, der Zug blies die Lichter aus, und nun war dickste Finsterniß, ich habe zum Ersten Male in meinem Leben nichts gesehen, dazu raset der Wagen immer schneller, und rasselt stärker, es war etwas für meinen Magen. Streng kalt war es auch in dem Gang, dann kam das rothe, warme Tageslicht von fern geströmt, und ich stand am Hafen, als ich ausstieg.» [4]

Dieses kleine Abenteuer zeigt, daß Mendelssohn kein nur rückwärts in die Vergangenheit blickender Romantiker war, sondern daß er hellwach die neuesten technischen Entwicklungen beobachtete.

Doch zurück zur Postkutsche: Mendelssohn durchquerte fast ganz Großbritannien, später Deutschland, Österreich, Italien und Frankreich in Kutschen. Durch den gut organisierten Pferdewechsel und den Ausbau der Straßen war ein relativ schnelles Vorwärtskommen gesichert. Man hatte als Reisender die Möglichkeit, in den regelmäßig verkehrenden Postkutschen, der Schnellpost, oder in einer eigenen, gekauften oder gemieteten, Kutsche zu fahren.

Mit besonderem Vergnügen fuhr Mendelssohn im offenen Cabriolet durch das sommerliche London und beobachtete das Leben auf der Straße. So ungefährlich, wie man heute glaubt, war das Kutschenfahren freilich keineswegs. Als Mendelssohn von seiner Schottlandreise nach London zurückgekehrt war, fuhr er in einem offenen, zweirädrigen Einspänner, einer Gig, vielleicht etwas zu schnell und verunglückte ernstlich: «ich liege nämlich wie ein kranker Schoßhund auf dem Bette ausgestreckt mit einer verbundenen Pfote; und kann nur vermittelst besondrer Anstalten überhaupt zum Schreiben kommen. Es ist nämlich ein dummer Gig gestern mit mir umgefallen und hat mich eines schönen Stücks Haut mit zugehörigem Fleisch, schwarzem Tuchhosenzeug und m. a. beraubt, und Dr. Kind verdammt mich unerbittlich 4–5 Tage ruhig liegen zu bleiben» [5], schrieb er am 18. September 1829 seinem Vater. Aus den 4 bis 5

Cabriolet mit Druck- und C-Federnlagerung. Abbildung aus «Neueste Wagen nach deutscher, französischer und englischer Bauart», von Joseph Dinkel, München 1837.

Tagen wurden dann freilich fast zwei Monate. Die Heimreise mußte er verschieben, lag im Bett, konnte nur mit Krücken gehen und versäumte dadurch die Hochzeit seiner Schwester Fanny mit dem Kunstmaler Hensel.

Erst Anfang Dezember kehrte er zurück nach Berlin und führte als Geschenk für seine Eltern zur Silbernen Hochzeit eine neue Komposition, «Die Heimkehr aus der Fremde», auf.

Ausgaben, künstlerische Erfolge und musikalische Geschäfte

Mendelssohns Vater hatte gut vorgesorgt. Er gab seinem Sohn Empfehlungsbriefe für Geschäftsfreunde in England – Bankiers, Fabrikanten, Kaufleute – mit, und der Sohn erhielt von diesen das Geld für seinen Aufenthalt ausgehändigt. Sie rechneten wiederum mit dem Vater ab.

Bei der Italienreise konnten die Kreditbriefe nicht immer so reibungslos eingelöst werden wie in England. So war Mendelssohn in Venedig in einer «großen Verlegenheit», wie er seinem Vater berichtete, denn die vom Vater beauftragte Bank Arnstein & Esk. hatte vergessen, ein «avviso» vorauszuschicken, «und das scheint hier zu Lande so nothwendig zu sein, daß die Bankiers in Venedig nicht allein mir kein Geld geben wollten, sondern sogar meinen Brief für einen nachgemachten zu halten schienen.»[6] Schließlich streckte ihm der mit seinem Vater bekannte Kaufmann von Sternfeld das Geld vor.

Über die finanzielle Seite der Italienreise können ziemlich genaue Angaben gemacht werden. Denn in einem Brief aus Rom vom 18. Juni 1831 entschuldigte sich Mendelssohn bei seinem Vater, daß er die für das erste Reisejahr ausgesetzte Summe von 1500 preußischen Gulden um 7 Gulden überschritten hatte. Dabei rechnete er jedoch mit dem großzügigen Verständnis seines Vaters: «... so hoffe ich, Du nimmst mir die Überschreitung nicht übel; ich suche wenigstens fortwährend im Auge zu behalten, was Du mir sagtest: nämlich nichts Unnützes auszugeben, aber mir auch nichts Förderndes oder Wichtiges zu versagen, so weit es angeht.»[7]

Der ausgesetzte Betrag von 1500 Gulden war beträchtlich. Mendelssohn verbrauchte für den ersten Teil der Reise bis Wien 707 Gulden und im zweiten Teil in Venedig, Florenz, Rom und Neapel den Rest. In einem vorausgehenden Brief klagte er, daß das Leben in Rom ziemlich teuer sei. Er benötige dort monatlich 50 Scudi, was 75 Gulden entsprach: «denn soviel brauche ich leider monatlich, da die zur Gesellschaft nöthigen Ausgaben, als Wagen, Wäsche etc. hier übertrieben theuer sind», bedauerte er in seinem Brief aus Rom vom 15. Februar 1831[8].

Vergleiche alter Währungen mit der Kaufkraft heutigen Geldes sind immer schwierig. Deshalb soll hier als Vergleichsmaßstab nur das Gehalt eines Schullehrers in Deutschland genannt werden, das jährlich wenigstens 225 Gulden betrug. Mendelssohn verbrauchte also in Italien in einem Jahr den 6fachen Betrag eines solchen Jahresgehaltes – wahrlich nicht wenig!

Die finanzielle Ausstattung des jungen Reisenden entsprach durchaus der eines Adeligen der Zeit. Allerdings zeigt sich in den Briefen, daß Mendelssohn ein Bankierssohn war, denn er rechnete seinem Vater genau ab, was er verbrauchte, und setzte seinen Ehrgeiz daran, die ausgesetzte Summe wenn möglich nicht ganz zu verbrauchen, zumindest sie nicht zu überschreiten. Auch beherrschte er die notwendigen Bankgeschäfte.

In späteren, dunkleren Zeiten wurde Mendelssohn diese Geschäftstüchtigkeit als jüdisches Krämertum angekreidet. Gewiß entsprach er nicht dem romantischen Bild des armen, lebensuntüchtigen Musikers. Aber sollte man ihm dies zum Vorwurf machen oder nicht besser dieses romantische Bild, das auch bei anderen Musikern, etwa bei Mozart, falsch ist, beiseitestellen?

Obwohl er sie als «Kavalierstour» geplant hatte, dachte Mendelssohn bei diesen Reisen auch an sein eigenes berufliches Fortkommen. Dafür war London der wichtigste Ort. Mendelssohn stützte sich dabei auf seine Freunde, den Pianisten und Komponisten Ignaz Moscheles, der in Berlin für kurze Zeit sein Lehrer gewesen war und nun in London lebte, und Carl Klingemann, Attaché bei der Hannoverschen Gesellschaft, mit dem er die Schottlandreise unternahm und bei dem er während seiner späteren London-Besuche wohnte.

Der Erfolg blieb nicht aus. Das Royal Philharmonic Orchestra führte seine c-Moll-Symphonie und die Ouvertüre zum «Sommernachtstraum» auf, und Mendelssohn wurde begeistert gefeiert. Auch als Pianist eroberte er das Londoner Publikum. Er spielte am 24. Juni «zum Schrecken aller Musiker»[9], wie er seinem Vater mitteilte, die englische Erstaufführung des Es-Dur-Konzerts von Beethoven auswendig. Ein Wohltätigkeitskonzert zugunsten von Schlesien, wo eine Hochwasserkatastrophe großes Leid verursacht hatte, organisierte Mendelssohn selbst. Er stellte ein Mammutprogramm zusammen, das bis in den «andern Tag» dauerte und bei dem alles, «was irgend in der Saison Aufsehn gemacht hat», mitwirkte, wie der junge Musiker stolz seinem Vater schrieb. Mendelssohns Ouvertüre zum «Sommernachtstraum» und sein Konzert für zwei Klaviere in E-Dur mit Moscheles und ihm als Solisten waren sein Beitrag. Der Reinerlös belief sich auf 6600 Goldmark.

Neben diese großen öffentlichen Konzerte traten Orgelkonzerte in St. Paul's und Auftritte in adeligen Salons, wo der elegant gekleidete Bankierssohn begeistert empfangen wurde. Mendelssohn eroberte das Londoner Publikum nicht allein als Virtuose mit zirkusreifen Kunststücken auf dem Instrument, sondern durch eine erstaunliche Verbindung von hellwachem Esprit und träumerisch-sehnsuchtsvollem Klang. Er verband in seinem Spiel und in seinen Kompositionen Eleganz und klassische Klarheit mit dem «blauen», romantischen Ton des stillen und beschaulichen Deutschland, das hier im geschäftigen London geradezu wie eine exotische Insel der Vergangenheit wirkte.

Mendelssohn errang sich in kurzer Zeit größte Beliebtheit beim Londoner Publikum und bei den Musikern. Als er nach seiner Italienreise wieder in London war, um dort die Hebriden-Ouvertüre aufzuführen, bereiteten ihm die Musiker des Royal Philharmonic Orchestra einen begeisterten Empfang. Mendelssohn besuchte ein Konzert des Orchesters mit Beethovens «Pastorale», traf am Eingang «ein Paar wunderschöne junge Engländerinnen, die ich lieb habe und die mich mit in ihre Loge nahmen», in der Pause ging er in den Saal hinunter, um alte Freunde zu begrüßen: «Kaum komme ich aber unten hinein, so ruft einer auf dem Orchester: There is Mendelssohn, und drauf fangen sie alle dermaßen zu schreien und zu klatschen an, daß ich eine Weile nicht wußte, was ich anfangen sollte, und als es vorüber war, ruft ein andrer: Welcome to him, und drauf fangen sie wieder denselben Lärm an, und ich muß durch den Saal und aufs Orchester klettern und mich bedanken», berichtete er am 11. Mai 1832[10] stolz nach Hause.

Mendelssohns triumphale Eroberung des Londoner Musiklebens war auch mit geschäftlichem Erfolg verbunden. Verleger wie Cramer und Addison kauften ihm seine Kompositionen – Kammermusik, Klavierstücke, Lieder – ab und «zahlen sehr niedlich, und bestellen immer zu». Nach den Erfolgen in London waren seine Werke auch bei deutschen Verlegern gefragt. So kauften ihm im Mai 1830 in Leipzig die beiden Verlage Breitkopf & Härtel und Hofmeister je ein Quartett ab. Er erhielt für beide Stücke 20 Louis d'or, was 220 Gulden, also etwa dem Jahresgehalt eines Lehrers, entsprach.

Doch zurück nach London. Dort zeichneten sich auch größere Projekte ab: eine Oper für Covent Garden, aus der freilich nichts wurde, und die Aufführung von Orchesterwerken, so 1832 der Hebriden-Ouvertüre. Im selben Jahr erteilte ihm die Philharmonic Society den ehrenvollen, mit 100 Guineas dotierten Auftrag zur Komposition einer Symphonie, einer Ouvertüre und eines Chorwerkes, und Mendelssohn bot die Italienische Symphonie, die Hebriden-Ouvertüre und – anstatt des Chorwerkes – die Trompetenouvertüre an. Er leitete selbst die Uraufführung der Italienischen Symphonie 1833 in London.

Bis zu seinem Lebensende reiste er noch sieben Mal nach England, wo er für alle seine neuen Werke ein dankbares Publikum fand. Hier hatte seine Karriere begonnen, und in seinem Todesjahr 1847 schloß sich hier auch der Kreis seines Lebens, als er die Erstaufführung der endgültigen Fassung seines Oratoriums «Elias» in London leitete, nachdem die Uraufführung ein Jahr zuvor in Birmingham stattgefunden hatte.

«Fürchterlich massenhafte» Weltstadt: London

Wie erlebte Felix Mendelssohn die Hauptstadt eines Weltreiches, das Zentrum des Welthandels, wo die industrielle Revolution am frühesten einsetzte – das London der Spekulanten, der Armen, der Neureichen und der Unterhaltungssüchtigen, wie es Charles Dickens in seinen zahlreichen Romanen beschrieb?

Er wurde seltsam angezogen und doch auch wiederum abgestoßen. Sein erster Eindruck war der «des fürchterlich massenhaften Anblickes der Stadt» (Brief vom 21. 4. 1829). Er klagte in einem anderen Brief (1. 5. 1829) an seinen Vater: «Könnte man nur hier zu etwas kommen! Aber den ganzen Tag geht der Lärm und das Treiben fort, und des Abends ist man sehr müde.»[11] Er fühlte sich wie gebannt von der Großstadt und wie gelähmt als Musiker. Am Klavier gelang ihm nur noch mechanisches Spiel: «aber wenn ich ans Clavier komme, so verfall ich in unaufhörliches Üben von Concertpassagen, und dgl. Zeug, und stehe auf, ohne Gewinn und Einfälle», schrieb er am 19. Juni 1829[12]. An Komponieren war überhaupt nicht zu denken, so sehr beunruhigte ihn das Neue, wie er im selben Brief bekannte: «es ist mir aber in dieser Zeit so viel Neues, Unerwartetes und die innerste Ruhe Störendes begegnet, daß ich nicht Muße, noch Gedanken oder Andacht genug zum Componieren habe . . .»

Fast wie ein Schock wirkte also die Weltstadt auf den jungen Komponisten. Doch gleichzeitig fühlte er sich vom bunten Treiben auf den Straßen, von den gesellschaftlichen Treffpunkten und von den zahlreichen Unterhaltungen fast magisch angezogen. Nach Hause berichtete er so lebendig wie ein geübter Reiseschriftsteller über die neuen Eindrücke. Das besondere Licht, die Farben und die Atmosphäre Londons schilderte er mit dem Auge eines impressionistischen Malers oder eines William Turner. Sehr gern fuhr er im offenen Cabriolet durch die City und «bekam» – so erzählte er im Brief vom 1. Mai – «einigen Respect, als ich überall dasselbe Leben fand, überall die Häuser von oben bis unten mit grünen, gelben, rothen Zetteln beklebt, oder mit mannshohen Buchstaben bemalt, überall das Geschrei und der Dampf (der mich übrigens sehr incommodiert und im Anfang unwohl machte), überall das Ende der Straßen in

Nebel gehüllt, und alle Augenblicke eine Kirche oder ein Markt, oder ein grüner *square*, oder ein Theater, oder eine Durchsicht auf die Themse, auf der die Dampfschiffe jetzt durch die Stadt fahren können, unter allen Brücken fort, weil man die Erfindung gemacht hat, die großen Röhrenschornsteine wie einen Mast niederzulassen.» [13]

Ihn faszinierte das Großstadtleben, das er am 9. Mai, dem ersten warmen Frühlingstag, beobachtete: «Auf der Straße zwischen den Gittern und den Häusern ist eben der tollste Lärm; die Stutzer galopiren, die alten Lords reiten langsam, die Kinder traben auf Füllen einher; prächtige équipagen mit Goldgeschirr und sammtnen Bedienten warten auf einen Kohlenwagen, der mit seinen Elephantenpferden den Durchgang sperrt, daneben schmutzige Miethswagen in langer Reihe, Bettler und Pöbel gehen neben den Gräfinnen, die schön sind und sehr englischkalt aussehen und denen gepuderte Lakaien mit Atlashosen folgen; ein Kerl läutet mit einer großen Glocke Briefe aus; ein andrer singt eine neue Arie und hält die Hand hohl, um sogleich die Pfennige zu empfangen (ein aufrichtiger Künstler); einer spielt den schottischen Dudelsack; aus den Kutschen gucken gedrängt viele Gesichter heraus. 6 Postwagen mit aufgethürmten Menschen auf dem Verdeck jagen nach einander herein, die Läden wimmeln, das ist die Straße.» [14]

Die «Straße»: das war Piccadilly, und das Leben war schon zu Mendelssohns Zeit bunt und hektisch. Die Gegensätze prallten damals sogar noch schärfer aufeinander als heute: auf der einen Seite der Straße war ein Gitter, durch das man auf die alte, ländliche Welt blickte, wie Mendelssohn schrieb: «Durch dieses eiserne Gitter siehst Du aber auf eine weite grüne Wiese, auf der die bunten Kühe weiden und wiederkäuen, und hin und wieder steht ein Baum, in weiter Ferne werden sie dichter und zum Gehölz; am Horizont ragen in die blaue Luft die weißen Thürme von Westminster drüber hinaus; der Nebel, der die Straßen bis jetzt dick einhüllte, ist heut zum Duft geworden, der die ganze Ferne himmelblau färbt, und die Wolken oben gehn so munter spatzieren wie die Menschen unten. In der Mitte der geputzten Herren, die eigentlich ambitionierte Modekupfer sind, geht einer sehr bedächtig und vergnügt, derselbe bin ich.»

Diesem Selbstporträt in Worten, das Mendelssohn seinem Freund, dem Musiktheoretiker Adolf Bernhardt Marx, zuschickte, entspricht ein gemaltes Porträt von Warren Childe, das den Komponisten nach der neuesten Mode im vornehmen Rock, darunter ein Jackett mit Uhrenkette und mit einem Zylinder in der Hand zeigt. Dieser elegant gekleidete junge Mann fand aufgrund der guten Beziehungen seines Vaters sofort Zutritt zur besten Londoner Gesellschaft. Sein Englisch war vorzüglich, soll sogar farbiger und wortreicher als das

Felix Mendelssohn-Bartholdy. Aquarell von James Warren Childe.

der Einheimischen gewesen sein. So bemerkte der Freund John Edward Taylor, daß ihn «an unusual choice of words» auszeichnete. Schon in den ersten Londoner Tagen empfing er am Kaminfeuer im schönen Armsessel plaziert zahlreiche Visiten, nachdem er viele Empfehlungsbriefe abgegeben hatte, machte viele Bekanntschaften, «verschluckte manches Diner», wurde zu Konzerten und Bällen eingeladen und verkehrte auch beim hohen Adel. So wurde er vom Grafen Münster, «der so stolz und langweilig ist, daß er selbst zwischen dem dritten Wort immer gähnen muß», und vom Herzog von Devonshire empfangen: «Denkt mich in einem Lehnstuhl! mit einem tauben Herzog französisch schreiend! ihm Hofgeschichten aus Berlin mittheilend!» [15]

Mit besten Manieren, aber auch aus ironischer Distanz spielte er seine Rolle im Londoner Gesellschaftsleben. Dabei bestaunte er nicht nur die Stadt, sondern übte auch Kritik. Seinem Vater berichtete er am 19. Juni über das – nach seiner Meinung – in England seit den Zeiten des bewunderten Shakespeare heruntergekommene Theater: «Shakespeares Stücke sind durch eingelegte, lächerlich schlechte Arien und Lieder, durch Auslassung des Kräftigen, Übertreibung des Zarten, und gänzliches Misverstehen der Charaktere, z. B. der weiblichen, so umgewandelt und verderbt, daß sie kaum erkannt und genossen werden können.» [16]

Entsprach das englische Theater überhaupt nicht seiner an Goethe geschulten Auffassung, so war er doch vom Musikleben begeistert, insbesondere vom Philharmonischen Orchester: «Egalität und Kraft in den Saiteninstrumenten, sehr viel Geigen, gutes präcises Blech.» Aber auch hier hatte er Einwände: «alles Geistige fehlt; es ist kein Vorgeiger da, keine zarte Oboe, Clarinette oder Fagott, alles roh und plump; keine Lebhaftigkeit, sondern nur Schnelligkeit.» Seine ernste Musikauffassung widersprach dem englischen Musikbetrieb: «sie beten Beethoven an und kürzen ihn, sie beten Mozart an und langweilen sich dabei, sie beten Haydn an und hetzen ihn zu Tode. Die Musik ist Modesache ...» [17]

Mendelssohn wurde freilich in London selbst zur «Modesache». Er genoß seine Erfolge und die Großstadt wie in einem Rausch und sehnte sich doch nach der Einsamkeit des Hochlandes, wo er, wie er nach der Schottlandreise am 25. August bekannte, erst wieder die Fähigkeit zum Schöpferischen zurückgewonnen hatte: «... besonders aber daß mir manches Neue sich im Kopf zusammenbraut, was mir beweist, daß ich die Fischblütigkeit der Gesellschaften und Menschen in London verdaut habe, und daß ich wieder loskomponieren muß, woran ich zuletzt halb zweifelte.» [18]

London – man kann auch sagen: das moderne Leben – störten seine innere Ruhe und Konzentration, die zum Komponieren notwendig sind. Wie man weiß, fiel ihm in seinem späteren Leben das Komponieren nie leicht, korrigierte und überarbeitete er oft seine Werke. Daß die Phantasie gehemmt und die schöpferische Arbeit bei ihm – verglichen mit älteren Meistern wie Bach, Haydn oder Mozart – problematisch wurde, hat gewiß auch mit der inneren Zerrissenheit des modernen Menschen zwischen seiner hektischen, bunten, neuen Welt und der Sehnsucht nach dem Alten, Ursprünglichen und der Natur zu tun. Mendelssohn erfuhr bei seiner Londonreise als einer der ersten dieses moderne Menschsein.

Die Einsamkeit des Hochlandes: Schottland

Mendelssohns Schottlandreise war eine Reise in die Vergangenheit, zurück zu Maria Stuart, zurück ins Mittelalter des Barden Ossian, zurück in eine ursprüngliche, noch nicht von der Zivilisation beherrschte Natur. Schottland mußte man damals als Gebildeter gesehen haben: es war auf der Landkarte der romantischen Nostalgie die wichtigste Landschaft.

Man war auch im fernen Deutschland über Schottland bestens informiert, freilich literarisch verklärt. Der «Ossian», ein vermeintlich dem antiken Homer ebenbürtiger germanischer Barde – in Wirklichkeit die geniale literarische Fälschung des Schotten James Macpherson –, erregte die Gemüter schon während des Sturm und Drang: Goethes «Werther» zitierte Sätze aus dem Ossian, Herder meinte hier die «Urpoesie» alter gälischer Dichtung entdeckt zu haben, Napoleon las auf seinen Feldzügen den «Ossian», und noch bis ins 19. Jahrhundert vertonten Komponisten wie Schubert, Mendelssohn und Brahms Ossian-Gedichte. Die Ossian-Verzückung war Sehnsucht nach der Vergangenheit und die Melancholie darüber, daß sie nie mehr wiederkehrt.

Doch Mendelssohn hatte nicht nur den Ossian in seinem geistigen Gepäck, sondern auch die Romane von Sir Walter Scott, die besonders gern auch von seiner Mutter gelesen wurden. Scott war der Erfinder des romantischen Geschichtsromans und beschrieb den Untergang des alten Schottlands – und der hatte sich vor gar nicht allzu langer Zeit ereignet: 1745 wurde der Versuch von Charles Edward Louis Philippe Casimir Stuart (in der Romantik als Bonnie Prince Charlie bekannt), Schottland den Jakobiten zurückzuerobern und damit den Engländern zu entreißen, niedergeschlagen. Das Volk der Clans, die alte gälische Sprache und die alten Bräuche gehörten der Vergangenheit und bestenfalls der Folklore an, die freilich im 19. Jahrhundert zur touristischen Attraktion für Engländer und ganz Europa wurde. Das moderne London hatte über das alte Schottland, neben Irland eines der letzten Rückzugsgebiete bis ins Mittelalter zurückgehender Lebensformen, gesiegt – aber auch verloren: die Einsamkeit und die Melancholie des schottischen Hochlandes wurden jetzt um so mehr zum Inbegriff romantischen Fühlens.

Am 22. Juli fuhren Mendelssohn und sein Freund Klingemann von London ab. Sie erreichten über York und Durham Edinburgh.

Dort bestiegen sie als erstes einen Berg – und dabei konnte Mendelssohn wohl den Wanderstock, den ihm ein Londoner Freund geschenkt hatte, ausprobieren: «Da geht man dann über die Wiesen auf zwei höllisch steile Felsen zu, die Arthurs Sitz heißen, und klettert hinauf.»[19] Von dem Panoramablick, der sich ihm hier bot, war er begeistert – selbst «wenige Schweizer Erinnerungen können dies schlagen», notierte er als anspruchsvoller Tourist in seinem Brief an den Vater (28. Juli) und schilderte gleichsam ein Panoramabild mit Edinburgh, dem Firth of Forth seewärts und dem River Forth landwärts bis nach Stirling und bis zum 973 m hohen Ben Lomond, wo er in wenigen Tagen sein werde: «Unten gehn die buntesten Menschen, Frauen, Kinder, und Kühe im Grün herum, weit umher breitet sich die Stadt aus, wo in der Mitte die Burg, wie ein Vogelnest am Abhang steht, über die Burg hinweg seht ihr Wiesen, dann Hügel, dann kommt ein ernsterer Berg, auf dem Stirlings Gebäude erscheinen, das ist schon blaue Ferne; dahinter steht ein schwacher Schatten, den sie Ben Lomond nennen. Alles das ist aber nur die eine Hälfte von Arthurs Sitz, die andere ist einfach genug, es ist die hohe blaue See, unermeßlich weit, bedeckt mit weißen Segeln, schwarzen Dampfschornsteinen, kleinen Insecten von Kähnen und Böten, Felsinseln und der gleichen. Wie soll ich's beschreiben?»

Fern von der großstädtischen Zivilisation suchte er den engen Kontakt zur Natur und schwamm in die wohl ziemlich kalte See hinaus: «und doch steckte ich tief im Schottischen Meer, das sehr salzig schmeckt, Dobberan ist Limonade dagegen.» Erst seit dem Sturm und Drang des jungen Goethe war es Mode, daß die jungen Bürgersöhne «verwegen» in Gebirgsseen, Flüssen und im Meer badeten – eine Revolution im Privaten gegen die überhandnehmende Entfremdung vom einfachen Leben, das freilich Vergangenheit war.

Vergangenheit sah und suchte Mendelssohn auch in der Stadt Edinburgh. Dort beobachtete er die Menschen aus dem Hochland, die sich hier zu einem Dudelsack-Wettstreit trafen, einfache Landbewohner mit ihrem von der modernen Zivilisation bedrohten Brauchtum. Mendelssohn beschrieb sie mit lebhaftem Interesse: «. . . und so kamen viele in ihrem Anzug aus den Kirchen, führten ihre geputzten Mädchen siegreich am Arm, sahen stattlich und wichtig in die Welt hinein; mit den langen rothen Bärten, den bunten Mänteln und Federhüten, den nackten Knien und ihrer Sackpfeife in der Hand, gingen sie

Die Kathedrale von Durham. Aquarell von Felix Mendelssohn, 1829. Mendelssohn, der bei einem Landschaftsmaler Unterricht hatte, zeichnete während der Schottlandreise viele Skizzen, die er später zu Aquarellen ausarbeitete.

ganz ruhig vor dem halbzerstörten grauen Schloß auf der Wiese vorbei, wo Maria Stuart glänzend gelebt hat und wo sie Rizzio hat ermorden sehen. Es kommt mir vor, als ginge die Zeit sehr schnell, wenn ich so viel Vergangenheit neben der Gegenwart vor mir habe.»

Die Hochländer und die Ruinen aus Maria Stuarts Zeit – dieses Bild eines untergehenden Volkes wurde ihm hier nicht durch Literatur, sondern durch eigene Anschauung vermittelt. Er besichtigte den alten Holyrood-Palast und war fasziniert von der Stimmung des Verfalls, der Vergänglichkeit und der traurigen Sehnsucht, die er hier empfand: «Der Kapelle daneben fehlt nun das Dach, Gras und Efeu wachsen viel darin, und am zerbrochenen Altar wurde Maria zur Königin von Schottland gekrönt. Es ist alles zerbrochen, morsch und der heitere Himmel scheint hinein. Ich glaube, ich habe heut da den Anfang meiner Schottischen Symphonie gefunden.»

Mendelssohn vollendete die Schottische Symphonie erst 13 Jahre später, am 20. Januar 1842. Konnte er sich da noch an seinen Besuch von Holyrood Palace erinnern? Das Gedächtnis von Künstlern ist für zentrale Dinge oft überraschend genau. Die langsame Einleitung zur Schottischen Symphonie jedenfalls entspricht durchaus jener romantischen Ruinenstimmung des jungen Touristen. Wir hören anfangs eine Melodie voller Sehnsucht und Wehmut in a-Moll, eine Ballade ohne Worte, die im Pianissimo, wie im Nebel, sich auflöst, als wollte sie sagen: «Damals, in alten Zeiten ...» Dann klingen hohl und schaurig die Unisono-Läufe der Violinen, die in Einzelteile, wie Ruinen, zerfallen. Der Aufschrei im Forte-Beginn, das Zerbröseln in schnellen Läufen und das Zerfallen in einzelne Motivbestandteile – dieser Prozeß wiederholt sich in mehreren Anläufen, bis über Paukenwirbel, Horn- und Trompetenrufe ein festliches und glänzendes Fanfarenmotiv erreicht wird, das Symbol der alten Herrlichkeit zu Maria Stuarts Zeiten. Doch auch dieses Motiv zerfällt, während die schnellen Noten, die schon anfangs erklangen, das Zerrinnen der Zeit andeuten, bis nur noch einzelne Läufe und Motive – von Pausen getrennt – übrig bleiben.

Mit Wehmut besang Mendelssohn die melancholische Schönheit der Ruinen von Holyrood. Das Alte ließ er als ferne Ahnung, als rückwärtsgewandte Utopie anklingen.

Mendelssohn und Klingemann schauten in Edinburgh dem schon erwähnten Dudelsackwettstreit zu («wo aber auch schottisch national getanzt wird», fügte er in seinem Brief vom 28. Juli hinzu). Ebenso davon berichtet seine Schottische Symphonie. Im zweiten Satz, vivace non troppo, einem Scherzo, spielt die Klarinette eine Melodie, die an schottische Volksmusik erinnert, wie sie auf dem Dudelsack gespielt wurde. Mendelssohn verwandte allerdings nicht eine bestimmte Melodie, die er dort hörte – er reiste nicht wie später Bartók als Volksliedforscher mit dem Notenblatt –, sondern komponierte eine eigene, die von der schottischen Musik inspiriert wurde. Er porträtierte das Volksleben, wie er es noch erleben konnte – und löste dann virtuos diese Melodie in impressionistisch flimmernde Klänge, Rhythmen und Motive auf.

Die beiden Touristen besuchten auch den Dichter Walter Scott in Abbotsford, hatten allerdings Pech, denn der berühmte Mann hatte wenig Zeit für sie: «Wir fanden Sir Walter Scott im Begriff, Abbotsford zu verlassen, sahen ihn an wie ein neues Tor, fuhren achtzig Meilen und verloren einen Tag um eine halbe Stunde unbedeutender Konversation, wir ärgerten uns über große Männer, über uns, über die Welt. Der Tag war schlecht.» Für Scott war Mendelssohn einer der zahlreichen Touristen, die sein aus alten Palast-, Kirchen- und Gefängnis-Fragmenten gebautes Haus, ein Architektur gewordenes Ebenbild seiner historischen Romane, mit «gnadenloser Neugier» – wie sich sein Schwiegersohn Lockhart beklagte – heimsuchten.

Auf dem Dampfschiff fuhren Mendelssohn und Klingemann den Forth flußaufwärts nach Stirling, der ehemaligen Residenz der Stuartkönige. Von nun an mußten die beiden auf jeglichen Reisekomfort verzichten. Es gab keine Postkutschenlinie mehr, keine ausgebauten Straßen, nur noch die Wildnis des Hochlandes. Die Grenzen der Zivilisation waren überschritten, die Begegnung mit der reinen Natur begann. Die beiden Reisenden hatten sich einen offenen Einspänner, der von einem Pony gezogen wurde, gekauft, der ihr Gepäck transportierte. Zumeist gingen sie zu Fuß, zum Ausruhen konnten sie freilich auch aufsitzen. So legten sie bis zu 50 Meilen (80 km) am Tag zurück. Eine bequeme Touristenreise war das keineswegs, vielmehr ein hartes Abenteuer. Sie gelangten nach Dunkeld, wo Mendelssohn einen Wasserfall zeichnete, und zur Tummel-Bridge nahe Blair Atoll, von wo der Komponist am 3. August[20] einen romantisch gefärbten Reisebericht schickte: «Hochlandkneipe an der Tummelbrücke. Wilde Wirthschaft. Der Sturm heult, saust und pfeift draußen hin und her, schlägt unten die Thüren zu und die Fensterläden auf, ob der Wasserlärm vom Regen oder von dem reißenden Schaumstrom herkommt, kann man nicht wissen, weil beide zusammen wüthen; wir sitzen hier ruhig am Caminfeuer, das schüre ich von Zeit zu Zeit an, dann flackert es auf; übrigens ist der Saal groß und leer, an einer Wand tröpfelts naß herunter; der Fußboden ist dünn, da hallt das Gespräch aus der Knechtsstube unten herauf, die singen betrunkene Lieder und lachen; dazu Hundebellen, zwei Betten mit purpurnen Vorhängen, an unsern Füßen statt der Engl. Pantoffeln Schottische Holzschuh, Thee mit Honig und Kartoffelkuchen, eine eng gewundene Holztreppe, auf der uns die Magd mit Schnaps entgegenkam, trostloser Wolkenzug am Himmel und trotz all des Wind- und Wasserlärms, trotz des Knechtgesprächs und Thürklapperns ist es still! Still und sehr einsam.»

Die nächste Etappe führte die beiden Reisenden noch weiter ins Hochland hinein. Dem Loch Tummel entlang, links neben sich den 1090 m hohen Schiehallion, gingen sie bei strömendem Regen und in dichtem Nebel nach Aberfeldy, erreichten das Loch Tay, das trostlose Ödland von Glencoe und schließlich Fort William.

Dieser Teil der Reise war einer der anstrengendsten, aber auch einer der schönsten und eindrucksvollsten. Briefe, Tagebucheintragungen und Zeichnungen zeugen davon.

Die Menschenleere der schottischen Landschaft beeindruckte Mendelssohn tief. «Das Land ist breit, weit, dick bewachsen und belaubt, von allen Seiten stürzen reiche Wasser unter den Brücken hervor, wenig Korn, viel Haide mit braunen und rothen Blumen, Schluchten, Pässe, Kreuzwege, schönes Grün überall, tiefblaues Wasser, aber alles ist ernst, dunkel, sehr einsam. Was soll ich's beschreiben?»

Trostlos war das Wetter. Doch er gewann ihm malerische Aspekte ab: «Ich habe mir eine eigne Manier zu zeichnen dafür erfunden, und habe heut Wolken gewischt, und graue Berge gemalt mit dem Bleistift.» In zahlreichen Bleistiftskizzen, die ein gutes Auge für Licht und Schatten erkennen lassen, hielt er seine Eindrücke fest: langgestreckte Bergrücken, die steil zur Küste abfallen; eine kleine Steinbrücke über einer tiefen Schlucht mit großen Felsbrocken und einem Wasserfall im Vordergrund; das weite Hochland, von Bergriesen begrenzt, mit einem kleinen Fluß und einigen verschwindend kleinen Bäumen und Büschen; ein hoher Berg unter dunklen Wolken, davor ein dichter Tannenwald. Menschen erscheinen in diesen Skizzen selten, höchstens als kleine Punkte, und auch die Spuren der Zivilisation – Wege und Brücken – wirken klein und unbedeutend.

In Fort William gingen sie an Bord eines Dampfers, der von Inverness durch Loch Ness, durch den neu eröffneten Caledonischen Kanal, durch Loch Lochy und Loch Linnhe nach Oban fuhr. Dort wechselten sie auf einen anderen Dampfer, den 70-Tonner «Ben Lomond» über, der sie zur Insel Mull brachte, wo sie übernachteten. Von dort[21] schickte Mendelssohn seinen Eltern die berühmte Notiz mit dem Anfangsthema der Hebriden-Ouvertüre: «Auf einer Hebride, d. 7ten August 1829. Um zu verdeutlichen, wie seltsam mir auf den Hebriden zu Muthe geworden ist, fiel mir eben folgendes bey:

Was bedeutet dieses Thema? Lange Zeit glaubte man, es stelle tonmalerisch Fingals Höhle auf der Hebrideninsel Staffa dar, eine Höhle von außerordentlicher Naturschönheit mit Basaltsäulen, die im Tertiär unter vulkanischem Druck entstanden. Diese Höhle wurde erst 1772 entdeckt und dem Helden Fingal aus dem Ossian zugeschrieben. Im Gälischen heißt sie «An Uaimh Binn», was übersetzt «die klingende Höhle» bedeutet, da man dort ständig die herabfallenden Tropfen hört.

Wurde Mendelssohn von dieser Höhle zu seiner Ouvertüre angeregt, wie dies der Verlag Breitkopf & Härtel 1835 propagierte, indem er werbewirksam der Ossian-Mode folgend dem Erstdruck der Partitur den Titel «Fingals Höhle» gab? Wohl kaum. Mendelssohn bevorzugte nämlich den Titel Hebriden-Ouvertüre. Auch schrieb er den Brief mit dem Thema einen Tag, bevor er Staffa erreichte, wo ihm «die gräßlichste Seekrankheit», wie er am 11. August erwähnte, romantische Vergangenheitsvisionen verdarb.

Was zeigt uns diese Ouvertüre? Sie ist ein Tongemälde, aber Mendelssohn gab nicht ihr Programm bekannt. Die Musik malt, doch sie verbirgt das Gegenständliche, löst es in Töne auf.

Allerdings gibt uns die Musik einige ziemlich konkrete Hinweise auf das, was gemeint ist, etwa das Anfangsmotiv, das den Bewegungscharakter einer Welle hat, die sich an der Küste bricht, die durch einen liegenden Ton dargestellt wird. Mendelssohn «malt» ein musikalisches Landschaftsbild. Die Bewegungen der «Wellen» ändern sich in stetigem Fluß, und wie aus der Ferne näher kommend, zeichnen sich immer klarer die Konturen von Melodien ab: die Insel erhebt sich aus dem Meer. Andere Themen erstehen aus diesem Bewegungsfluß, vielleicht Erinnerungen an die Balladen des Ossian. Doch das Wellenmotiv bleibt – in verschiedensten Variationen – stets gegenwärtig; denn diese Musik sollte «nach Thran und Möven und Leberdran schmecken», wie Mendelssohn am 21. Januar 1832 an seine Schwester Fanny schrieb. Dann löst sich der Nebel des h-Moll auf, und in heller Dur-Klarheit erschallt ein prachtvolles Thema mit Paukenwirbel und Hornfanfare: der alte Glanz von Ossians Welt. Aber auch diese verschwindet im Nebel der Vergänglichkeit: wie verloren erklingt das Fanfarenmotiv aus dem Klangteppich der Streichinstrumente, in den sich das Wellenmotiv mischt. Die Musik scheint gleichsam hinter einer Nebelwand zu erstarren und im Abgrund der Zeitmauer – versinnbildlicht durch die ferne Tonart f-Moll – zu versinken. Doch dann erklingt ein lebhaftes, fast lustiges Motiv, das als Stampfen eines Raddampfers gedeutet wurde. Dieser «Raddampfer» gerät in stürmische See. Schnelle Läufe, höchste musikalische Erregung verbindet sich mit dem alten Fanfarenmotiv aus Ossians Zeit. Vergangenheit und Gegenwart werden eins und verschwinden schließlich im Nebel der Hebriden. Nur das Wellenmotiv des Anfangs bleibt. Eine einsame Klarinettenmelodie erklingt über liegenden Klängen die Weite der Landschaft symbolisierend. Zuletzt bricht ein heftiger Sturm aus und fegt alle Gedanken und Erinnerungen hinweg.

Was Mendelssohn in der stürmischen See der Hebriden entdeckt hatte, war gänzlich neu: Musik als Sinnbild der Realität, und zwar ebenso der erfahrbaren äußeren wie der fühl- und denkbaren inneren. Er stellte die Natur in ihrer rohen, unzähmbaren Gewalt dar, nicht mehr – wie noch im 18. Jahrhundert – als paradiesische Pastorale. Diese Erfahrung hatte er in den zurückliegenden Tagen bei seiner Wanderung durch das Hochland und bei der Überfahrt zu den Hebriden gewonnen. Er war nun nicht mehr nur ein Romantiker, sondern auch ein Realist.

Die »Ben Lomond« brachte Mendelssohn und Klingemann nach Oban zurück. Sie gingen dann über Inverary, Strachur und Loch Eck nach Glasgow auf einem Weg, der selbst heute noch ein Wagnis ist. Glasgow diente als Ausgangspunkt für einen weiteren Vorstoß ins schottische Hochland: zum Loch Lomond und auf den Ben Lomond, zum Loch Katrine, zu The Trossachs, nach Aberfoil, Stirling und Lanark.

Romantische Schottlandschwärmerei verloren sie bei dieser Gewalttour fast völlig. Mendelssohn sah «das Elend, die unwohnliche, ungastliche Einsamkeit des Landes» und klagte hinterher über die Strapazen: «Gestern war ein guter Tag, d. h. ich wurde nur dreimal naß, behielt den Mantel fortwährend um die Schultern und sah die Sonne ein paar mal durch die Wolken; von schlechten Tagen hat man keine Vorstellung; ein wüthend pfeifender Sturm weht mit wenig Unterbrechung seit 4 Wochen, dazu fallen die Wolken herunter und

Die Fingalshöhle auf der Hebriden-Insel Staffa. Aquarell von Carl Gustav Carus, 1834.

würden schrecklich regnen, wenn der Sturm sie ruhig fallen ließe; der fängt sie aber auf; wirft sie in der Luft umher, peitscht sie als Wasserstaub ins Gesicht, es ist nichts dagegen zu thun, als still in den Häusern liegen zu bleiben; statt der sonstigen munteren Reisegespräche hört ihr um Euch nur einzelne verdrießliche Worte: seit Menschengedenken, oder überschwemmter Weg, oder Ausbleiben der Posten und Schiffe, verdorbner Reiseplan …»[22]

Das war am 25. August Mendelssohns bitteres Resumé voller Ärger darüber, daß auch sein Reiseplan von Sturm und Regen zunichte gemacht wurde; er wollte nämlich für eine Woche nach Irland hinüberfahren, doch als er die «seekranken Passagiere, naß, schwach und fluchend» aus dem ankommenden Dampfboot wanken sah, nahm er die Postkutsche in Richtung Liverpool und nach Wales, wo er bei Freunden angenehme Tage verbrachte.

Also ein bitterer, enttäuschter Abschied von Schottland? Der reiche Bankierssohn unternahm in Schottland gewiß keine bequeme Touristenreise, war kein verweichlichter Salonmensch, sondern suchte und fand das Abenteuer, die Wildnis, die Einsamkeit, das Ausgesetztsein an die Naturgewalten, entbehrungsvolle Härte, Verzicht auf alle Bequemlichkeit, die Begegnung mit der reinen Natur – und diese zeigte sich ihm hier wie den alten Helden zu Ossians Zeit in ihrer unzähmbaren Urgewalt.

Was er von Schottland nach Hause brachte, waren nicht nur viele neue Lebenserfahrungen, Erinnerungen an menschliche Begegnungen und touristische Erlebnisse, sondern vor allem die Ideen zu einer der wichtigsten und bedeutendsten Symphonien, die in der ersten Hälfte des 19. Jahrhunderts komponiert wurden: der Schottischen Symphonie. Ihm gelang es mit diesem Werk, wie zuvor bereits mit der Italienischen Symphonie, nach Beethoven eine neue Form von Instrumentalmusik, die Tondichtung, zu schaffen. In der Schottischen Symphonie malte Mendelssohn mit Noten das geistige Bild des nördlichen Landes voll von Melancholie, nordischer Strenge, mit realistischer Härte und romantischem Leiden.

In der langsamen Einleitung führten ihn – wie bereits erwähnt – seine Empfindungen beim Besuch des Holyrood-Palastes in Edinburgh von den Ruinen der Gegenwart zur einstigen Pracht Maria Stuarts zurück.

Im folgenden ersten Satz (Allegro un poco agitato) «malt» er die schottische Landschaft im $^{6}/_{8}$-Rhythmus, dem Rhythmus der Pastorale. Allerdings erklingt hier nicht das weiche F-Dur – die übliche Tonart der Pastorale –, sondern das melancholische a-Moll: die herbe und melancholische Schönheit Schottlands wird so besungen. Das Fließen der Bäche, das Auf und Ab von Berg und Tal, tiefe Abgründe, wilde Stürme und die unheimliche Stille des Nebels klingen in dieser Musik an, die nicht mehr – wie noch Beethovens «Pastorale» – das heitere Landleben, vielmehr die Trauer über die verlorene, reine, vom Menschen noch nicht beherrschte wilde Natur zeigt.

Im Scherzo (Vivace non troppo) tritt der Mensch auf, freilich nicht der moderne Städter, sondern der Landbewohner, der Hirte. Er spielt – wie bereits berichtet – eine Dudelsackmelodie, eine Hirtenweise, einen Tanz, der sich nicht vom festen Taktmetrum zähmen läßt. Auch dies hatte Mendelssohn beim Hören der schottischen Volksmusik gut beobachtet. Diese Freiheiten unterscheiden sie von der «Nationalmusik», auf die er in seinem Brief vom 25. August so heftig schimpfte: «Zehntausend Teufel sollen doch alles Volksthum holen. Da bin ich hier in Welschland, und, o, wie schön, ein Harfenist sitzt auf dem Flur jedes Wirthshauses von Ruf und spielt in einem fort sogenannte Volksmelodien, d. h. infames, gemeines, falsches Zeug, zu gleicher Zeit dudelt eben ein Leierkasten auch Melodien ab, zum Tollwerden ist es, Zahnschmerzen habe ich leider davon . . .» Die «Nationalmusik» war Folklore – tote, unechte und unehrliche Musik. Er dagegen erinnerte in seiner Symphonie an die lebendige Musik der schottischen Ur-Einwohner und löste diese impressionistisch in einem Spiel von Melodien, Rhythmen und Klangfarben auf: das Volk des Hochlandes wie ein Elfenspuk aus dem «Sommernachtstraum», ein Märchen, eine romantische Phantasie, ohne Realität.

Dann, im Adagio, tritt der Barde Ossian auf. Harfenklänge werden von den tieferen Streichinstrumenten pizzicato gezupft, und darüber spielt die erste Violine einen Gesang ohne Worte, spricht gleichsam nur einzelne Töne wie Silben, singt durch Pausen getrennte Seufzer und gerät dann erst zu einem fließenderen Vortrag, berichtet über alte höfische Zeiten, wie der punktierte Rhythmus aus uralten Fanfaren, Intraden der Renaissance und Ouvertüren des Barock andeutet, besingt mit Pauken, Trompeten- und Hörnerklang Glanz und Prunk zu Maria Stuarts Zeiten und beklagt den Untergang dieser alten Welt.

Das Finale, Allegro vivacissimo, ursprünglich Allegro guerriero, also kriegerisches Allegro genannt, vergegenwärtigt Schottlands jahrhundertelangen Kampf um Freiheit. Ob dabei die alten Kriege, die der Barde Ossian besang, oder Maria Stuarts Kampf mit Königin Elisabeth oder der letzte Befreiungsversuch von Bonnie Prinz Charlie gemeint sind, bleibt offen. Mendelssohn ging es um Tieferes: das aufgewühlte und schmerzerfüllte Thema zeigt ein wildes Aufbegehren und Aufbäumen, das – wie das Wellenmotiv in der Hebridenouvertüre – in sich zusammenbricht. Der tragische, dem Untergang geweihte Kampf der Hochlandbewohner für ihre Freiheit gegen das fortschrittliche England wird hier noch einmal lebendig. Für Mendelssohn stand hier die Niederlage Schottlands auch für die Ausrottung des Alten – also des naturgemäßen, einfachen, ehrlichen und guten Lebens – zugunsten des Neuen: der modernen «Fischblütigkeit», wie Mendelssohn London charakterisierte.

So traurig freilich ließ Mendelssohn die «Schottische Symphonie» nicht enden. Im Allegro maestoso nahm er wieder den Rhythmus und – allerdings sehr verändert – das Thema des Hauptsatzes, also der Pastorale, auf und besang die herbe und ernste Schönheit der schottischen Landschaft, der weder Kriege noch moderne Zivilisation – so wollte Mendelssohn wohl sagen – etwas anhaben können: die Landschaft Schottlands ist die wahre Majestät; sie ist göttlich – die reine Natur. Das war Mendelssohns Botschaft, die er im Hochland entdeckte.

Am 13. Juni 1842 dirigierte er die Londoner Erstaufführung der «Schottischen Symphonie». Er fragte danach bei der jungen Königin Victoria an, ob er sie ihr widmen dürfe. Sie empfing ihn, sang ihm ein Lied seiner Schwester Fanny und eines von ihm vor und nahm die Widmung freudig an. Auch sie schwärmte vom schottischen Hochland, das ihre Vorfahren einst machthungrig dem englischen Reich einverleibt hatten. Sechs Jahre später wird sie erstmals im schottischen Balmoral Urlaub machen und jedes Jahr bis zu ihrem Tod 1901 wiederkehren, wo «es so still und einsam» war: «... die reine Bergluft war sehr erfrischend. Alles schien Freiheit und Frieden zu atmen», schrieb sie in ihr Tagebuch.

Ein Winter auf Mallorca. Frédéric Chopin und George Sand im Süden

Nahezu geheim, in zwei getrennten Kutschen und an verschiedenen Tagen, verließen Frédéric Chopin und George Sand Paris: Am 18. Oktober 1838 reiste zunächst sie, «um zu reisen»[1], machte viele Umwege, besuchte Freunde in Montgolfier, wandelte in Vaucluse auf den Spuren Petrarcas, «grüßte» den Pont du Gard, pflegte in Nîmes alte und neue Bekanntschaften und erreichte schließlich Perpignan, wo bereits am folgenden Tag Chopin eintraf, der – um jeglichen Klatsch zu vermeiden – einige Tage nach ihr in Paris abgefahren und auf dem direkten Weg mit der Postkutsche angekommen war.

«Warum reisen, wenn man nicht dazu gezwungen ist?» fragte George Sand drei Jahre später in ihrem Reisebericht «Ein Winter in Mallorca» und gab als Antwort: «Es geht nicht so sehr darum, zu reisen, sondern wegzulaufen. Wer von uns hat nicht irgendeinen Schmerz, von dem er sich ablenken möchte, oder irgend ein Joch, das er abschütteln will?»[2]

Sand und Chopin waren heimatlos, Flüchtlinge am Rand der Gesellschaft. Sie eine Mannfrau, geschieden, mit zwei Kindern, ausgebrochen aus den engen gesellschaftlichen Fesseln des ländlichen Adels, eine exotische Blume in den Pariser Salons, die sie – Zigarre rauchend und in Männerhosen gekleidet – besuchte, stets gut für Skandalgeschichten um ihre zahlreichen Liebhaber, denen sie eine Zeitlang treu blieb. Er verließ Warschau, wurde als Virtuose in Europa gefeiert, war über Wien, München und Stuttgart nach Paris gelangt und hatte dort sein Publikum gefunden: in den abendlichen Salons trat er als geistvoll-witziger Konversationskünstler mit distanziert aristokratischem Benehmen und als verhalten, intim, aber narkotisierend wirkender Pianist auf. Er war einer der vielen Exil-Polen in der Seinestadt, die nach der von Rußland brutal niedergeschlagenen 1831er Revolte nicht mehr zurückkehren konnten oder wollten – war dazu verurteilt, in der Fremde zu leben und unter Heimweh und schwermütigen Gedanken zu leiden.

Vor welchen «Schmerzen», vor welchem Joch flohen die beiden in den Süden? George Sand befreite sich von den eifersüchtigen Umarmungen ihres

Frédéric Chopin, Ölgemälde eines unbekannten Malers. Dieses Bild zeigt Chopin nicht als aristokratisch verfeinerten, melancholischen Künstler der Pariser Salonkultur, sondern mit wachem, willensstarkem und offenem Blick. Fern aller Dekadenz stand er die Katastrophe der Mallorca-Reise mit größtem Lebenswillen durch und komponierte dabei sogar eines seiner Hauptwerke: die Préludes.

Geliebten der vergangenen Jahre: Félicien Malfille, «das beste Wesen, das der Himmel für die Freundschaft geschaffen hatte»[3], war ein eher mittelmäßiger Dramatiker, der vom Genie des polnischen Musikers in den Schatten gestellt wurde. Chopin heilte sich von den Verletzungen seiner Liebe zu Marie Wodzinska, mit der er verlobt war, die er aber nicht heiraten durfte: ob seine unsichere Musikerexistenz oder seine Krankheit der Grund für das Verbot der Eltern waren, konnte bis heute noch nicht geklärt werden.

Doch nicht nur seelische Schmerzen ließ George Sand mit ihren beiden Kindern Maurice und Solange sowie Chopin die Reise nach Mallorca antreten, sondern auch die Sorge um die Gesundheit. Maurice litt unter rheumatischen Schmerzen, und Chopin hatte sich – wie die historische Medizinforschung heute annimmt[4] – zwei bis drei Jahre vor der Reise mit Lungentuberkulose angesteckt. Krank im Gemüt wollten sie im Süden Gesundheit finden. Doch Mallorca wurde – zumindest für Chopin – der Ort, wo er zum ersten Mal dem Tod ins Gesicht schaute.

«Mit einem Wort, ein wundervolles Leben»

Auf dem Dampfschiff gelangte George Sand mit ihren «drei Kindern» – sie sah sich gerne in der Mutterrolle – nach Barcelona. Dort stiegen sie auf die «El Mallorquin» um, einen kleinen, in England hergestellten Steamer, in dem 200 Schweine und einige Passagiere transportiert wurden. Das Geschrei der teils seekranken Tiere und der nicht weniger lauten Besatzung erschien Chopin gewiß entsetzlich, doch immerhin erreichten sie bei ruhiger See Mallorca.

«Wir fühlen die Wärme Stunde um Stunde anwachsen»[5], schrieb George Sand. Chopin berichtete überschwenglich seinem Freund Julien Fontana nach Paris: «Ich bin in Palmen, Zedern, Kakteen, Oliven, Orangen, Zitronen, Aloën, Feigen, Granaten usw. Was immer der Jardin de Plantes in seinen Öfen hat. Der Himmel ist wie Türkis, das Meer wie Azur, die Berge wie Smaragde, die Luft wie im Himmel. Am Tage herrscht Sonne, alle gehen sommerlich gekleidet, und es ist heiß; in der Nacht hört man stundenlang Gitarren und Gesang. Riesige Balkone mit Weintrauben über dem Kopf. Mauretanische Gemäuer. Alles schaut ebenso wie die Stadt nach Afrika. Mit einem Wort, ein wundervolles Leben!»[6]

Doch schon kurz nach der Ankunft zeigten sich Schwierigkeiten. Spanische Freunde in Paris hatten über Mallorca als eine der gastfreundlichsten und fruchtbarsten Inseln geschwärmt, nun aber mußten Chopin und George Sand erleben, daß es kein einziges Hotel gab: «In Palma muß man 20 sehr wichtigen Personen empfohlen und angekündigt sein und seit mehreren Monaten erwartet werden, um hoffen zu können, nicht auf dem freien Feld schlafen zu müssen.»[7] Nach längerem Suchen hatten die Franzosen Glück. Señor Gomez, «ein reicher Bürger», wie Sand anmerkte, gab ihnen zu einem «sehr mäßigen Preis, für uns, aber ziemlich hoch für das Land, sein ganzes Haus.»[8] Es war möbliert und gefiel den Fremden zunächst sehr gut. Das Landgut lag am Fuß der Berge mit ihren runden und fruchtbaren Hängen, «inmitten eines üppig bepflanzten Tales, das zu den gelben Mauern von Palma, zur massiven Größe seiner Kathedrale und zum funkelnden Meer am Horizont auslief».[9]

Nun war ihr Glück unter dem Dach des Señor Gomez vollkommen; sie waren aus dem Pariser Gesellschaftsleben in die Freiheit ausgebrochen und genossen jetzt das südlich-romantische Idyll, von dem sie geträumt hatten. George Sand und Chopin verbrachten die Zeit mit Spaziergängen und dem «süßen Flanieren» jung Verliebter, «zu dem uns ein wundervolles Klima und eine bezaubernde und für uns völlig neue Natur einluden.»

Hier konnten die beiden ihre Flitterwochen auskosten, ohne Angst vor

Das Dampfschiff «El Mallorquin», mit dem George Sand und Chopin von Barcelona nach Mallorca fuhren.

George Sand, Karikatur von Alcide Lorentz, 1842. George Sand, die gerne Männerkleidung trug (was damals als verboten galt), brach aus den Konventionen ihrer Zeit aus. Reisen war für sie eine Flucht vor der Gesellschaft und die Suche nach verlorener Schönheit.

einem Skandal haben zu müssen: eine sechs Jahre ältere, geschiedene Frau mit zwei Kindern liebte einen 28jährigen Künstler, «machte sich aus dem Staub, um eine perfekte Liebesgeschichte im Schatten der Myrten von Palma einzufädeln», während der vergangene Liebhaber Malfille zu Hause «schreit, heult, wild ist, sich töten will» [10]. Dies wenigstens schrieb die Comtesse d'Agoult in einem Brief an den Major Adolphe Pictet am 10. Januar 1839 (so schnell also erfuhr die gute Gesellschaft den neuesten Klatsch über die heimliche Reise der Sand). George Sand, in Wirklichkeit ein literarisches Pseudonym für Lucile Aurore Dupin, bevorzugte Männer, die in irgendeiner Form schwach waren, um ihre Leidenschaft in der Maske von Mütterlichkeit tarnen zu können. Sie nannte Chopin «le petit» und sorgte später für den Schwerkranken aufopfernd.

Und er? Liebesbriefe an George Sand sind nicht erhalten. Er war besessen von Musik, war ein «extremer Künstlertyp», der sich «niemals mit der menschlichen Natur abfinden wollte», und der «keineswegs die Realität akzeptierte»: «Das war sein Fehler und seine Tugend, seine Größe und sein Elend» [11], urteilte George Sand später in ihrer «Histoire de ma vie». Da wußte sie dann, daß er «leidenschaftlich drei Frauen am selben abendlichen Fest liebte und allein wegging, ohne an eine von ihnen zu denken, aber die drei davon überzeugt zurückließ, daß jede ihn ausschließlich bezaubert hätte» [12] – und erst später erkannte sie auch, daß seine Mutter «die einzige Passion seines Lebens» [13] war.

Doch jetzt auf Mallorca liebte er ausschließlich sie, auch wenn die südliche Romanze nur kurz dauerte. Denn nach drei Wochen herrlich warmen Wetters setzte plötzlich der Regen ein. «Eines Morgens, nachdem der Wind uns mit seinen langen Seufzern die ganze Nacht lang eingeschläfert hatte, während die Regentropfen an unsere Fenster schlugen, hörten wir beim Erwachen das Brausen des Stromes, der begann, sich einen Weg durch das steinige Flußbett zu bahnen. Am folgenden Tag sprach er lauter; am übernächsten Tag rollte er die Felsen weg, die seinen Lauf behinderten. Alle Blüten an den Bäumen waren gefallen, und der Regen tropfte in unsere schlecht abgedichteten Zimmer.»[14]

Die Idee, einen Winter im warmen Süden zu verbringen, entpuppte sich als böse Illusion. Die Wände von Señor Gomez' Haus wurden so feucht, daß sie wie ein mit Regenwasser getränkter Schwamm wirkten, und in den ungeheizten Räumen war es bitter kalt: «Niemals litt ich so unter Kälte», schrieb George Sand.[15]

Hafen von Mallorca, aus: Carlo Davillier, L'Espagne, Paris 1874. Als George Sand und Chopin hier einfuhren, hofften sie noch auf eine schöne südliche Romanze und auf eine Genesung des großen Musikers.

Für Chopin wurde dieses Klima zum Verhängnis. Erstmals brach hier in Palma seine Tuberkulose aus. Eine Herdpneumonie, also eine durch die Tuberkelbakterien verursachte Lungenentzündung – so nehmen heutige Medizinhistoriker an[16] –, brachte den Komponisten in Lebensgefahr. George Sand suchte verzweifelt nach Ärzten und Medikamenten – freilich vergebens. Mit Galgenhumor kommentierte Chopin seine Krankheit: «Die letzten drei Wochen war ich krank wie ein Hund: trotz 18 Grad Wärme, trotz der Rosen, Orangen und Feigen habe ich mich erkältet. Die drei berühmtesten Ärzte von der ganzen Insel haben mich untersucht; der eine beschnupperte, was ich ausspuckte, der zweite klopfte dort, von wo ich spuckte, der dritte befühlte und horchte, wenn ich spuckte. Der eine sagte, ich sei krepiert, der zweite meinte – daß ich krepiere, der dritte – daß ich krepieren werde.»[17]

Doch es kam noch schlimmer. Trotz der Lebensgefahr für Chopin wurden sie von Señor Gomez auf die Straße gesetzt und hätten beinahe wie die «wahren Zigeuner in einer Höhle»[18] übernachten müssen, wenn sie nicht der französische Konsul in seinem Palast aufgenommen hätte. «Von dem Augenblick an wurden wir ein Objekt des Schreckens und Grauens für die Bevölkerung. Man hielt uns überführt, daß wir an der Lungenschwindsucht erkrankt wären, was gemäß der Vorurteile der spanischen Medizin hinsichtlich der Ansteckungsgefahr der Pest gleichkam.»[19] Für die Einwohner von Mallorca waren die Franzosen nun nicht mehr nur etwas rätselhafte und exzentrische Fremde, sondern gefährliche Aussätzige, vor denen man sich schützen mußte.

So konnte George Sand mit ihrer «Familie» nicht mehr in Palma bleiben. Aus der Liebesromanze mit Chopin war eine Verfolgungsjagd geworden, bei der es um Tod oder Leben des genialen Musikers ging. Für seine Geliebte erschien es wie ein Wunder, daß sie endlich nach zweiwöchigem Suchen im Kartäuserkloster von Valldemosa doch noch eine Unterkunft fanden.

«Ein seltsamer Ort»

Vor wenigen Wochen bei schönerem Wetter hatten Sand und ihre Kinder das Kloster besichtigt, dessen Zellen nach der Säkularisation als Wohnungen vermietet wurden: «Die Poesie des Kartäuserklosters hatte mir den Kopf verdreht.»[20] Glücklicherweise reiste ein «mysteriöses» Paar, das in der Zelle wohnte, überstürzt ab, überließ ihnen die pittoreske Unterkunft und verkaufte an George Sand das ganze «rustikale, aber bequeme» Mobiliar für 1000 Francs, was billig für Mallorca, aber teuer für Frankreich war.

Die Reise von Palma nach Valldemosa dauerte etwa drei Stunden und war

Kartäuserkloster Valldemosa. Illustration aus: George Sand. Ein Winter auf Mallorca. Die feuchten und schlecht geheizten Räume des Kartäuserklosters Valldemosa waren eine idyllische, aber für Chopins Gesundheit gefährliche Zuflucht.

ein Abenteuer. Man konnte eine Tartana, eine Art «Coucou-omnibus» – ein in Frankreich während des 19. Jahrhunderts gebräuchlicher Mietwagen – oder einen Birlucho mieten, der etwas komfortabler war: sein Inneres war mit einem Futter aus Schafwolle ausgestattet, das sich bei der Fahrt als sehr hilfreich erwies: «Denn so reist man: Sturzbäche, reißende Bergströme, Schlammlöcher, Hecken, Gräben stellen sich vergebens in den Weg; man hält wegen solcher Kleinigkeiten nicht an. All das nennt sich nämlich die Straße.»[21]

Schwärmte George Sand davon, hier im Sinn Rousseaus die unverfälschte Natur zu finden – «Die Schweiz und Tirol haben für mich nicht diesen Anblick einer freien und ursprünglichen Schöpfung geboten, wie sie mich so sehr in Mallorca entzückte»[22] –, so klagte er über die Beschwerlichkeiten solcher Naturnähe: «Die Natur ist eine schöne Sache, doch mit den Menschen hat man nichts mehr zu tun: Weder Straßen noch Postämter.»[23]

George Sand konnte ihre Begeisterung über die Lage des Kartäuserklosters kaum zügeln, zu dem man zu Fuß hochsteigen mußte: «Ein Weg, der für das Auge wegen seines kühnen Anstieges, seinen Windungen zwischen den schönen Bäumen und den hinreißenden Ausblicken, die sich bei jedem Schritt zeigen und deren Schönheit umso größer wird, je höher man steigt, Bewunderung verdient. Ich habe nichts Lieblicheres, aber zur gleichen Zeit auch Melancholischeres gesehen als diese Ausblicke, bei denen die grüne Eiche, der Johannisbrotbaum, die Pinie, der Olivenbaum, die Pappel und die Zypresse ihre verschiedenen Nuancen von Grün zu einem tiefen Laubengang vereinigen.»[24] In

Terrassen hatten die Mönche einst einen Garten in den Berg mit Palmen und Mandelbäumen und einem Teich gebaut. Oben angelangt, fanden sie eine verblüffende Aussicht auf die Berge, Täler und zweimal auf das Meer: auf die Nord- und Südküste. «Dies ist einer der Blicke, die uns übermannen, da sie nichts zu hoffen und nichts sich vorzustellen mehr übriglassen. Alles was der Dichter und der Maler träumen können, hat die Natur an diesem Ort geschaffen.»[25]

Noch vor wenigen Jahren lebten hier 13 Mönche, 1836 entging das Kloster der nach der Säkularisierung angeordneten Zerstörung, wurde aber aufgelöst. Nun wohnten in dieser Einsiedelei im Sommer Bürger der Mittelklasse aus Palma, die vor der Hitze in die kühle Luft der Berge flohen, und im Winter stand sie fast leer. George Sand und ihre «Familie» fanden bei ihrer Ankunft nur Maria Antonia vor, die als «eine Art Hausdame» sofort den Neuankömmlingen half, ohne dafür Geld zu nehmen, freilich aber immer das beste Essen und die schönsten Küchenutensilien für sich reservierte. Außerdem lebte der Sakristan hier, ein «dicker Junge», der früher den Mönchen bei der Messe half und nun die Schlüssel verwahrte. Er sollte eine Señorita, die mit ihren Eltern hier einige Monate wohnte, entführt und vergewaltigt haben, benahm sich wie ein Dandy, trug nicht das auf Mallorca übliche arabische Gewand, sondern enge Hosen, die – so schrieb George Sand – «gewiß den Mädchen des Orts ins Auge stachen.» Als dritter hauste noch ein Apotheker in dem verlassenen Kartäuserkloster. Er war ein alter Mönch, der heimlich im verschlissenen Priestergewand hinter verschlossenen Türen die Messe las, und gegen gutes Geld der Sand Eibisch und Hundsgras als Beruhigungsmittel verkaufte. «Er war ein sehr mißtrauischer Greis, der sich über nichts beklagte und wahrscheinlich für den Triumph von Don Carlos und die Rückkehr der Inquisition betete, ohne jemandem Böses zu wollen»[26], urteilte die Schriftstellerin.

Die Einwohner des Klosters, die dort überwinterten, bildeten also eine pittoreske Gesellschaft, fast wie aus einem Roman der George Sand. Die Tage vergingen damit, daß die Schriftstellerin am Morgen den Kindern Unterricht gab, diese dann in der Umgebung spielten und herumliefen, während sie an ihrem Roman «Gabriel» schrieb und Chopin in seiner Zelle saß und trotz Krankheit zäh und ohne Rücksicht auf seinen Körper die «Préludes» komponierte. «Unsere Existenz in dieser romantischen Einsamkeit hätte sehr angenehm sein können trotz der Wildnis des Landes und der Klauerei der Einwohner, wenn nicht das traurige Schauspiel der Leiden unseres Gefährten und gewisse Tage der ernsten Sorge um sein Leben mir jede Freude und jede Wohltat der Reise genommen hätten.»[27]

Chopin nämlich zeigte sich von diesem malerischen Ort keineswegs angetan:

«... zwischen Felsen und Meer liegt das verlassene gewaltige Kartäuserkloster, in dem Du Dir mich in einer Zelle mit Tür, einem Tor, wie es nie in Paris eines gab, vorstellen kannst, unfrisiert, ohne weiße Handschuhe, blaß wie immer. Die Zelle hat die Form eines hohen Sarges, das Deckengewölbe ist gewaltig, verstaubt, das Fenster klein, vor dem Fenster Apfelsinen, Palmen, Zypressen, gegenüber dem Fenster mein Bett auf Gurten unter einer mauretanischen filigranartigen Rosasse. Neben dem Bett ein altes *nitouchable*, ein quadratisches Klappult, das mir kaum zum Schreiben dient, darauf ein bleierner Leuchter (hier ein großer Luxus) mit einer Kerze. Bach, meine Kritzeleien und auch anderer Notenkram ... still ... man könnte schreien ... und noch still. Mit einem Wort, ich schreibe Dir von einem seltsamen Ort.» [28]

Entdeckte die Schriftstellerin mit ihren Kindern die Außenwelt, so vertiefte sich der Musiker in sein Inneres. «Der arme große Künstler war ein abscheulicher Kranker. Was ich sehr – aber unglücklicherweise nicht genug – gefürchtet hatte, trat ein. Er demoralisierte sich vollständig. Zwar ertrug er sein Leiden mit großem Mut, aber er konnte nicht die Unruhe seiner Einbildung überwinden. Das Kloster war für ihn voll von Schrecken und Gespenstern, sogar wenn er sich wohlfühlte.» Kam George Sand von ihren Ausflügen mit den Kindern zurück, fand sie ihn oft «bleich vor seinem Klavier, mit verstörtem Blick und die Haare gleichsam aufgerichtet auf dem Kopf. Er brauchte einige Zeit, um uns wiederzuerkennen. Dann machte er einen Versuch, zu lachen, und er spielte uns sublime Sachen vor, die er gerade komponierte, oder, um genauer zu sein, schreckliche oder herzzerreißende Ideen, die sich seiner gleichsam ohne sein Wissen in dieser Stunde der Einsamkeit, der Trauer und des Entsetzens bemächtigten.» [29]

«Mysteriöse Klänge der Natur»

Chopin wird gerne als zartes und gebrechliches Wesen der Pariser Salons gesehen. In Wirklichkeit war er zäh und voller Energie. Denn während für andere der Kampf um Leben oder Tod schon kräfteraubend genug gewesen wäre, komponierte er jetzt eines seiner Hauptwerke, die Préludes. Bescheiden nannte er die kurzen Werke Präludien, ohne daß er auf sie – wie einst Bach – Fugen folgen ließ: Präludien wovor? Etwa Vorspiele vor dem Tod? Vor dem Nichts? Fast scheint es so.

Bachs Noten – so wissen wir aus dem bereits erwähnten Brief – lagen auf seinem Klappult neben eigenen «Kritzeleien». Von ihm lernte er die Strenge der Komposition. Die 24 Präludien folgen nämlich einer konsequenten Ordnung. Jedes steht in einer anderen der 24 möglichen Tonarten des Dur-Moll-Systems. So hatte Bach auch die 24 Präludien und Fugen des «Wohltemperierten Klaviers» komponiert. Allerdings befolgte Chopin eine andere Reihenfolge als Bach, der chromatisch höher steigend jeweils in der Dur- und Moll-Tonart von C ausgehend, dann über Cis, D, Dis bis zu H ein Präludium und eine Fuge komponierte. Bei dem Thomaskantor entstand dadurch der Eindruck des In-Sich-Geschlossenen, eines Kreises, der sich ständig so wiederholen konnte. Chopin dagegen begann zwar mit C-Dur, ließ dann die dazu parallele Molltonart (a-Moll, also mit denselben Vorzeichen) folgen, verwendete dann die Tonart mit der nächst höheren Zahl von Vorzeichen, also das um eine Quint höhere G-Dur, dann D-Dur... bis hin zu Cis-Dur, das er enharmonisch austauschte mit dem im temperierten Tonsystem gleich klingenden Des-Dur, stieg dann weiter im Quintenzirkel hoch bis nach F-Dur, das ohne enharmonische Verwechslung Eis-Dur ist, also eine ganz ferne, entschwebende, sich auflösende Tonart. Er komponierte nicht einen Kreis, sondern eine unendliche Linie.

1.	Agitato	C-Dur	2.	Lento	a-Moll
3.	Vivace	G-Dur	4.	Largo	e-Moll
5.	Allegro molto	D-Dur	6.	Lento assai	h-Moll
7.	Andantino	A-Dur	8.	Molto agitato	fis-Moll
9.	Largo	E-Dur	10.	Allegro molto	cis-Moll
11.	Vivace	H-Dur	12.	Presto	gis-Moll
13.	Lento	Fis-Dur	14.	Allegro	dis/es-Moll
15.	Sostenuto	Cis/Des-Dur	16.	Presto con fuoco	b-Moll
17.	Allegretto	As-Dur	18.	Allegro molto	f-Moll
19.	Vivace	Es-Dur	20.	Largo	c-Moll
21.	Cantabile	B-Dur	22.	Molto agitato	g-Moll
23.	Moderato	F-Dur	24.	Allegro appassionato	d-Moll

Die Anordnung der Präludien folgt einer strengen, gleichsam kosmischen Ordnung, die freilich nicht in sich geschlossen, sondern unendlich offen ist. Chopin dachte und komponierte über letzte Dinge. War es die Todesnähe, war es das einsame Kloster mit dem vom Leben distanzierten Blick auf Berge, Meer und – wenn der Regen aufhörte – den südlichen Sternenhimmel, waren es die Grenzüberschreitungen dieser Reise über gesellschaftliche Konventionen hinweg, zwischen südlicher Wärme und schrecklicher Kälte, zwischen Liebe, Krankheit und Tod, die ihn zu dieser Musik anregten?

Aus erster Hand, nämlich der Feder von George Sand, wissen wir, daß die in so strenger Ordnung komponierten Préludes angefüllt sind mit dem in Mallorca Erlebten, Gedachten, Erfühlten und Geträumten. «Einige vergegenwärtigen unsere Vorstellung: Visionen der verstorbenen Mönche und deren Trauergesänge; andere sind melancholisch und zart; sie überkamen ihn in Stunden, als die Sonne schien und seine Gesundheit sich besserte, beim Lachen der Kinder unter seinem Fenster, beim Klang von Gitarren aus der Ferne, beim Gesang der Vögel unter dem feuchten Laub, beim Anblick der kleinen, bleichen Rosen, die sich über dem Schnee entfalteten.»[30]

Gewiß sind dies dichterisch ausgeschmückte Bilder, über die sich der Komponist sogar ärgerte, wie sie berichtete – aber die Reise von George Sand und Chopin nach Mallorca bietet doch die seltene Gelegenheit zu beobachten, wie eine Schriftstellerin und ein Komponist dieselben oder zumindest ähnlichen Erlebnisse in Musik oder in Sprache umsetzten. «Sein Genie war voll von mysteriösen Klängen der Natur, übersetzt durch sublime, diesen gleichwertige Mittel seines musikalischen Denkens und nicht durch eine sklavische Nachahmung der äußeren Geräusche.»

Am berühmtesten für diese Art der musikalisch-poetischen Umsetzung äußerer Eindrücke ist das unter dem Namen «Regentropfenpräludium» populär gewordene Prélude Nr. 15 Des-Dur. Das ständig sich wiederholende, monoton wirkende Anschlagen gleicher Töne, das auch in anderen Préludes zu hören ist, erinnert an den Regen. Der schwerkranke Komponist stellte hier den Regen und die von ihm ausgelösten Ängste und Alpträume mit äußerster Intensität dar, die vermutlich durch das folgende, von George Sand überlieferte grausame Erlebnis ausgelöst wurde: «Wir ließen ihn an diesem Tag in guter Verfassung zurück, Maurice und ich, um in Palma für unseren Haushalt notwendige Dinge einzukaufen. Der Regen setzte wieder ein, die Sturzbäche traten über das Ufer hinaus, wir gingen in sechs Stunden drei verschiedene Wege, um doch wieder mitten in die Überschwemmung zu geraten, und kamen erst bei Dunkelheit, ohne Schuhe, verlassen von unserem Fuhrmann und durch ungeheuere Gefahren zurück. Wir beeilten uns, da wir die Unruhe unseres Kranken kannten. Er war in der Tat sehr besorgt, war in einer Art von ruhiger Hoffnungslosigkeit erstarrt und spielte weinend sein wundervolles Prélude. Als er uns eintreten sah, erhob er sich mit einem lauten Schrei, dann sagte er uns mit verstörtem Blick und fremdartigem Ton: Ah, ich weiß wohl, daß ihr tot seid. – Als er seinen Verstand wiedergewonnen hatte, wurde er krank beim Rückblick auf die von uns bestandene Gefahr; aber dann gab er zu, daß er, als er auf uns wartete, dies alles in einem Traum gesehen habe, daß er nicht mehr die Wirklichkeit von seinem Traum unterscheiden konnte, sich beruhigt habe,

Friedhof von Valldemosa. J. B. Lauens, Erinnerungen einer Kunstreise nach Mallorca, 1839.

gleichsam klavierspielend eingeschlummert sei, überzeugt, er selbst sei auch tot. Er sah sich ertrunken in einem See liegen, schwere und eisige Wassertropfen im Takt auf seine Brust fallen, und als ich ihn auf das Geräusch der Wassertropfen, die tatsächlich im Takt auf das Dach prasselten, aufmerksam machte, verneinte er, sie gehört zu haben.»[31]

Einen Kosmos von Empfindungen – von der melancholischen Freude bis zu den schrecklichsten Alpträumen – schuf Chopin in seinen Préludes. Gefühl und strenge Ordnung sind her vereint. Diese Musik entstand aus der Erfahrung einer Grenzsituation. Die außerordentliche Virtuosität, die hier vom Pianisten gefordert wird, dient dazu, Melodien ohne jegliche Sentimentalität in ein unendliches Spiel von Tönen aufzulösen, die eigene, schreckliche Erfahrung transparent werden zu lassen für die tröstliche Ordnung der Musik. «Das Genie von Chopin ist das tiefste und reichste an Empfindungen und Gefühlen, das es je gegeben hat. Er sprach an einem einzigen Instrument die Sprache des Unendlichen. Er konnte häufig in zehn Takten, die sogar ein Kind spielen kann, musikalische Gedichte zu einer ungeheueren Erhabenheit und musikalische Dramen zu einer Energie ohnegleichen bündeln», bewunderte ihn seine Freundin.

Chopin wurde mit der Komposition der Préludes Ende Januar fertig, wie er seinem Verleger Camille Pleyel mitteilte: «Ich schicke Ihnen endlich meine Präludien – die ich auf Ihrem Pianino beendete, das trotz der See, des schlechten Wetters sowie des Zolls von Palma in bestmöglichem Zustand angekommen war.»[32] In diesem Brief zeigte er sich nicht als weltferner, romantischer und todkranker Komponist, sondern als «Geschäftsmann», wie er selbst zugab. Für die Préludes forderte er nämlich von Pleyel die recht hohe Summe von «fünfzehnhundert Francs für Frankreich und England», und 1000 Francs erhielt er für Deutschland. Wenn man bedenkt, daß man in Mallorca für 1000 Francs eine ganze Wohnungseinrichtung kaufen konnte, so war Chopins Forderung hoch. Allerdings zahlte ihm Pleyel wesentlich weniger. Chopin schimpfte darüber in einem Brief an seinen Freund Fontana: «Die Préludes sind also an Pleyel verkauft (ich habe 500 Fr. erhalten) – er hat somit das Recht, sich damit den entgegengesetzten Teil des Bauches zu wischen ...»[33]

Entsetzliches Fiasko

Das Pianino, das er im Brief an Pleyel erwähnte, hatte er lang erwartet; es kam nach einem langen Irrweg gerade rechtzeitig an, um im Februar wieder eingepackt und nach Paris zurückgeschickt zu werden. Denn er «starb beinahe vor Ungeduld, abzureisen», wie George Sand berichtete.

Was die Schriftstellerin durch die Rousseausche Philosophie poetisch verklärt sah, das war ihm überdeutlich: sie lebten hier auf Mallorca wie Aussätzige und Gesetzlose, wie Geschöpfe des Teufels und der Sünde. Señor Gomez beispielsweise verlangte, daß sein ganzes Haus neu geweißelt werde und sie ihm alle seine Bettwäsche abkauften, um jede Ansteckungsgefahr zu vermeiden. Die Bewohner von Valldemosa hatten beobachtet, daß die Französin nie in die Kirche ging, ihre Tochter in Hosen herumlaufen ließ, sich selbst Zigaretten drehte, den ganzen Tag über Kaffee trank und die ganze Nacht über schrieb und rauchte. «Por cierto, que esta señora francesa tiene que ser una mujer muy particular», sagte der Dorfpfarrer zu Charles Dombowsky, der das seltsame Paar auf seiner Reise von Italien nach Polen in Valldemosa besuchte.[34] Er beschrieb die Mallorquiner als einfache und brave Leute, die vom exzentrischen Benehmen der beiden berühmten Künstler befremdet waren. George Sand dagegen klagte, daß diese ihr keine Lebensmittel verkauften, es sei denn zu einem sehr hohen Preis. Als Menschen voll Habgier und katholischer Scheinheiligkeit charakterisierte sie die Inselbewohner.

Diese Reise war, wie George Sand schon im Dezember erkannt hatte, ein «entsetzliches Fiasko»[35]. Chopins Gesundheit erschien ruiniert. Aus der «perfekten Liebesgeschichte» war eine fast tödliche Krankengeschichte geworden. Anstelle von Gastfreundschaft fanden sie Fremdenhaß. Anstelle von gesundheitlicher Besserung verschlimmerte sich die Krankheit des Komponisten. Die Reise endete in einer tragischen Katastrophe.

So verließ George Sand das Kartäuserkloster mit einer Mischung von Freude und Schmerz – Freude, endlich wieder nach Hause zurückzukehren, Schmerz über den Abschied von dieser ursprünglichen Landschaft.

Chopin ging es so schlecht, daß er eigentlich reiseunfähig war. Doch mit größter Energie nahm er die Strapazen auf sich; die Folgen allerdings waren schlimm. Auf dem zugigen Frachtschiff von Palma nach Barcelona erlitt er massive Blutstürze.

In Barcelona ließ George Sand ihn in größter Eile auf ein französisches Kriegsschiff, die «Méléagre», bringen, wo der Todkranke vom Schiffsarzt nach Monaten zum ersten Mal wieder fachmännisch behandelt wurde.

Anfang März erreichte George Sand mit ihrer «Familie» Marseille, wo der berühmte Arzt Cauvière den Komponisten behandelte und sich väterlich um ihn sorgte.

Ende April hatte er sich soweit erholt, daß er wieder auf der Orgel spielen konnte. «... aber singen und tanzen kann ich noch nicht»[36], berichtete er seinem Freund Fontana.

Im Mai endlich konnte der «Kleine», wie ihn George Sand mit mütterlichem Überlegenheitsgefühl nannte, wieder reisen: nach Genua mit dem Schiff, schließlich nach Hause, nach Nohant, dem Landgut der Sand.

«Es lebe Frankreich», schrieb sie erleichtert am Ende ihres Reiseberichtes «Un hiver en Mallorque»: «Es schien uns, eine Weltreise gemacht zu haben und von den Wilden Polynesiens in die zivilisierte Welt zurückgelangt zu sein.»[37]

Entdeckung der Heimat aus der Ferne. Smetana in Göteborg und Prag

Gewöhnlich bieten Reisen das Abenteuer der Fremde. Doch manche führen auch erst zur Entdeckung der Heimat – zumindest wie sie sein könnte und sollte, gleichsam zu einem Traumbild oder einer Utopie. Doch zurückgekehrt nach Hause, erlebt man die Heimat oft ganz anders und im Grunde abweisend. So erging es Smetana, der erst im Ausland seinen Namen vom deutschen «Friedrich» ins tschechische «Bedrich» änderte.

Anfang April 1848 erhielt Franz Liszt von einem ihm gänzlich unbekannten Komponisten und Pianisten einen merkwürdigen Brief. Der Schreiber, ein gewisser Friedrich Smetana aus Prag, bekannte, daß er noch in seinem 17. Lebensjahr nicht gewußt habe, «was cisis, deses ist» und trotzdem «ungeachtet dennoch componierte!?»[1] Erst mit 19 begann er, ordentlichen Unterricht zu nehmen. Und jetzt, mit 24 Jahren, schickte er ihm seine Kompositionen mit der gleichzeitig bescheidenen und doch wiederum stolzen Bemerkung: «... konnte ich nur insofern diesen Schritt wagen, als die Composition selbst zeigen muß, ob sie ihrer Annahme würdig ist oder nicht.»[2] Der stürmische junge Mann bat Liszt, seine Kompositionen auf dessen Kosten drucken zu lassen, drängte ihn, die Antwort nicht hinauszuzögern – «mich nicht peinigenden Zweifeln zu überlassen» –, und schien sehr verzweifelt: «Auch, glaube ich, könnte ich schwerlich vom Componieren leben. Die Protektionen, die ich versucht, versprachen Alles; doch bis jetzt that niemand etwas für mich. Ja, ich muß sagen, daß ich der Verzweiflung nahe war, als mir die Nachricht kam, daß meine Eltern so herabgesunken sind, daß sie beinahe – Bettler würden! O mein Herr! was hätte ich nicht Alles gethan, um ihnen zu helfen!» Gar wenig bescheiden bat er Liszt um eine Anleihe von 400 Gulden, damit er eine Musikschule eröffnen könne, und dunkel beendete er seinen Brief mit dem Satz: «In der größten Unruhe bitte ich noch einmal, und ich hoffe nicht umsonst, Ihre Antwort, möge sie enthalten, was sie wolle, mein Glück oder Unglück, nicht zu verschieben, sondern bald aus meinen Zweifeln dadurch mich zu entreißen; denn in einigen Wochen könnte vielleicht – kein Smetana existieren.»[3]

Liszt schickte zwar Smetana nicht das erwünschte Geld, doch immerhin vermittelte er ihm einen Verleger und ermutigte ihn: «. . . als die Stücke wirklich zu den ausgezeichnetsten, schön empfundenen und feinst ausgearbeiteten gehören, welche mir in letzter Zeit vorgekommen sind.»[4]

Privates Glück – berufliches Missgeschick

Smetana beging nicht Selbstmord, sondern schloß sich der Märzrevolution an, wurde Nationalgardist, hielt auf der Kleinseite Wache, kämpfte freilich mehr mit musikalischem Geschütz: mit Märschen und dem Freiheitslied «Krieg! Krieg! – die Fahne weht/Auf, Tschechen, Gott ist uns günstig . . .»

An Pfingsten wurde die Revolution blutig von dem Wiener General Windischgrätz niedergeschlagen. Aber irgendwie ging das Leben weiter. Smetanas Vater sank nicht – wie der Sohn an Liszt geschrieben hatte – zum Bettler herab, sondern pachtete die gräflich Trautmannsdorffsche Bierbrauerei, wo Friedrich ruhige Tage auf dem Land verbrachte und sein erstes Orchesterwerk, die Festouvertüre, komponierte. Inzwischen erhielt er die Genehmigung zur Gründung der geplanten Musikschule, machte Schulden, um die Einrichtung bezahlen zu können – und endlich gab die von ihm schon seit Jahren angebetete Katerina Kolárová das Jawort zur Ehe, nachdem sie so lange spröde gewesen war und kein Vertrauen in seine wirtschaftliche Existenz hatte.

Die Hochzeit verlief still und traurig, wie die Braut berichtete: «Während der Trauung war ich tief gerührt und konnte mich des Weinens nicht enthalten. Friedrich drückte mir die Hand – um mich zu beruhigen, aber es brachte die entgegengesetzte Wirkung hervor, ich weinte noch heftiger, und war erst ruhig, als die Zeremonie vorüber war. . . . Um 1 Uhr gingen die Fremden fort – ihnen folgten die Verwandten, nachdem sie ihrer Lustigkeit durch Absingen fröhlicher Lieder Luft gemacht haben. Es wurde gar nicht zu Mittag gegessen, da Niemand Etwas genießen konnte – wir machten eine Promenade auf der Bastey um Appetit zum Nachtmahl zu bekommen.»[5] Die Trennung von den Eltern, über welche die Braut bei der Hochzeit weinte, fand nicht statt: Smetana wohnte mit seiner Frau im gleichen Haus wie seine Schwiegereltern. Und so traurig wie die Hochzeit verlief das Eheleben keineswegs: «Smetanas erste Ehe war, wie allgemein bekannt, die glücklichste Zeit seines Lebens. Frau Smetana verstand sich mit ihrem Mann aufs allerbeste, lebte nur für ihn, und ganz Prag kannte das Paar als ‹die Turteltauben›», erinnerte sich Anna Ponec, Smetanas Schwägerin.[6]

Das private Glück des jungen Ehepaares überstrahlte alles andere Mißge-

Tyn-Kirche in Prag.

schick. Zwar strömten viele Schüler in die Musikschule, an der Herr und Frau Smetana gemeinsam unterrichteten. Aber die Einnahmen waren gering, sah man einmal ab von den jungen Gräfinnen Thun, die zum Unterricht kamen, und von Kaiser Ferdinand, als dessen privater Vorspieler und Lehrer der junge Smetana mit der Kutsche auf die Burg gefahren wurde. Das einzige und für viele Jahre letzte Konzert, das Smetana in Prag auf eigene Kosten veranstaltete, war kein großer Erfolg. Viele Adelige hatten sich zwar in die Abonnementsliste eingeschrieben, viele neugierige Besucher wurden erwartet, aber sie kamen nicht, weil «Fritz es von einem Samstag auf einen Montag verlegte, damit es mit einer Opernvorstellung nicht zusammenfalle – aber die Herren waren so gütig, diese Vorstellung auch zu verschieben –, und so fand gerade am Montag die eben im Flor stehende Oper Tannhäuser statt», erinnerte sich Frau Smetana: «Was den Erfolg des Concertes anbelangt, so war dieser ein ehrenvoller. Die Symphonie wurde gut aufgenommen, besonders aber das Scherzo. Friedrichs Vorträge fanden viel Beifall. Er spielte auch nach meiner Ansicht sehr gut; nur ermüdete er zum Schlusse, da er zweimal an diesem Tage die Symphonie dirigierte, was für ihn ungewohnt, und daher sehr ermüdend wirkte. Mit seiner Kraft ging zugleich den den Saal beleuchtenden Lampen das Öl aus und der sehr unangenehme Geruch der verlöschenden Lampen machte, daß auch dem Publikum die Freude am Anhören der Musik auszugehen anfing...»[7]

Vom beschwerlichen Musikerdasein erholten sich Smetana und die Seinen im privaten Glück. Der junge Meister lebte bescheiden, nur «seine skubánky (Kleibnockerln) liebte er leidenschaftlich», wie seine Schwägerin berichtete. Vier Töchter hatte er mittlerweile. Diesen und seiner Frau galt seine ganze Liebe – selbstverständlich neben der Musik. «Bei seiner ungemein frohen, offenen Natur tat es ihm wohl, im Kreise seiner geliebten Familie bei Spielen mitzuwirken. Bei den Kolár, die einige Töchter hatten, ging es lustig zu...»[8], erinnerte sich Anna Ponec. Man spielte Whist und führte Scharaden auf. Auch Liszt soll sich bei seinen Prag-Besuchen gerne im Kreis der Familie vergnügt haben. Selbstverständlich wurde im Hause Smetana auch musiziert. Die öffentlichen Matineen dort zogen Prager Intellektuelle und Musikfreunde an, sogar den Kaiser Ferdinand.

Schön war dieses Biedermeierglück. Nur die Schulden wurden nicht weniger, und das öffentliche Leben war nach der Revolution gelähmt. Wie vielen böhmischen Musikern im 18. und 19. Jahrhundert winkte jetzt auch Smetana dasselbe Schicksal: er mußte ins Ausland. Wieder war sein Leben an einem Punkt angelangt, an dem es ausweglos erschien. Eine glänzende Künstlerlaufbahn als Pianist oder Komponist schien ihm – nun schon 33 Jahre alt – nicht zu gelingen. Er war nur ein schlechtbezahlter Klavierlehrer. Und auch das anfangs so schöne private Glück war bedroht. Der Tod warf seinen Schatten auf die Familie; drei der vier Töchter waren gestorben, und seine Frau Katharina verriet bereits die Zeichen der Krankheit, an der sie drei Jahre später sterben würde.

Göteborg: weltoffene Hafenstadt und «antidiluvianische» Kunstanschauung

Smetana folgte einer recht ungewissen Einladung ins schwedische Göteborg, die ihm der tschechische Klaviervirtuose Alexander Dreyschock vermittelt hatte. Der Geiger Josef Czapek, der seit 1847 in Göteborg lebte und dort seinen Landsmann Smetana kennenlernte, erinnerte sich freilich nicht sehr schmeichelhaft an Dreyschocks Rolle: «Anläßlich des Besuches Dreyschocks in Göteborg erkundigte sich Frau Dickson bei diesem, ob er nicht einen Musiker kenne, der herkommen und hier Musik-Unterricht erteilen könnte. Dreyschock wollte Smetana in Prag loswerden, und auf diese Weise gelangte Smetana nach Göteborg.»[9] Für Smetana war diese Reise also keineswegs ein besonderer Lichtblick: zu Hause wollte ihn ein Kollege, Tscheche wie er, als unliebsamen Konkurrenten wegkomplimentieren, und in Schweden erwartete ihn dasselbe Los wie in Prag: das eines Klavierlehrers.

Allein, ohne Frau und Tochter, trat er am 11. Oktober 1856 die trostlose Reise in den Norden an. «Prag wollte mich nicht anerkennen, und so ging ich denn. Es ist ein altbekanntes Lied, daß das Vaterland seine Kinder nicht anerkennen will und daß ein Künstler gezwungen ist, sich im Ausland einen Namen zu machen und sein Brot zu verdienen. Auch mich hat dieses Los betroffen» [10], schrieb er an seine Eltern.

Er nahm die Eisenbahn, damals ein hochmodernes Verkehrsmittel. «Ich verließ Prag am 11. Oktober am Abend und fuhr mit der Eisenbahn nach Dresden und von dort ohne Unterbrechung nach Leipzig, wo ich am 12. morgens ankam. Noch am gleichen Abend fuhr ich per Bahn weiter und traf am nächsten Morgen in Hamburg ein, wo ich zum erstenmal Segel- und Dampfschiffe sah, die das Meer befahren», berichtete er in die Heimat. Prag erschien ihm plötzlich klein und eng: «Unsere Elbe ist hier schon so breit und mächtig, daß sie so große Schiffe tragen kann. Die Dampfschiffe, die in Obríství verkehrten, erscheinen mir heute wie kleine Boote, die auf unseren Teichen herumfuhren.»

Er war bislang nur einmal in München gewesen, sonst hatte er nur sein eigenes Land gesehen. So erlebte er – schon 32 Jahre alt – die Fremde zum erstenmal. Wie sah er sie? Hinterließ sie Spuren in seinem Werk? Um die letzte Frage zu beantworten: so gut wie keine. Er komponierte keine Musik angesichts des Meeres, das er erstmals sah und das ihn sehr beeindruckte, sondern er wandte sich später in seinem großen symphonischen Meisterwerk der heimatlichen Moldau zu. Dennoch beeinflußte das Erlebnis der Fremde sein weiteres Leben. Das gewaltige Naturschauspiel des Meeres erschien ihm bedrohlich: «Aber das alles überraschte mich nicht so sehr, wie vielmehr der Anblick des Meeres, das ich zum erstenmal zu Gesicht bekam, als uns der Zug von Hamburg in die Stadt Kiel unweit Dänemarks brachte. Von dem überwältigenden ersten Eindruck, den das Meer macht, kann sich niemand einen Begriff machen. Ich gestehe, daß mir sogar etwas bange war, als wir vom Strand abstießen und das Dampfschiff betraten. Wiewohl die Nacht ganz still und klar war, schlug das Meer doch so große Wellen, wie ich sie bei uns zu Hause selbst bei stärkstem Winde nie gesehen hatte, und da ich mich nicht enthalten konnte, die ganze Zeit über oben zu stehen, hatte ich den Eindruck, wir führen ständig bergauf und die Wellen müßten über dem Schiff zusammenschlagen. Wir waren erst kaum eine halbe Stunde unterwegs, doch ich konnte nirgendmehr, wohin das Auge reichte, das Land und die Küste erblicken, ringsum war überall

Göteborg, anonymer Stich. Hier arbeitete Smetana als Musiklehrer 1856–1861.

nur Wasser und Himmel. Mitunter schien es mir, als ob das Wasser uns entgegenstürzte, ähnlich wie bei uns daheim zur Zeit des Hochwassers, aber das schien nur deshalb so, weil der Dampfer rasend rasch dahinfuhr...» So zeigte sich ihm also die Fremde. Er maß sie mit den Erfahrungen der Heimat.

Das Dampfschiff brachte Smetana nach Korsor, von wo er mit dem Zug nach Kopenhagen gelangte. «Hier blieb ich einen ganzen Tag und fuhr erst am übernächsten Tag auf einem fast nochmal so großen Dampfschiff weiter ins Schwedenland. Die Überfahrt dauerte nochmals so lange, war jedoch schrecklich angenehm. Das Meer schlug zwar Wellen – hier ist es niemals ganz ruhig –, aber das Schiff war so groß, daß es sicher und gerade fuhr wie über einen Tisch. Und so lernte ich gar nicht die Seekrankheit kennen, die fast jeden erfaßt, der zum erstenmal das Meer befährt.» Sechs Tage dauerte die Reise: am 16. Oktober kam Smetana in Göteborg an.

«Göteborg, oder, wie wir sagen, Gotenburg, obgleich eine der jüngsten schwedischen Städte, ist doch die zweite Stadt im Reiche, und überall eine sehr schöne und lustige Stadt»[11], schrieb Ernst Moritz von Arndt in seinem Buch «Reise durch Schweden», die er 1804, also über 50 Jahre vor Smetana unternahm.

Er zeichnete in seinem Buch ein ansprechendes Bild des alten Göteborg, das erst 1619 gegründet worden war und im 18. und 19. Jahrhundert zu einer der wichtigsten und reichsten Hafenstädte an der Nordsee wurde. «Die Stadt selbst ist von mäßiger Größe und in ihrem Halbzirkel meistens rund hinein gebaut. Ihre Straßen sind gerade und breit, die Häuser größtenteils von zwei bis drei Stockwerken. Ein großer Kanal und zwei kleinere durchschneiden die Straßen und erleichtern das Ein- und Ausschiffen der Waren und den Transport von Lebensmitteln in kleinen und großen Schuten und Booten. Hier zeigt sich keine kleine Sparsamkeit, die einen weit umgehen läßt; sondern fast jede kleine und große Straße, wo sie auf einen Kanal stößt, hat ihre schöne Brücke mit eisernem Geländer[12].»

Keine verwinkelten Gassen wie in Prag, keine mittelalterlichen Bauwerke, sondern eine großzügige Anlage traf Smetana hier an. Für damalige Maßstäbe war Göteborg eine moderne, weltoffene Stadt. Im 18. Jahrhundert war hier die Ostindische Kompanie gegründet worden, die ihre Schiffe von hier aus ins chinesische Kanton und indische Bengalen schickte. Unfälle und Seeräuber beeinträchtigten zwar das Geschäft, aber die Teilhaber der Kompanie erzielten hohen Gewinn: die Handelsgesellschaft verkaufte einen großen Teil der in China und Indien erworbenen Waren – Tee, Porzellan, Seide und andere orientalische Gegenstände – weiter ins europäische Ausland. Zum Handel mit dem Fernen Osten kam der Fischfang: tonnenweise wurden hier Heringe, Kabeljau, Steinbutt, Dorsch und Rochen, zeitweise auch Wale gefangen, verarbeitet und verkauft. Gesalzene Heringe waren eine berühmte Spezialität aus Göteborg.

Prag war im Vergleich mit Göteborg eng und in sich abgeschlossen. Hier aber roch es nach Salz und Meer, kamen die Düfte des Orients herein, landeten Matrosen aus aller Welt. Schon Ernst Moritz von Arndt erschien die Hafenstadt hektisch, bunt und etwas anrüchig: «Grade während meiner Anwesenheit in Göteborg kam ein solches ostindisches Schiff an. Bei solcher Gelegenheit ist große Freude, besonders feiert die Besatzung mehrere Tage die Rückkunft und den lange entbehrten Anblick des geliebten Vaterlandes. Eine solche Freudenfeier der Matrosen heißt mit einem eigenen Namen Hönsning. Die ganze Besatzung zieht mit klingendem Spiel, mit Trommeln und Geigen und wehenden Wimpeln über die Werften und durch die Gassen der Vorstädte. Ein lustiges Gastmahl steht endlich den Willkommenen bereitet und eine Menge williger Nymphen lauern auf den Wink, um die Orgien der nächtlichen Bälle mit ihnen zu begehen. Man weiß, welch ein wildes und ausgelassenes Wesen der Matrose ist, der Monate kein Land gesehen hat, sobald er den festen Boden betritt.»[13]

Kaufleute aus den verschiedensten Nationen gingen ihren Geschäften nach und hatten es vielfach zu großem Reichtum gebracht. Sie orientierten sich am englischen Lebensstil. «England nämlich regiert hier vom ersten Frühstück bis zum Einkriechen ins Negligé der Mitternacht. Man frühstückt englisch, man trinkt Porter und Portwein, man reicht vor und bei dem Tee Toddy, man reitet, man kleidet sich wie die *beaux* von Pallmall und Westminster.»[14] Die reichen Kaufleute zeigten «großen Gemeingeist», wie Ernst Moritz von Arndt hervorhob: «Dies beweisen nicht allein die reichen Schenkungen und Stiftungen, sondern mehr beweist dies die löbliche Einrichtung, Ordnung, Reinlichkeit aller solcher Stiftungen zum Besten der Unmündigen, Verwaisten, Alten und Kranken.»[15]

Wie in manchen Hafenstädten, nahm in Göteborg die Kultur keinen allzu wichtigen Platz ein. Es gab hier zwar eine Königliche Gesellschaft der Wissenschaften und schönen Künste, «die einige Abhandlungen herausgegeben hat und für Künste und patriotische Industrie, auch für die Dichtkunst Preisaufgaben aufgibt», bemerkte Arndt etwas geringschätzig. Auch konnte es der zweiten Stadt im Reiche «an vielen aufgeklärten und gelehrten Männern nicht fehlen, und schon der Reiz einer mannigfachen Gesellschaft, die man hier findet, muß manche hierher locken.» Doch das Theater fand Arndt «sehr mittelmäßig». «Die Hauptbelustigung», wie sie der Schwedenreisende erlebte, waren die Gesellschaften der Reichen in ihren Gärten und Palästen.

Smetana nahm von diesem kosmopolitischen, liberalen Klima keine Notiz. Offenbar wurde er in der Stadt auch nicht so freundlich wie Arndt empfangen, welcher berichtet: «Schon um 5 Uhr den folgenden Morgen war die Musik des Artilleriekorps vor meiner Tür und spielte mir die Antrittsgratulation. Die Wache am Tor mußte auch sogleich verraten haben, denn die Polizei konnte meines Namens noch nicht habhaft sein; wenigstens war er noch nicht unter den angekommenen Fremden angezeigt. Diese Sitte der Musik ist auch in Stockholm. Kaum war sie fort, so hatte ich Besuch von Juden und Jüdinnen, welche wechseln, schachern und Kontrebande kaufen wollten, sie meinten nämlich, ich komme von Hamburg und Kopenhagen.»

Smetana berichtet nichts davon. Blieb er unbeachtet? Fühlte er sich so fremd, daß er sich in sich zurückzog und nur auf seine Kunst, die Musik, horchte?

Im Brief an seine Eltern erwähnte er nur sehr sachlich die Lebenskosten und die Trinkgewohnheiten: «Das Leben ist hier so teuer wie bei uns; das Bier ist gut, meist englisches Ale und Porter, Wein wird nicht viel getrunken und wenn, dann am meisten starke Weine wie Oporto u. ä.»[16] Das war alles, was er über die Stadt und ihr Leben für berichtenswert hielt. Ihm fehlte offenbar Neugier für das Fremde und Andersartige. Die Natur – insbesondere das Meer – hatte ihn gerade noch beeindruckt, doch das schwedische Leben interessierte ihn kaum. Zu fern war es von seinen eigenen Erfahrungen und Maßstäben. Zunächst hatte er auch genug damit zu tun, sich eine Existenz zu sichern und die ihm fremde Sprache zu lernen.

Smetana, 1857. «Ein kleines Männchen mit langen schwarzen Haaren», so beschrieb ihn der Landsmann Josef Capek. Obwohl als Musiker erfolgreich, blieb Smetana in Göteborg ein Außenseiter.

Aber – und das erklärt vielleicht Smetanas geringes Interesse an Göteborg besser – er lernte damals nicht nur schwedisch, sondern auch tschechisch. So weit man weiß, ist sein Brief vom 23. 12. 1856 aus Göteborg an seine Eltern der erste, den er auf tschechisch verfaßte. Er hatte nämlich in der Schule nur deutsch gelernt, die tschechische Grammatik und Orthographie waren ihm fremd. So lernte er also seine eigene Sprache, die ihm zu Hause nie beigebracht wurde, im Ausland: «Zunächst bitte ich Sie, alle orthographischen und grammatikalischen Fehler zu entschuldigen, die sich in meinem Brief vorfinden werden; es war mir bis zum heutigen Tag nicht gegönnt, mich in meiner Muttersprache zu vervollkommnen. Von Jugend auf in deutschen Schulen und in deutscher Gesellschaft aufwachsend, versäumte ich es, solange ich Student war, anderes zu lernen, als was ich zu lernen gezwungen war, und später nahm die göttliche Musik meine ganze Kraft und Zeit in Anspruch, sodaß ich heute zu meiner Schande gestehen muß, daß ich tschechisch weder ordentlich zu sprechen noch zu schreiben vermag» [17], berichtete er noch 4 Jahre später aus Göteborg seinem Schüler Ludevic Procházka, der bei ihm Männerchöre mit tschechischen Texten bestellte.

Erst im fernen Schweden fand er also zu seiner tschechischen Identität. Da verwundert es nicht, daß er keinen Blick für Göteborg hatte. Er fühlte sich fremd und wirkte auch so, wie der bereits erwähnte Geiger Josef Capek erzählte: «Ein kleines Männchen mit langen schwarzen Haaren. Meist hatte er einen Zylinderhut mit sehr enger Krempe auf dem Kopfe. Einmal besuchte er mich und rief: ‹Du behauptest, in Schweden herrsche so große Freiheit. Das ist eine Lüge!›

Und als ich mich erkundigte, was denn passiert sei, berichtete er, daß ein Dienstmann bei der englischen Kirche mit dem Finger auf ihn gezeigt und ausgerufen habe: ‹So ein kleines Teufelchen!› Wo denn da die Freiheit wäre, wenn man sich von einem Dienstmann eine solche Kränkung gefallen lassen müsse.» [18]

Göteborg war für Smetana die Fremde, wo er gezwungen war, sein Brot zu verdienen, und das fiel ihm hier wesentlich leichter als in Prag. Der Empfang in der Hafenstadt war wahrscheinlich viel herzlicher, als der mit sich selbst beschäftigte Sonderling wahrnahm und nach Hause mitteilte. Immerhin erhielt er von Anfang an gute berufliche Chancen, wie er seinen Eltern schrieb: «Ich gab hier bis jetzt zwei Konzerte, wurde sehr gelobt, aber Geld brachten sie mir nicht viel ein. Lehrstunden erhielt ich sofort und in so großer Zahl, daß ich sie gar nicht bewältigen kann. Auch legte ich gleich eine Schule an, wiewohl ich die Sprache erst erlernen muß, und die Musikgesellschaft zur Förderung der Musik erwählte mich zu ihrem Leiter oder Direktor. Dieser letzte Umstand bewog mich am stärksten dazu, hier zu bleiben. Ich bin hier weit besser gestellt als zuhause in Prag.» [19]

Aber nicht nur finanziell ging es ihm besser, er war auch mehr als Künstler geachtet und hatte eine Aufgabe: die moderne Kunst eines Mendelssohn, Schumann oder Liszt bekanntzumachen. «Die Bewohner Gothenburgs waren bis jetzt sich selbst überlassen, so daß sie gar nicht wußten, was in der Kunst vorgeht. Es sind meist sehr reiche Kaufleute, welche diese Kunst als sehr überflüssig nur in so weit trieben, um mich dieses Ausdrucks zu bedienen, als sie ihnen flüchtige Unterhaltung gewährte. Doch jetzt verlangen sie wirklich mehr, und es scheint ihnen meine Energie, so wie meine rückhaltlose Verfechtung der großen Meister der Gegenwart zu gefallen» [20], schrieb er an Liszt. Missionarisch befreite er die Göteborger von ihrer «antidiluvianischen Kunstanschauung», wie er es nannte: «Mozart ist ihr Abgott, aber noch nicht einmal verstanden, Beethoven wird gefürchtet, Mendelssohn als ungenießbar erklärt, und die neueren kennen sie nicht, Schumann's Werke habe ich zum Erstenmale hier aufgeführt.»

Nicht nur als Pianist trat er für die zeitgenössische Musik ein. Er konnte sich auch als Dirigent erproben und – für die späteren Prager Jahre – wichtige Erfahrungen sammeln. Als Direktor des «Vereins für klassische Musik alter und neuer Zeit» leitete er große Oratorienaufführungen: als erstes «Elias» von Mendelssohn, dann Schumanns «Paradies und Peri», dann Gades «Erlkönigs Tochter». «Was das aber heißt, mit meist Natursängern – Soli durchgängig – und einem Orchester, theils aus Militär, theils aus ungeübten Dilettanten zusammengesetzt, ein derartiges Werk einzuüben, davon kann man sich nur dunkle Begriffe machen», schrieb er, aber ihm gelang es dennoch, Verständnis, ja sogar Gefallen an der modernen Kunst zu wecken. Die aufgeschlossene Kaufmannsstadt ließ sich von ihm überzeugen. Er wurde so schnell zu einer wichtigen Persönlichkeit des öffentlichen Musiklebens.

Auch seine Einsamkeit verlor er bald. Er fand Freunde, den bereits erwähnten tschechischen Geiger Joseph Capek, den deutschjüdischen Kaufmann J. P. Valentin und den Synagogenkantor A. Nissen, in dessen Nichte Fröjda Benecke sich Smetana Hals über Kopf verliebte. Wenig ist über diese heikle Liebesgeschichte bekannt. Vereint hatte die beiden die Liebe zur Musik und ein ähnliches Schicksal: sie hatte einen kranken Mann, er eine kranke Frau zu Hause. Nur eine Salonpolka «Ball-Vision» mit dem musikalischen Anagramm f-e-d-a für Fröjda erinnert an diese schwedische Romanze. «Was einem gleich auffällt und was sich täglich bestätigt, je mehr man in Gesellschaften kommt, sind die Menge der hübschen Weiber; da ist wieder Västergötland und Bohuslän. Überdies läßt der freie Ton, der hier gleich weit absteht von Ausgelassenheit und gezwungener Ziererei, jeden und jede ihr Scherflein zur Lust und Belebung der Gesellschaft beitragen. Ich werde immer mit Vergnügen an die schönen Tage zurückdenken, die mir hier zu schnell verschwanden»[21], freute sich Ernst Moritz Arndt. Der lebenslustige Smetana genoß das freizügige Leben in Göteborg gewiß auch. Nach Hause berichtete er freilich davon aus gutem Grund nichts.

Endlich nahte das Ende der ersten Göteborger Saison, und Smetana konnte nach fast einjähriger Trennung Frau, Tochter und Eltern in Prag wiedersehen. Doch die Rückkehr in die Heimat war traurig: der Vater war gestorben, Smetana kam gerade rechtzeitig zum Begräbnis, und seine Frau Katharina litt an schlimmer Tuberkulose. Dennoch bestand sie darauf, mit ihm nach Göteborg zu reisen. Sie wollte nicht länger von ihm getrennt leben. So trat er im September 1857 die Rückreise mit seiner ganzen Familie an.

Was ist tschechische Musik?

Am Weg lag Weimar, wo der Freund Franz Liszt auf der Altenburg mit der Fürstin Sayn-Wittgenstein lebte. Dort war er eingeladen und hatte ein für seine weitere Entwicklung wichtiges Erlebnis. «Zu dem damals in Weimar vereinten Musikerkreis gehörte neben Smetana auch der bekannte Wiener Komponist Herbeck, ein verbissener Feind der Tschechen»[22], schrieb der Komponist Václav Juda Novotny in erzählerischer und gewiß auch etwas frei erfundener Form. Johann Ritter von Herbeck wurde später vor allem als Dirigent und Direktor der Wiener Hofoper bekannt. Dieser nahm während der Unterhaltungen auf der Altenburg die «Gelegenheit wahr, um mit giftigen Worten die Ehre der tschechischen Nation anzugreifen». So formulierte es wenigstens Juda Novotny: «‹Was habt ihr bisher zustande gebracht?› höhnte er zu Smetana gewendet. – ‹Das Böhmerland bringt nur Fiedler hervor, fahrende Musikanten, die ausschließlich nur die rein technische Seite der Musikkunst als gutes Handwerk beherrschen. Auf dem Gebiet wirklicher, wahrer Schönheit ist euere künstlerische Schaffenskraft im Absterben begriffen. Zum Fortschritt und für die Entwicklung der Musikkunst habt ihr nicht das geringste beigetragen. Ihr habt nicht ein einziges Werk, das so vom tschechischen Geist beseelt wäre, daß es seiner Originalität wegen als ein Beitrag und eine Bereicherung der europäischen Musikkultur angesehen werden könnte.› Diese beißenden Worte trafen die Seele Smetanas wie ein Blitz: er konnte nicht verkennen, daß sie eine schwere Anklage enthielten, die noch zu Beginn dieses Jahrhunderts, leider Gottes, manche Berechtigung hatte. Es war allgemein bekannt, daß unser Volk immer alle Militärkapellen und Theaterorchester mit ausübenden Musikern versorgte, die als bloße ‹Musikanten› immer in einem Verhältnis der Abhängigkeit zu den Schaffenden standen, deren Kompositionen sie gerade vortrugen... Dessen war sich Smetana damals sehr bewußt und fühlte, daß sein Gegner in manchem nur zu sehr recht hatte. Eine passende Erwiderung zu finden war nicht leicht. Smetana berief sich auf die älteren Tonkünstler tschechischen Ursprungs, namentlich auf Mysliveček. ‹Das soll ein Tscheche gewesen sein?› – lachte Herbeck – ‹er schrieb ja unter dem Namen Venatorini italienische Opern in echt italienischem Stil auf italienische Texte!› ‹Und Tomásek?› beharrte Smetana. ‹Wir wissen doch alle› – brach Herbeck los – ‹wie er sich in allem ängstlich an Mozart hielt, den deutschen Meister...› Smetana mußte sich begnügen, auf die eminente musikalische Begabung des tschechischen Volkes zu verweisen, das als erstes unter allen anderen Völkern das epochale Werk gerade dieses großen Meisters begriff und ihm seine Anerkennung zollte. ‹Jawohl, jawohl, Smetana hat recht, seinen «Don Juan» schrieb Mozart für sein geliebtes Prag› – riefen die anderen Musiker im Kreise. Aber diese Anerkennung brachte den reizbaren Herbeck so auf, daß er sich zu dem Ausruf hinreißen ließ: ‹Ha, dieses Prag nagt schon lange genug an diesem alten Knochen Mozarts.› Smetana war wie von einer Natter gebissen aufgesprungen, gerechter Zorn flammte aus seinem Blick... da aber winkte Liszt, der dem Streit ruhig lächelnd gefolgt war, beschwichtigend mit der Hand, nahm ein Bündel Notenblätter vom Tisch und setzte sich an seinen Flügel mit den Worten: ‹Gestatten Sie, meine Herren, daß ich Ihnen eine Probe neuester, rein tschechischer Musik gebe.› Und trug auf seine unübertroffene, bezaubernde, geniale Art die im ersten Heft enthaltenen ‹Charakteristischen Tonstücke› Smetanas vor. Als Liszt geendet hatte, ergriff er die Hand des zu Tränen gerührten Smetana, schüttelte sie und verabschiedete sich von seiner Gesellschaft mit den Worten: ‹Hier haben Sie den Komponisten mit dem echt tschechischen Herzen, den von Gott begnadeten Künstler.› Herbeck hatte seinen Anfall überwunden, reichte Smetana die Hand und entschuldigte sich für seine Schroffheit.»

Novotnys Erzählung ist zugleich romantisch, idealistisch und national überhöht. Doch immerhin: so könnte die Geburtsstunde einer neuen musikalischen Epoche verlaufen sein, in der nicht mehr die deutschen Klassiker und Romantiker «uneingeschränkt alle Kulturvölker» – so Novotny – beherrschen sollten, sondern anstelle dieses «farblosen Kosmopolitismus die charakteristischen Elemente der nationalen Musik» hervortreten würden. Die Herrschaft der deutschen Musik und Kultur sollte gebrochen werden. Smetana ist einer der ersten, dem es gelingen wird – und Liszt, der Ungar, der freilich eher auf die Art der Franzosen und Deutschen komponierte, hatte den entscheidenden Anstoß dazu gegeben. Solche Impulse erhielt Smetana also nicht zu Hause in Prag, sondern im Ausland, das – wie er später einmal sagen wird – ihm so «sehr zuwider»[23] erschien.

Die folgenden Jahre zwangen ihn, weiterhin im Ausland zu leiden und sich ein tschechisches Böhmen zu erträumen. Er komponierte nun Tondichtungen im Lisztschen Stil: «Richard III.», «Wallensteins Lager» und «Hakon Jarl». Er, der böhmische Klavierlehrer im fernen Schweden, idealisierte die Geschichte ins Heroische: Shakespeare und Schiller waren jetzt seine geistigen Vorbilder, und sogar seinem Gastland widmete er ein Werk; in «Hakon Jarl» porträtierte er den Eroberer des heidnischen Norwegens.

Stolz schickte er Liszt die neuen Werke zur Begutachtung und hoffte, dieser werde sie in Weimar aufführen. Aber Liszt konnte sich dafür nicht begeistern. Diese frühen Tondichtungen sind auch nicht die Meisterwerke, die wir vom späteren Smetana kennen. Noch hatte er sich nicht gefunden, wußte er nicht, wohin er gehörte und wie er sein Ziel, tschechische Musik zu komponieren, erreichen sollte.

Fest stand: er wollte wieder nach Hause. Dafür hatte er private Gründe: die Krankheit seiner Frau, die schlimmer geworden war. «Unsere Besorgnisse wegen des Befindens Käthchens haben sich leider bestätigt. Ihr Zustand hat sich nicht nur nicht gebessert, sondern verschlimmert.»[24] Die Ursache waren nach seiner Meinung Göteborg – und letztlich er selbst: «Die meiste Schuld trifft vielleicht mich, insofern ich meinen Aufenthalt hierher in die Fremde verlegt habe. Es war vorauszusehen, daß das Klima, die fremden Sitten und Menschen den Verlust der gewohnten, heimatlichen und liebgewonnenen für Sie stark fühlbar machen werden und deshalb noch mehr Sehnsucht nach der Heimath und dadurch Unzufriedenheit mit dem gegenwärtigen Zustande und dem gemäß eine stärkere Erregbarkeit der Nerven und dadurch Verschlimmerung der Krankheit verursachen müssen. Ich wollte mir materiell helfen und habe nun Alles zu beklagen.» So wollte er also «Gothenburg auf immer verlassen». Aber konkrete Pläne, wie er in Prag sein Auskommen finden sollte, hatte er nicht: «Über meine künftige Beschäftigung finde ich Zeit genug, wenn ich ankomme, nachzudenken ...» Jedenfalls wollte er «auf keinen Fall eine Schule mehr errichten», sondern träumte gefährlich ungewiß: «Vielleicht gehe ich nächsten Winter auf Concerte in die Welt!» und hoffte, daß sich Gerüchte aus Prag bestätigen würden: «Hier in Gothenburg ging stark das Gerede, daß ich in Prag beim Theater Capellmeister geworden bin.»

Keiner dieser Wunschträume erfüllte sich. Aber der Frau ging es immer schlechter, die Schwiegermutter reiste zur Unterstützung nach Göteborg: gemeinsam wollten sie die junge Frau nach Prag zurückbringen. Doch sie starb während der Reise in Dresden. Smetana notierte am 19. April 1859 in sein Tagebuch: «Es ist vollbracht! –– Käthe, mein theures, inniggeliebtes Weib ist heute früh gestorben, um 5 Uhr, sanft, ohne daß wir was wußten, bis mich die Stille aufmerksam machte. Lebe wohl, Engel!»[25] Er ließ den Leichnam seiner Frau nach Prag überführen. Dort wurde sie in heimatlichem Boden am 22. April beerdigt.

Auf diesen für ihn so schlimmen Verlust hin kehrte er nicht nach Göteborg zurück, obwohl die Saison noch nicht zu Ende war, sondern reiste ruhelos durch Deutschland und Böhmen. Er blieb freilich nicht lange allein. Schon im Sommer verlobte er sich mit Betty Ferdinandi. Schnell wechselte in ihm die Trauer zu überschäumender neuer Verliebtheit. Er hatte die neunzehnjährige junge Frau, die Schwester seiner Schwägerin, die er schon als Kind gekannt hatte, wiedergesehen, als er sich bei seinem Bruder in Chlomek erholte.

Doch wieder mußte er in die Fremde, Abschied nehmen von den Streifzügen durch die heimatlichen Wälder und Felder, von seinem geliebten Prag und von seiner angebeteten Verlobten, der er nun schwärmerische Briefe schrieb und die er zur Hochzeit drängte. Sie freilich war – wie einst Käthe – spröde und keineswegs so begeistert wie der Komponist, der nur wenig ihrem Traumbild von einem Mann entsprach. Smetana sah auch aus wie ein Sonderling: «Schon damals trug Smetana goldene Brillen. Das kastanienbraune Haar hing ihm ‹bis zu den Schultern› und glänzte, als wären die Haare eingeölt, was sie jedoch in Wirklichkeit nicht waren. Sie waren von Natur aus fett und beschmutzten die Krägen sämtlicher Röcke des Meisters. Der Bartwuchs bestand aus drei Gruppen: über den Lippen ein dunkelkastanienbrauner, leicht rötlicher Schnurrbart, am Kinn ein ‹Ziegenbart› und zu beiden Seiten ‹Koteletten›.»[26] So beschrieb ihn Jan Rys, der 15jährige Diener des fürstlichen Försters Anton Smetana in Chlomek, den der Komponist so liebgewann, daß er ihn nach Göteborg mitnahm. Rys führte ihm dort den Haushalt.

Die Rückkehr nach Schweden war trostlos, eine Tragödie: aus dem lebenslustigen Böhmen, wo er sich – alles vergessend – fast wie ein junger Bursche erneut verliebt hatte, mußte er wieder in die nordische Kälte, die ihn bedrükkend an seine verstorbene Frau erinnerte. Jan Rys schrieb: «Als das Schiff in Göteborg landete, mietete Smetana einen Wagen, übergab sein Gepäck den Hafenangestellten und fuhr, wiewohl es noch stockfinster war, geradewegs in seine Wohnung. Es mochte etwa vier Uhr morgens gewesen sein, als sie dem Hausbesorger in Smetanas Wohnung läuteten. Der Hausbesorger kam, brachte die Wohnungsschlüssel und begleitete die Angekommenen hinauf in den zweiten Stock. Der Augenblick, da sie die Wohnung betraten, und noch einige spätere waren aufregend und traurig. In der Wohnung herrschte Unordnung: die Klaviere waren zugedeckt, die Teppiche auf einen Haufen geschichtet, die Bettwäsche, die Kleider und die Leibwäsche zum Schutz gegen Motten eingestäubt u. s. w. Smetana stand entweder wie angewurzelt oder lief erregt hin und her, und sein Blick schweifte von Gegenstand zu Gegenstand. Wo immer er auch hinfiel, alles und jedes Ding erinnerte an die verewigte Gattin Katharina (‹Das ist Katinkas Arbeit, das haben ihre Hände gemacht –›) oder auch an das Töchterchen Zofie, das in Böhmen zurückgeblieben war... Und Smetana, tief bewegt und erschüttert, vermochte nur mit Mühe die Tränen zurückzuhalten.»[27]

Alle diese Erinnerungen an das vergangene Glück mit Katharina, die Sehnsucht nach der neuen Geliebten, die Einsamkeit, die Schuldgefühle, durch seinen Umzug ins nordische Schweden den Tod seiner Frau beschleunigt zu haben, und die Ohnmacht, nichts für die tschechische Musik tun zu können – alles dies ließ sein vorletztes Jahr in Göteborg zum schwersten werden.

Tiefe Melancholie und überströmende Zuversicht rissen ihn hin und her. Ein biederer, braver und saturierter Klavierlehrer war er keineswegs, obwohl er es hätte sein können; denn seine Musikschule florierte: «Die Schüler waren größtenteils aus wohlhabendem Hause, ja oftmals kam es vor, daß eine besonders vornehme Schülerin in einer Equipage angefahren kam, und daß sie ein Lakai bis in den Salon begleitete, um hier ihre Noten aufs Klavier zu legen. Manche Schüler kamen zweimal, manche dreimal wöchentlich. Dementsprechend fiel auch das Honorar aus: Die Privatschüler Smetanas zahlten im allgemeinen zwei Thaler für jede Lektion, die anderen, die gemeinsam unterrichtet wurden, 15–20 Thaler monatlich. Einzelne Schüler mochten wohl auch mehr bezahlen.»[28] Wie um sich zu rechtfertigen, daß er nicht in Prag arbeitete, soll

Smetana sehr oft gesagt haben: «Das hätte ich in Böhmen nicht! Soviel könnte ich in Böhmen nicht verdienen!»

Um sich aufzuheitern, schrieb er Liebesbriefe an Bettina, komponierte für sie eine Polka, die bei ihr aber «durchfiel» – er bat sie, wenigstens nach ihr zu tanzen, wenn sie sie nicht spielen wolle –, und besuchte Bälle der vornehmen Göteborger Gesellschaft.

Endlich war dann auch diese Saison zu Ende. Endlich konnte er wieder nach Prag reisen, um Hochzeit zu feiern. Die Hochzeitsgeschenke freilich kaufte er nicht in der Fremde, obwohl er dort sein Geld verdiente. So sehr war nun sein Nationalgefühl gesteigert: «Smetana wollte auf der Heimreise aus Schweden verschiedene kleine Geschenke einkaufen, um sie seinen Verwandten als Überraschung mitzubringen. Die Läden in Hamburg, Berlin und Dresden boten allerdings reichste Auswahl, aber Smetana kaufte dort nichts. Wie er sich selbst äußerte, verwehrte ihm seine Vaterlandsliebe, im Ausland einzukaufen. Er wollte die Geschenke erst in Prag, bei heimischen Geschäftsleuten erstehen. Und nur, um einen Tag für den Einkauf zu gewinnen, stieg er im Hotel ‹Zum blauen Stern› ab. An diesem Tage kaufte er eine Menge Geschenke ein, Kleiderstoffe u. ä. Beim Goldschmied Cenek Bubeniček am Altstädter Ring erstand er Edelsteine im Werte einiger hundert Gulden. Sie waren für seine Braut Bettina, sein Töchterchen Sophie und andere bestimmt. Beim Einkauf war Smetana glänzender Laune, war aber wohl auf der Hut, um nicht von einem Bekannten zufällig erkannt zu werden . . . Die Verwandten sollten denken, er habe sie aus der Fremde mitgebracht.»[29]

Die Hochzeit am 10. Juli 1860 verlief nicht so traurig wie die erste mit Katharina. Vielmehr waren Smetana und die Gäste in ausgelassener Stimmung: «Es wurde auch bei Klavierbegleitung getanzt. Im Klavierspiel wechselten die Schwestern der Braut ab. Auch Smetana beteiligte sich am Tanze, aber sein Tanz zeichnete sich weniger durch Anmut aus, als durch die Schnelligkeit der Bewegungen. Er tanzte so leidenschaftlich, ausdauernd und mit einem solchen Überschuß an Temperament, daß für die übrigen Tanzpaare kaum Raum blieb. Die Hochzeitsgäste begnügten sich denn damit, zuzusehen, wie Smetana mit seiner Braut ein Solo nach dem anderen vorführte, und dieser Anblick soll sie mehr belustigt haben, als wenn sie selbst getanzt hätten.»[30]

Böhmische Volksmusik, böhmisches Musikantentum – entdeckte er es hier bei seiner Hochzeit, befreit von der Strenge und Steifheit des Nordens? Der Weg zu einer tschechischen Nationalmusik war ihm jedenfalls noch nicht bewußt geworden, noch immer verachtete er die Folklore mehr oder weniger als Bauernmusik und strebte nach gewichtigen, heroischen Tondichtungen im Stil von Liszt und Wagner.

Obwohl sich seine junge Frau sehr vor der Reise fürchtete und – nach dem Rat ihres Vaters – lieber auf dem Landweg über Rußland nach Göteborg gefahren wäre als zur See, entschloß sich Smetana noch immer nicht, in Prag zu bleiben, und überredete Bettina, doch auf dem nächsten Weg, nämlich mit der Eisenbahn und dem Dampfschiff zu reisen. Sein Abschiedsschmerz war groß: «Werde ich und wann wieder diese lieben teuren Berge sehen? Und mit welchen Gefühlen? Es ist mir immer sehr bange, wenn ich von diesen Stätten Abschied nehme. Lebe glücklich, mein über alles geliebtes Vaterland, mein schönes, großes einziges Vaterland! In Deinem Schoße würde ich gerne ausruhen, Dein Boden ist mir heilig...»[31], schrieb er in sein Tagebuch.

Dann begann wieder der Alltag in Schweden, die Musikschule, die Konzerte, die vornehmen Gesellschaften und die Bälle. Herr und Frau Smetana gehörten zur guten Gesellschaft. Sie hätten dort bleiben können, eine angenehme Existenz gehabt. Aber sie fühlten sich fremd. Und mit einem Schlag stand in Smetana der Entschluß fest: zurück nach Prag. Er hatte nämlich im Kaffeehaus die Zeitung gelesen, und dort stand, daß im Prager «Interimstheater, dessen Eröffnung vor der Türe stand, nicht nur, wie er angenommen, Dramen und Lustspiele aufgeführt werden, sondern auch Opern und Operetten».[32] Jetzt sah er in der Heimat eine Aufgabe, jetzt wurde er gebraucht.

So verkaufte er 1861 seine Musikschule in Göteborg, gab Abschiedskonzerte, in denen er vom schwedischen Publikum gefeiert wurde, und kehrte mit seiner Familie nach Prag zurück. Dies war im Grunde ein verrückter, unvernünftiger Entschluß; denn er wußte nicht, wovon er in Prag leben sollte. Es war nichts anderes als eine geniale Eingebung, auf die er nun seine Existenz setzte.

Zurück in Prag: «Zu Hause ist man kein Prophet»

Sein Leben in Schweden hatte ihn zum Tschechen werden lassen. Dort wurde er zum glühenden Vaterlandsverehrer, und dort reifte in ihm seine große Aufgabe, eine tschechische Musik zu komponieren. Wie? Das wußte er so wenig, wie ihm klar war, wovon er leben sollte.

Zunächst wandte er sich seinem alten Traum einer Pianistenkarriere zu. Er reiste nach Deutschland und Holland. Aber der Mißerfolg war entmutigend: «Sähest Du einmal, wie ich mich hier bemühe, um dazu zu gelangen, öffentlich zu spielen, Du würdest mich bedauern. Was würde Nissen sagen, wenn er mich jetzt sähe, wie ich meine Antipathie vor Aufwartungen, Empfehlungen, Besuchen hinunterwürge und kreuz und quer laufe, bis ich kaum stehen kann, bald in Amsterdam, bald in Haag, in Leiden, Utrecht, Dordrecht dieselbe Lau-

Smetana mit seiner zweiten Frau Bettina. Für den Tod seiner ersten Frau gab Smetana dem Leben in der Fremde, in Göteborg, die Schuld. Deshalb kehrte er bald nach der Heirat mit Bettina nach Prag zurück, obwohl er sich dort von neuem eine Existenz aufbauen mußte.

ferei wiederhole, hin- und herreise, alles anwende, was sich nur irgend mit meiner Ehre verträgt, was würde er ausrufen: ‹Und Sie konnten Gotenburg verachten und verlassen, wo man Sie so geschätzt? Recht geschieht Ihnen!› Jawohl, nur mit dem Unterschiede, daß es mir dennoch wohltut, wenn mein Gewissen mich rein hält und sagt, ich tue es gut, ich tue es ja für die, die mir die Teuersten auf dieser Welt, für meinen Engel von Weib und für die Kinder!»[33]

In der weiten Welt wollte man ihn als Pianist nicht hören, und in Prag ging es ihm ebenso. Er veranstaltete dort auf eigene Rechnung – wie schon vor seinem Aufenthalt in Göteborg – ein Konzert mit seinen Tondichtungen «Richard III.», «Wallensteins Lager» und «Hakon Jarl» und mit Beethovens c-Moll-Klavierkonzert, das er selbst spielte. Kaum jemand kam: «Hu! wie war es so leer und so kalt. Draußen fiel der Schnee in reicher Menge und verwischte bald die Spuren der wenigen Leutchen, die, weil sie Freikarten bekamen, dennoch mein Concert besuchten, so daß kaum nach Beginn desselben kein Mensch seine Fußstapfen im Schnee aufgefunden hätte. Ja, ja, zu Hause ist man kein Prophet.»[34]

So wiederholte sich alles, was er schon vor Göteborg erlebt hatte: erfolglose Konzerte, mißgünstige Kollegen, keine Anerkennung als Komponist. Die Heimat war nicht so, wie er sie sich im fernen Schweden ausgemalt hatte. Niemand wartete auf ihn, keine sichere Stelle wurde für ihn frei gemacht – man hatte ihn vergessen.

Zuletzt blieb Smetana nichts anderes übrig, als das zu tun, was er auf jeden Fall vermeiden wollte: Klavierunterricht geben. Er gründete zusammen mit dem Geiger Ferdinand Heller die Musikschule F. Heller und B. Smetana. Anfangs soll er noch recht gerne unterrichtet haben, später – als er zunehmend auf das Komponieren konzentriert war – soll manchmal (so berichtete Hellers Tochter) «eine furchtbare Katzenmusik» aus seinem Unterrichtszimmer geklungen haben: Smetana dachte so sehr an seine Musik, daß er das schlechte Spiel seiner Schüler gar nicht wahrnahm.

Beim Kaiser Ferdinand wurde Smetana wieder Hofvirtuose. Er mußte auf der Burg Klavierstücke vortragen und mit dem Kaiser vierhändig spielen. Wenn auch der Kaiser mehr von den Märschen der Regimentsmusik fasziniert war als von Diabelli, den er unter den Komponisten bevorzugte, so war es für Smetana doch leicht verdientes Geld . . .

Das Glück fand wieder im Privaten statt – die Ehepaare Smetana und Heller musizierten und tanzten ausgelassen und freuten sich des Lebens, während die Musikschule kaum Gewinn einbrachte.

Smetana freilich war inzwischen ein anderer geworden. Er lernte nun die musikalische Sprache der böhmischen Volksmusik, ihre Melodien und Tanz-

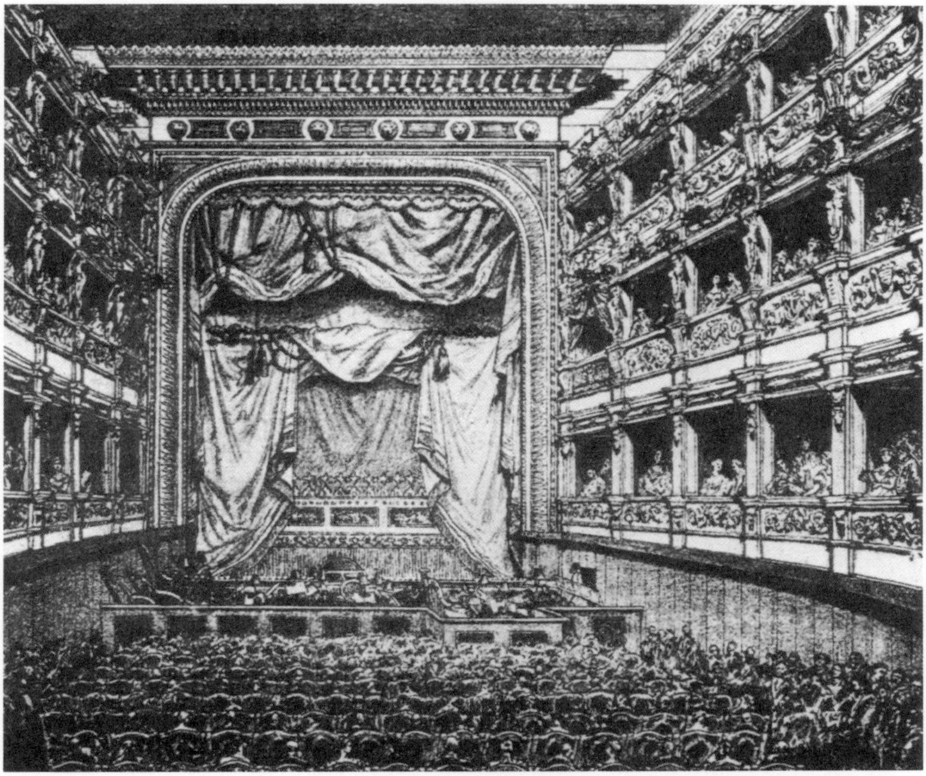

Interimstheater in Prag. Nach der Eröffnung des Theaters faßte Smetana den spontanen Entschluß, nach Prag zurückzukehren. Der Erfolg seiner Opern gab ihm schließlich recht.

rhythmen, und er komponierte an zwei Opern. Für die eine, «Die Brandenburger in Böhmen», erhielt er nach langem Ränkespiel den vom Grafen Harrach «für die wahrhaft nationale neue Oper» gestifteten Preis, die andere, die ebenso 1866 uraufgeführt wurde, machte ihn in der ganzen Welt berühmt und populär: «Die verkaufte Braut». Sie porträtiert wie kein anderes Werk das tschechische Volk.

Smetana hatte sein Ziel erreicht. Die Reise nach Göteborg hatte ihn gelehrt, seine Heimat zu erkennen.

Der betörende Duft des Orients. Saint-Saëns in Nordafrika

Die Entwicklung der Verkehrsmittel im 19. Jahrhundert führte dazu, daß weite Distanzen nun plötzlich zusammenschrumpften. Diesen revolutionären Wandel erlebte der 1835 geborene Camille Saint-Saëns selbst. Mußte er in seiner Jugend noch mit der Kutsche fahren, so benützte er später den Zug, das Auto und das Dampfschiff. «Noch vor kurzem – für den, der die Jahrhunderte von einer etwas größeren Höhe gleichsam aus dem Flugzeug betrachtet, war es gestern –, waren wir die Beute des Winters, wenn er seine eisige Hand gegen uns arme Menschen des Nordens ausstreckte, unmöglich, dem jährlichen Schicksal, der unausweichlichen Folter des Windes, der schneidend bläst, des Regens, der gegen uns peitscht, des Eises, des Schnees, der Tauwetter, des scheußlichen Schlammes, der trostlosen Dunkelheit zu entkommen. Wie fliehen? Die vom Schicksal Privilegierten, die in der Postkutsche reisten, brauchten eine Woche, um Frankreich von Norden bis Süden zu durchqueren, die anderen zwei Wochen und unter welchen Bedingungen! Ungeheizte Wagen,

Der Orientexpreß mit einer 2-C1-Pacific-Lokomotive. Solche Eisenbahnzüge wurden um die Jahrhundertwende, der «belle époque» der Dampflokomotive, verwendet.

Saint-Saëns, bald vierzigjährig. Wenige Jahre später wird der Tod seiner Kinder ihm ein Trauma zufügen, das ihn zu ständigem Reisen zwingt. Lange Jahre ohne festen Wohnsitz, zog er von Hotel zu Hotel. Eine besondere Anziehungskraft auf ihn hatte der Orient.

aus den Fugen gehende Bretter, schreckliches Rütteln, entsetzliche Müdigkeit... Ohnehin erschien dieser Erdteil Afrika als eine andere Welt, die nicht für uns gemacht war. Neapel, Sizilien waren die Extrempunkte der Welt für die Touristen (...) Heute, was für eine Veränderung! Man fährt am Abend ab, am folgenden Tag erwacht man inmitten von Olivenbäumen, deren erstaunliche Wurzeln und silbrige Blätter den Blick erfreuen; ... Sie steigen auf ein hübsches Schiff: vierundzwanzig Stunden danach landen Sie in Algier; dort herrschen die Sonne, das Grün, die Blumen, das Leben!» [1]

Entfernungen spielten kaum noch eine Rolle. Konzertreisen durch Europa waren für Musiker nicht mehr mit so vielen Schwierigkeiten wie früher verbunden. Der reisende Virtuose war deshalb nicht mehr die Ausnahme, sondern die Regel. Doch kein Komponist des 19. Jahrhunderts reiste so viel wie Saint-Saëns: seine Tourneen als bewunderter Pianist führten ihn ebenso nach Leipzig und London wie nach Moskau, Südamerika und in die USA. Aber dieses Nomadendasein entsprang nicht nur seinem Virtuosenberuf, sondern auch seiner Psyche: an keinem Ort hielt es ihn lange, ruhelos reiste er durch die Welt.

Ohne Heimat und feste Bindung, getrieben durch die Welt

Entwurzelt hatte ihn ein persönliches Trauma: 1878 starben seine beiden heiß und innig geliebten Kinder; der zweieinhalbjährige André stürzte am 28. Mai 1878 aus dem Fenster vom vierten Stock herab und war sofort tot; zwei Wochen später erlag der erst sieben Wochen alte jüngere Bruder einer Lungenentzündung. Der Tod der Kinder war auch eine Ursache dafür, daß seine Ehe auseinanderbrach. Die einzige, ihm verbliebene menschliche Bindung war nun noch die zu seiner Mutter, die er leidenschaftlich liebte. Als er 53 Jahre alt war, starb auch sie.

Nun brach er alle Brücken zur Heimat ab, löste seine Wohnung auf, schenkte alles, was ihn an seine Mutter erinnerte, das Mobiliar, Gemälde, Skulpturen, Urkunden und Autographen der Stadt Dieppe, aus der die Familie seines Vaters stammte. Schon zu seiner Lebenszeit, 1890, wurde in Dieppe ein Museum für Saint-Saëns eröffnet.[2]

Er reiste auf die Kanarischen Inseln und lebte unter dem Pseudonym Charles Sannois in Las Palmas in einem gemieteten Haus ein Jahr lang völlig zurückgezogen. Gerüchte gingen um: er sei bei einem Schiffsunglück gestorben, halte sich unter falschem Namen in der Nähe von Paris auf oder sei in die Irrenanstalt Ville-Evrard eingewiesen worden.

Erst im Mai 1890 trat er wieder in Paris auf. Doch er blieb seinem Nomadenleben treu: 14 Jahre lang hatte er keinen festen Wohnsitz, wechselte von Hotelzimmer zu Hotelzimmer auf der ständigen Flucht vor jeglicher Bindung: «Einsamkeit ist es, dessen die leidende Seele bedarf,/ Die Witwe des Glücks, für die es keine Freuden mehr gibt,/ Die nichts mehr fürchtete und durch allzugroßes Unglück/ Gegen die Bitternis des Schicksals sich abgehärtet hat.»[3]

Als Achtzigjähriger schrieb er: «dabei wäre es mir viel lieber, zu Hause zu bleiben und in aller Ruhe zu arbeiten, doch das Schicksal will es nicht.»[4] Dieses «Schicksal» nahm die Heimatlosigkeit, Hektik, Einsamkeit unserer Zeit vorweg. Denn Saint-Saëns brauchte zum Komponieren die Inspiration der Fremde. So war er, ein distanzierter Beobachter, ein moderner Ahasver, und sog aus den Erlebnissen in der Ferne die Ideen für seine Musik. Sein Getriebensein durch die Welt war das Opfer, das er ihr brachte.

Im Schlußsatz des 5. Klavierkonzertes, dem «Ägyptischen», porträtierte er das moderne Reisen: ein stampfender, nie zur Ruhe kommender Rhythmus drückt die moderne Hektik, die atemlose Bewegung des Maschinenzeitalters aus. Saint-Saëns kam die Idee zu diesem Thema, als er im Dampfschiff von Ägypten nach Frankreich zurückfuhr und das Stampfen der Schiffsmaschinen hörte.

Saint-Saëns: Africa, Fantasie für Klavier und Orchester. «Africa» ist eines der vielen Werke von Saint-Saëns, deren Themen, Klänge und Klangfarben von Nordafrika inspiriert wurden. Als einer der ersten Komponisten beschäftigte er sich mit außereuropäischer Musik.

Eine besondere Anziehungskraft besaß für ihn Nordafrika. Die erste Reise nach Algerien unternahm er 1873. Nach dem Tod seiner Mutter war er fast jeden Winter dort. Hier gewann er genügend Abstand zum kultur- und geschichtsgesättigten Europa, hörte fremde, arabische Melodien und genoß das süße und angenehme Leben des Orients.

Nordafrika wirkte seit Napoleons Ägyptischem Feldzug (1798–1799) inspirierend auf die französische Kultur. Man bewunderte die Kolossalarchitektur der Pyramiden. «Welche Liebe für das Kolossale und Wundervolle! Wie ist zu begreifen, daß während viertausend Jahren dieselben Götter und Göttinnen in den selben Haltungen aus dem Stein gemeißelt wurden, dieselben Hieroglyphen eingraviert wurden und daß so viel an Fähigkeiten, deren Ursprung unbekannt ist, eines Tages für immer ausgelöscht wurde?» notierte Saint-Saëns[5] während seiner Ägyptenreise, die ihn zum 5. Klavierkonzert anregte. Nicht nur dieses Konzert, sondern auch «Africa», eine Fantasie für Klavier und Orchester, die «Suite Algérienne» und – als eines seiner Hauptwerke – die

Kleopatra, Ölgemälde von Gustave Moreau, um 1887. Die Antike wurde im 19. Jahrhundert neu und lebendiger gesehen, nämlich durch den Sinnenreiz des orientalischen Kolorits.

Die Frauen von Algier, Ölgemälde von Eugène Delacroix, 1834. Delacroix bereiste mehrmals den Orient. Hier fand er das Licht und die Motive für seine revolutionäre neue Kunst.

Oper «Samson et Dalila» weisen diesen Zug ins Kolossale, verbunden mit der Einfachheit und Klassizität ägyptischer Kunst auf.

Aber noch etwas anderes beschäftigte ihn wie auch andere französische Künstler des 19. Jahrhunderts; der besondere sinnliche Reiz des Orients regte zahlreiche Maler an, in ihren Gemälden neue, gesteigerte Wirkungen, gleichsam eine Ekstase betörender Formen und Farben zu beschwören: So etwa Ingres in seinem «Türkischen Bad» und in «Die große Odaliske», Delacroix in «Die Frauen von Algier» und in «Die jüdische Hochzeit in Marokko» und Gustave Moreau in seinen morbid-sinnlichen Gemälden «Kleopatra» und «Samson et Dalila».

Betörend wirkte der Duft des Orients auch auf die französischen Intellektuellen. Er versprach das Abenteuer der Sinne und der Erotik, wie es zu Hause in der geregelten, zivilisierten Welt längst nicht mehr gefunden wurde. Reisen nach Nordafrika waren eine Befreiung von den Schranken der europäischen Moral. So wenigstens beschrieb Gustave Flaubert seine Ägyptenreise 1849 bis 1851: «. . . Wir treten in ein Haus, das einen kleinen Hof hat und der Tür gegenüber eine Treppe. Auf der Treppe steht, uns zugewandt, im vollen Lichte eine Frau in rosa Hosen, mit dem blauen Himmel als Hintergrund; um den Leib trägt sie nur einen Schleier von tiefem Violett. Sie kam gerade aus dem Bade; ihr fester Busen duftete frisch, es war ein Duft wie von süßlichem Terpentin; sie begann damit, uns Rosenwasser über die Hände zu gießen. (...) Ruchiouk-Hanem und Bembeh fangen an zu tanzen. – Der Tanz der Rouchiouk ist brutal, sie preßt ihren Busen mit ihrer Jacke zusammen, so daß ihre nackten Brüste fest aneinander gequetscht liegen. Beim Tanzen nimmt sie einen braunen, goldgestreiften Schal mit drei an Bändern hängenden Troddeln, den sie sich wie eine Halsbinde als Gürtel umbindet. Sie hebt sich bald auf den einen Fuß, bald auf den anderen; ein wunderbarer Anblick; ein Fuß bleibt fest auf der Erde, während der andere sich hebt und vor dem Schienbein des ersten vorüberfährt, das Ganze in einem leichten Hüpfen. Ich habe diesen Tanz auf alten griechischen Vasen gesehen ...»[6]

Auch Saint-Saëns fing die erotisch-prickelnde Atmosphäre des Orients ein. Für den zweiten Satz des Ägyptischen Klavierkonzertes diente ihm ein nubisches Hochzeitslied als Vorbild. Er verband hier die Wildheit orientalischer Rhythmen mit dem weichen, einschmeichelnden, die Sinne betörenden Gesang aus aufreizenden Halbtonschritten und schwebender Pentatonik. In der «Rhapsodie Mauresque» und der «Rêverie du soir» der «Suite algérienne» fing er die Melodien der Spielleute, die weichen Bewegungen der Tänzerinnen, das klare Licht Afrikas, die Süße und Schwüle einer orientalischen Nacht ein. Das «Bacchanale» in der Oper «Samson et Dalila» ist eine genußvolle

Maurischer Mann, Eugène Delacroix, Skizze, 27. Februar 1832. Delacroix suchte – wie viele Künstler des 19. Jahrhunderts – im Orient ein ursprünglicheres und einfacheres Leben.

Frauen vor der Stadt, Zeichnung von August Macke während seiner Tunisreise 1914.

Feier für die Sinne; die schöne Dalila, die den Israeliten Samson mit ihrer Verführungskunst betört, ist eine Gestalt aus dem Nordafrika, wie es Saint-Saëns noch erlebte. Dieses Nordafrika ermöglichte ihm in seiner Musik eine Steigerung der Farbwirkungen, die Intensivierung des Ausdrucks, die Darstellung einer ursprünglichen Wildheit ohne die dunklen, bisweilen schwülstigen, mythen- und ideologiedurchtränkten Mittel eines Richard Wagner, den er so scharf bekämpfte. Saint-Saëns war wohl der erste, der die europäische Musik zu einer Weltmusik weiterentwickelte.

Das helle und klare Licht Nordafrikas

Doch nicht nur das orientalische Abenteuer der Harems und Basare lockte die Fremden nach Nordafrika. Allein schon das helle und klare Licht begeisterte die Künstler aus dem Norden. Delacroix wurde von diesem Licht zu seinen reichen Farbkompositionen angeregt, und fast ein Jahrhundert später reisten Paul Klee und August Macke aus ähnlichem Interesse nach Tunesien, um hier fast gänzlich abstrahierte Landschaften, Straßenszenen und Menschenbilder zu schaffen.

Auch Saint-Saëns wurde in Nordafrika zu damals modern wirkender Musik angeregt. In seinem 5. Klavierkonzert «malte» er das helle, gleißende Licht in Ägypten durch hohe Klangfarben ohne jegliches Baßfundament, verwandte fremde Tonarten, die er hier hörte, und Rhythmen, die bisher in Europa fremd waren und nicht in das Taktschema paßten. Geradezu impressionistisch, voller Luft und Licht, wirkt das «Caprice Arabe» op. 96 für zwei Klaviere, eine Musik voller Lichtspiegelungen, schwebender Melodien und sich in bezaubernde Ornamente auflösender Rhythmen.

Die Ideen zu so neuen musikalischen Strukturen kamen ihm, wenn er auf das von ihm so geliebte Land um Algier hinausfuhr. «Man muß die Linie von Algier nach Oran nehmen und das Land sehen. Dann – völlig bewußt, daß bei uns die

Bäume keine Blätter mehr haben, die Erde keine Blumen trägt, der Himmel keine Sonne und keine Sterne zeigt, badet man sich in der Wollust einer bezaubernden Natur. Ein Himmel mit einem klaren und durchsichtigen Blau, mit einem Blau, das wir nicht kennen, überrascht und entzückt den Blick...»[7]

Als Saint-Saëns ab den achtziger Jahren den Winter fast regelmäßig in Algier verbrachte, war schon viel vom ursprünglichen orientalischen Leben, wie es Flaubert in Ägypten noch kennengelernt hatte, durch den europäischen Einfluß verdrängt. Insbesondere in Algerien breitete sich nach der Eroberung und durch die französische Besiedlung die westliche Zivilisation unaufhaltsam aus. Schon seit Saint-Saëns' erstem Besuch in Algier war vieles anders geworden; so spürbar zeigte sich der Fortschritt: «Seit der Zeit, als ich in Saint-Eugène den dritten Akt von ‹Samson› – es werden bald vierzig Jahre sein – skizzierte, hat sich Algier sehr verändert; das ist nicht mehr das Algier der ‹Suite algérienne›. Man hätte daraus die entzückendste orientalische Stadt machen können und dennoch bewohnbar für Europäer; man hat es nicht gewollt. Man zerstörte die Parks, die arabischen Paläste, und schreckliche Bauten sind aufgetaucht, die zur muselmanischen Kunst eine trostlose Barbarei hinzufügen; so wie man es sich vorstellt, wenn die Zivilisation zu den Barbaren gebracht wird. Aber jetzt zeigt sich eine glückliche Wendung: schöne Bauten erheben sich; man sieht sogar elegante Villen im arabischen Stil: sehr reich und sehr pittoresk. Aber die Bäume verschwinden immer mehr, man baut weiter, man baut immer. Heute ist Algier eine glänzende europäische Stadt, wunderbar gelegen, brillant, fröhlich, wo man gut leben kann. (...) Glücklicherweise sind die elektrischen Straßenbahnen und die Automobile gekommen...»[8]

Verurteilt zum ständigen «Fortschreiten»

Saint-Saëns war beeindruckt vom technischen Fortschritt, der sich während seines Lebens zu bisher nie gekanntem Tempo beschleunigt hatte. In der «Suite Algérienne» beschrieb er mit Tönen die Reise eines Touristen nach Algerien: im «Prélude» die Ankunft im Schiff, das Spiel der Wellen, das Auftauchen des Landes, in «Rhapsodie Mauresque» und «Rêverie du soir» das alte orientalische Leben, in der berühmten «Marche militaire française» die französische Kolonialmacht, den Fortschritt, die Herrschaft der europäischen Zivilisation. Militärtrommel, Große Trommel, Trompeten, Posaunen und Tuba spielen mit bombastischem, kolossalem Klang einen martialischen Marsch und zeigen, wer nun in Nordafrika herrscht.

War Saint-Saëns der Komponist des französischen Empire? Sah er nicht, was durch die europäische Kolonisierung zerstört wurde? War er als Komponist so bedenkenlos wie die französischen Kolonialoffiziere? Romain Rolland äußerte diesen Verdacht: «Er bleibt ein Franzose auf Reisen, der seiner Phantasie folgt, wenig bekümmert darum, in den Geist der Völker einzudringen, die er kennenlernt, träge den Launen seiner Eindrücke hingegeben, alles an sich ziehend, ‹französisierend›, was er sieht.»[9]

Hatte Romain Rolland mit diesem Verdikt recht? In mancher Hinsicht gewiß: Saint-Saëns war zu distanziert, als daß er sich eng und nah mit dem Leben der Nordafrikaner befaßt hätte. Er scheute den nächsten, fälligen Schritt, den der von ihm so heftig kritisierte Debussy machte, nämlich das traditionelle europäische Dur-Moll-System und das Taktschema aufzugeben und die außereuropäischen Tonordnungen und Rhythmen der Komposition zugrundezulegen. Saint-Saëns eignete sich als Franzose das Fremde an, verwendete die Melodien und Rhythmen, die ihm gefielen. Er verhielt sich als Komponist wie ein Tourist, der in die Fremde geht, um sich zu erholen und den Kitzel des Neuen zu erleben – und zugleich das Land mit seiner modernen Kultur zu erobern. «Wir alle in Europa haben Kolonien in den sonnigen Ländern, wir besitzen Eisenbahnlinien, die überall hinreichen, Schiffe, die schwimmende Paläste sind»[10], begeisterte er sich über den technischen Fortschritt, der es ihm ermöglichte, alljährlich dem Winter zu entfliehen.

Aber er sah auch, was der technische Fortschritt zerstörte. In seinen Kompositionen hielt er die ursprüngliche Atmosphäre des Orients fest, suchte nach alten Melodien, beschwor eine Lebensform, die bald von der modernen Zivilisation zerstört sein würde. «Es ist wahr, daß man den Sinn des Wortes ‹Fortschritt› mißversteht. ‹Fortschritt› will nicht sagen ‹Verbesserung›, sondern ‹Fortschreiten›, das heißt vorangehen; man marschiert immer – in der Tat –, getrieben von einer unwiderstehlichen Kraft, die nichts will, als daß sich die Erde dreht, daß sie ihre Bahn durchläuft ... Man geht also voran, aber ohne überhaupt zu sehen, was man in diesem Augenblick erreicht hat, man verliert immer, etwas hinter sich zurücklassend, so wie man anderes gewinnt, und es geschieht häufig genug, daß das, was man verlor, mehr wert ist, als was man gewinnt.»

Der Marsch am Ende der «Suite Algérienne» ist also ein Abbild der imposanten, aber auch aggressiven Gegenwart. Mit musikalischem Realismus schuf Saint-Saëns ein Sinnbild der imperialistischen europäischen Kultur am Ende des 19. Jahrhunderts.

Auch er war ein Teil von ihr, reiste ohne Ruhe – vieles zurücklassend, vieles gewinnend und dann wieder verlierend, bis er im Alter von 86 Jahren am 16. Dezember 1921 in Algier starb, wo er 12 Tage zuvor eingetroffen war, um hier – wie in jedem Jahr – den Winter zu verbringen.

In die Neue Welt.
Antonin Dvořák in Amerika

Um 1890 erlebten die Menschen eine Beschleunigung der Mobilität, von der man am Anfang des Jahrhunderts nicht zu träumen gewagt hätte. Der Wettstreit um das «Blaue Band» zeigt besonders typisch den beginnenden Geschwindigkeitsrausch des modernen Maschinenzeitalters: 1867 erreichte die «City of Paris», der erste große Ozeandampfer mit Schraubenantrieb, in 8 Tagen, 4 Stunden und 1 Minute New York; 1881 holte sich die «Servia» das «Blaue Band» in 6 Tagen, 23 Stunden und 50 Minuten; 1952 fuhr die «United States» die Atlantikroute in 3 Tagen, 10 Stunden und 40 Minuten (die modernen Düsenjets schließlich brauchen für dieselbe Strecke weniger als 12 Stunden). Auch die Größe der Ozeanriesen wuchs: verdrängte die «City of Paris» noch «nur» 2651 BRT, so die «Servia» schon 7391 BRT. Gleichzeitig nahm die Zahl der auf den Weltmeeren fahrenden Schiffe erstaunlich zu: betrug 1821 die Welttonnage noch 11 500 NRT, so erklomm sie 1891 bereits 9 483 100 NRT! Tausende von Menschen (allein ein Ozeanriese faßte etwa 800 Passagiere), Berge von Waren wurden von den Dampfmaschinen zwischen den Erdteilen hin- und herbewegt.

Ein neues Zeitalter hatte begonnen, von dem auch das Musikleben erfaßt wurde. Dirigenten wurden zu Weltreisenden mit dem Taktstock. Arthur Nikisch etwa wechselte 1889 von Leipzig nach Boston in die USA, von dort 1893 nach Budapest, um schließlich 1895 nach Leipzig zurückzukehren, wo er Gewandhauskapellmeister wurde, aber weiterhin weltweit als Gastdirigent in den musikalischen Zentren Europas und der USA auftrat.

Wie reagierten die Komponisten auf diese schnelle Zunahme der Mobilität, des Horizonts, die geringere Bedeutung Europas, das Eindringen bisher unbekannter Musik?

Einer der ersten, der die neuen Reisemöglichkeiten ausnutzte, war Antonin Dvořák. Im August 1891 erhielt er von der Direktorin des New Yorker Konservatoriums, Jeanette Thurber, einen Brief mit einem verlockenden Vertrag, wie Dvořák schrieb: «Allem Anschein hätte ich täglich 3 Stunden Unterricht in

Komposition und Instrumentation, und außerdem müßte ich in 8 Monaten 4 Konzerte mit Schülern des Konservatoriums und 6 Konzerte in amerikanischen Städten einstudieren, in denen hauptsächlich das ‹Stabat›, die ‹Geisterbraut›, die ‹hl. Ludmila›, das Requiem, Symphonien und Ouvertüren usw. aufgeführt würden. Dafür bekäme ich 15 000 Dollar, d. s. in Böhmen 35 000 fl. ö. W. Bevor ich abreise, würde die Hälfte des Gehaltes in Prag erlegt werden, und die andere Hälfte bekäme ich monatlich im vorhinein ...»[1]

Die Summe, die sich der tschechische Komponist in Amerika verdienen konnte, war hoch. Nach Berlin, London, Wien, Petersburg und Moskau bot sich ihm nun die Gelegenheit, die neue Welt zu erobern.

«Erprobter Seefahrer»

Im September 1892 trat der Meister zusammen mit seiner Frau und zwei seiner sechs Kinder die große Reise an. Sein Schüler Josef Jan Kovarik aus Spillville in Iowa begleitete die Familie Dvořák und hielt seine Eindrücke im Tagebuch fest: «Aus Prag reisten wir Donnerstag um 3 Uhr nachmittag ab; auf dem Bahnhof waren viele Freunde des Meisters, die gekommen waren, um Abschied zu nehmen, und die letzten Worte, die der Meister zu ihnen sprach, bevor sich der Zug in Bewegung setzte, waren: ‹Auf Wiedersehen im Sommer!› Freitag waren wir in Bremen, und Samstag betraten wir den Dampfer ‹Saale›, der uns über das Meer bringen sollte. Das Schiff stach etwa um 1 Uhr in See ...»[2] Die «Saale» fuhr für den Norddeutschen Lloyd von Bremen über Southampton nach New York. Sie war ein riesiger Passagierdampfer, freilich nicht so schnell wie die «Servia».

Die meisten Passagiere, die damals nach Amerika reisten, waren Auswanderer. «Tausende von Menschen fahren täglich auf deutschen, englischen, holländischen, auch französischen Dampfern über den Ocean, aber die meisten freilich nicht, um wiederzukommen. Es sind Auswanderer, denen es in der Alten Welt zu enge geworden, und die ihr Glück in der Neuen Welt versuchen wollen, wo härtere Arbeit und schwerere Prüfungen ihrer warten, als sie ahnen, aber Fleiß und Ausdauer bei den meisten doch zu gutem Ende führen»[3], schrieb der Romancier und Dichter Friedrich Bodenstedt, der dieselbe Reise etwa zehn Jahre vor Dvořák unternahm. Er schilderte sehr lebendig die Menschenmasse, die in das Schiff strömte: «Die Einschiffung von Hunderten von Menschen beiderlei Geschlechts aus allen Berufskreisen und von jedem Alter, angefangen beim schreienden Kinde an der Mutterbrust, bis hinauf zum mürben Greise, dessen sorgenvolle Stirn verkündet, daß er nicht aus eitel Neugier

Doppelschrauben-Schnelldampfer «Deutschland» der Hamburg-Amerika-Linie, 1900. Bis zu 1000 Menschen fuhren auf den riesigen Dampfschiffen nach Amerika, zumeist Auswanderer. Noch nie zuvor reiste man so weit und in solchen Massen.

in die Neue Welt zieht, erzeugt anfangs einen lärmenden Wirrwarr, aus welchem sich erst allmählich eine gewisse Ordnung entwickelt, wenn das Gepäck glücklich gesondert und untergebracht ist, und jeder weiß, wo er sein Haupt während der Reise niederzulegen hat.»[4]

Bodenstedt, der sich eine eigene Kajüte auf dem Oberdeck leisten konnte, reiste vornehm, verglichen mit den ärmeren Passagieren, denen allerdings sein besonderes Augenmerk galt: «Die Zwischendeckpassagiere sind natürlich am zahlreichsten vertreten, sie zählen immer nach Hunderten und bieten Bilder herzergreifenden Elends, leiblicher und sittlicher Verkommenheit die Fülle. Doch fehlt es unter ihnen auch an rüstigen Burschen und Mädchen nicht, die hoffnungsvollen Blicks der Neuen Welt entgegensehen, um ihr Glück dort zu versuchen. Desgleichen fehlt es nicht an entschlossenen Männern und Frauen, die mit Kind und Kegel ihr Dorf verlassen haben, von der Noth getrieben und von dem (ach, wie oft trügerischen) Gedanken: schlimmer als es uns in der alten Heimat ergangen, kann es uns in der neuen nicht ergehen.»

Die Passagierdampfer dieser Zeit boten für die besser zahlenden Gäste einen verschwenderischen Komfort. Wie Bodenstedt, so hatte auch die Familie Dvořák im Oberdeck eigene Kajüten, konnte sich in der vornehm und luxuriös eingerichteten Salon-Kajüte, in der bequeme Divans zum Verweilen einluden, in der eleganten Raucher-Kajüte oder in einem luftigen Pavillon auf dem Verdeck aufhalten. Doch der natur- und technikbegeisterte Dvořák war am liebsten auf Deck, selbst an stürmischen Tagen, wie Kovarik berichtete:

Rauchersalon der alten «Deutschland» der Hamburg–Amerika-Linie (1847).

«Der Meister war ein erprobter Seefahrer; die ganzen Tage spazierte er bei Sturm und Wind auf Deck umher. Einige Male geschah es, daß er der einzige Passagier war, der in den Speisesalon kam, und wenn ihn Kapitän Rinck so vereinsamt sah, lud er ihn zu seinem Tisch, dann wurde hübsch gefrühstückt oder gemittagmahlt, die Zigarren angezündet und Plauderstunde gehalten.» [5]

Am 27. September erreichte die «Saale» das amerikanische Festland – nach neun Tagen. Sie brauchte also fast drei Tage mehr als die «Servia» und war somit ein ziemlich langsamer Ozeanriese. Dvořák war von der Einfahrt des Schiffes in die New Yorker Bucht fasziniert: «Die Aussicht von ‹Sandy Hook› (Hafenstadt) – gegen New York mit dem Anblick der großartigen Statue der ‹Liberty› (allein in ihrem Kopf haben 60 Personen Platz, und es pflegen Gastmähler dort stattzufinden u. a.) – diese Aussicht ist berauschend! Und dazu die Unmasse von Schiffen aus allen Erdteilen?! Ja, wie ich sage, zauberhaft.» [6] Die Ozeandampfer landeten am Pier von Hoboken, New Yorks großem Passagierhafen. Dort «am Bahnhof erwartete uns der Sekretär unseres Konservatoriums, Herr Stanton – und was mich besonders freute – eine tschechische Abordnung. Wir begrüßten einander und sprachen ein paar Worte und heidi – schon erwartete uns ein Wagen, und bald darauf waren wir in New York.»

«Schöne Gebäude und prächtige Strassen»

Dvořák war nun in der Neuen Welt. Ein langer Traum erfüllte sich damit. Schon vor Jahren hatte er Longfellows Indianer-Epos «Das Lied von Hiawatha» gelesen. Nun trug er es im Reisegepäck mit sich. Amerika begann damals gerade Mode zu werden. Karl May hatte seine Indianerromane veröffentlicht. Die Menschen in Europa bestaunten das unermeßlich große Land und die Freiheit, die dort herrschte. Sie träumten vom wilden, noch ursprünglichen Westen, von Abenteuern, vom Goldrausch, vom schnellen Reichtum ... Die Neue Welt war nicht nur für viele Arme eine Hoffnung, sondern auch für die Künstler und Schriftsteller, die – selbst in der Melancholie des fin de siècle verfangen – hier eine neue Kraft verspürten.

Wurden Dvořáks romantische Träume von Amerika bestätigt? Wie aber wirkte auf ihn die Neue Welt? «Die Stadt selbst ist großartig, schöne Gebäude und prächtige Straßen und überall große Sauberkeit»[7], war sein erster Eindruck von New York, und dies hatte nichts mit Indianerromantik zu tun.

Bodenstedt beschrieb ausführlicher, was Dvořák nur mit wenigen Worten andeutete: «Der Broadway ist jedenfalls die großartigste Geschäftsstraße, die mir je zu Augen gekommen; sie besteht fast nur aus Palästen, darunter viele von weißem Marmor, wenigstens in der Fronte, andere von Eisen und die übrigen aus rothen Backsteinen aufgeführt. Die meisten dieser Gebäude sind von ungewöhnlicher Höhe; ich habe die Stockwerke nicht gezählt, denn es ist schwer bei der hin- und herwogenden Menschenmenge auf einem Flecke stehen zu bleiben ...»[8] Neben der Schönheit und Modernität war Bodenstedt vom Tempo, das in New York schon damals herrschte, überrascht: «Die Fußgänger gingen im Geschwindschritt, ohne sich nach rechts oder links umzusehen, und die zahlreichen Equipagen, worunter viele von allein fahrenden Damen gelenkte Einspänner, sogenannte Buggies, mit hohen, weit voneinander abstehenden und auffallend schmalen Rädern, suchten sich förmlich in Eile zu überbieten. Menschengedränge, Wagengerassel, ein buntes, lärmendes Durcheinander jeder Art gibt es in allen großen Städten und besonders wo der Handel das Scepter führt, aber nirgends tritt es so massenhaft und betäubend auf, und vor allem: nirgends zeigt es sich so übersichtlich wie in New York, wo der Wirrwarr der lebenden Bilder sich in weiter gespannten Rahmen bewegt und alles von vornherein mehr auf Luft und Licht angelegt ist als in den älteren Weltstädten.»[9]

Dvořák staunte über die große Stadt, gewiß auch über die vielen Menschen. Doch sie waren alle – wie schon Bodenstedt bemerkte – gleich gekleidet, nämlich in grauen Arbeitsanzügen, und so wurden die Unterschiede zwischen Weißen, Schwarzen oder Gelben nivelliert. Nichts blieb mehr übrig von der Indianer- oder Negerkultur. Die Träume vom Wilden Westen erwiesen sich zumindest hier als schöne, aber unwahre Phantasiegeschichten. Vielmehr hatten die Menschen alle Bräuche und Eigenschaften ihrer Herkunft aufgegeben und schienen zu einer gleichförmigen Masse zusammengeschmolzen. Sie lebten für die Arbeit, und wer keine Arbeit hatte, mußte als armer Obdachloser auf Parkbänken übernachten, wie Bodenstedt hervorhob: «Bei unserer Rückkehr in das Hotel fiel mir auf, in den verschiedenen grünen Squares, welche wir passierten, die meisten Bänke von theils sehr dürftig, theils sehr verwildert aussehenden Menschen besetzt zu finden, und ich wurde von meinem Begleiter belehrt, daß sehr viele Obdachlose selbst die kalten Nächte im Freien zubringen, gerade wie in London. An Bildern des Elends fehlt es in New York so wenig wie in anderen großen Städten.» [10]

Dies alles – Armut, die erdrückende Masse der Menschen, das Fehlen von ursprünglicher Volkskultur, moderne Welt anstelle von Wildwestromantik – meinte wohl Dvořák, als er nach Hause schrieb: «Es gibt hier Dinge, die man bewundern muß, andere wiederum würde ich lieber nicht sehen, aber was hilft das alles, überall hat es seinen Haken – im ganzen und großen ist es aber doch nur etwas ganz anderes, und wenn Amerika so fortfahren wird, wird es alle übrigen übertreffen.» [11]

«Sensational gossip» über Dvořák

Dvořák wurde in New York wie ein Star empfangen. Die Reporter der Zeitungen verfolgten ihn auf Schritt und Tritt. Er mußte Interviews und Statements abgeben. Die amerikanischen Journalisten versuchten, möglichst alle – auch völlig unbedeutende – Details seines Lebens auszukundschaften. In ihren Berichten befaßten sie sich weniger mit seiner Musik als mit seiner Person ohne jede Hemmung, ihm zu nahezutreten: «Er ist keineswegs eine ehrfurchtgebietende Persönlichkeit. Er ist viel größer, als seine Bilder vermuten lassen, und besitzt nicht ein Zehntel der Wildheit einer Bulldogge, wenn er mit einer von ihnen zusammenstößt. Ein Mann ungefähr 5 Fuß, 10 oder 11 Inch groß, von natürlicher Würde, ein Mann von Charakter erscheint mir Dvořák als ein Original und zwar ein natürliches und – wie Rossini sagen würde – natürlich zu sein, ist größer als original zu sein . . . Die Form seines Gesichtes ist nicht schön, aber die Linien seiner Augenbrauen sind so fein modelliert, in seinen feurigen Augen und seinen Gesten ist so viel emotionale Lebendigkeit, daß sein Gesicht kaum vergessen werden kann, wenn er in einem Gespräch Feuer fängt»[12], schrieb beispielsweise der «Musical Standard».

Aus dem tschechischen Komponisten wurde so marktschreierisch eine Sensation gemacht. Dvořák reagierte auf die moderne Publicity, die in Europa erst einige Jahrzehnte später einziehen wird, mit gesunder Gleichgültigkeit: «Was die amerikanischen Zeitungen über mich schreiben, ist schrecklich – sie sehen in mir einen Erlöser der Musik, und ich weiß nicht, was noch alles! Alle wissenschaftlichen und politischen Blätter schrieben und schreiben unausgesetzt von mir.»[13] Er nannte es: «‹Sensational gossip›, wie man hier sagt, Geschwätz und nichts anderes.»

Auch die marktschreierische Presse gehörte zur Neuen Welt. Sie erreichte, daß der Name Dvořák in aller Munde war und die Massen in seine Konzerte strömten. Ende November dirigierte er das Boston Symphony Orchestra. «100 Musiker, meistens Deutsche und der Dirigent ebenfalls. Er heißt Nikisch ...», schrieb er. Dabei war er begeistert, daß auch sozial schlechter gestellte Musikfreunde seine Musik hören konnten; denn das Programm wurde zweimal gespielt: «Stellen Sie sich nur vor, wie die Amerikaner im Interesse der Kunst und des Volkes arbeiten! So kam ich zum Beispiel gestern hierher nach Boston, mein Pflichtkonzert zu leiten – es wird das «Requiem» mit einigen hundert Ausführenden gegeben. Das Konzert wird am Mittwoch, den 1. Dezember, nur für ein reiches und intelligentes Publikum gegeben, aber tags zuvor wird mein Werk auch für arme Arbeiter gespielt und zwar deshalb, damit auch das arme, ungebildete Volk Gelegenheit hat, die musikalischen Werke aller Zeiten und Völker zu hören!! Das ist allerhand, nicht wahr? Ich freue mich darauf, wie ein kleines Kind.»[14]

Hier konnte er seinen sozialen Neigungen nachgehen. Aber er begegnete dabei auch einem neuen Phänomen – der modernen Massenkultur, die Musik nicht mehr nur dem Kenner und Musikliebhaber, sondern einem viel breiteren Publikum darbietet. «3000 Leute waren im Saal – und der Jubel und die Begeisterung wollte kein Ende nehmen. Es wurden tschechische und englische Reden gehalten, und ich Unglücksrabe mußte mich von der Bühne herab bedanken; in der Hand hatte ich einen Silberkranz, Sie können sich denken, wie mir zu Mute war», berichtete der Komponist seinem Freund Emil Kozánek nach Hause. Die Konzertsäle faßten in Amerika oft mehrere tausend Menschen, während im alten Europa in dieser Zeit 700 oder 800 Plätze schon viel waren.

Die Familie Dvořák vor dem Haus in der 17th East Avenue in New York. Dort fühlte sich Dvořák fast wie zu Hause und setzte das Leben, das er in Prag geführt hatte, fort.

New York: Tauben, Lokomotiven und Dampfschiffe

Dvořák staunte über die Neue Welt, aber er blieb der alte. Er suchte Ruhe im hektischen New York und wechselte deshalb vom – nach europäischen Maßstäben – luxuriösen Hotel Clarendon, «wo für den Meister Zimmer bestellt waren – mit einem Konzertklavier» [15], in eine bescheidene Privatwohnung bei Mrs. Drew. «Der Meister hatte aber im Hotel nicht genug Ruhe und sehnte sich nach einer Privatwohnung», erinnerte sich Kovarik. Die Wohnung war nicht nur ruhiger, so rechnete der sparsame Künstler, sondern auch billiger als das Hotel: dort zahlte er 55 Dollar in der Woche, in der Wohnung nur 80 Dollar im Monat – und außerdem lag die Wohnung nur vier Minuten vom Konservatorium entfernt in der 17th Street East Nr. 327 am Stuyvesantpark. Nach dem Umzug erfreute ihn eine angenehme Überraschung: «Herr Steinway sandte mir zugleich ein Klavier und zwar ein sehr schönes und selbstverständlich unentgeltlich.» [16]

In der Wohnung von Mrs. Drew fühlte sich Dvořák fast wie zu Hause. Er führte nämlich in New York sein altes Leben, wie er es in Böhmen gewohnt war, weiter. Zu seinem Glück brauchte er nicht mehr als seine Familie, häusliche Ruhe und einen gemütlichen Abend bei Kartenspiel. Die Neue Welt imponierte ihm wenig. Er ließ sich nicht von ihrer Hektik anstecken, lebte vielmehr so ruhig wie früher weiter. Er machte sich nichts aus dem Presserummel um seine Person, sondern blieb der bescheidene Dvořák aus Prag.

Nur zwei Dinge vermißte er: Tauben und Lokomotiven. Die Tauben züchtete er, als er noch zu Hause war, auf seinem Landgut in Vysoká; die Lokomotiven betrachtete er regelmäßig am Prager Hauptbahnhof und kannte fast jeden Lokomotivführer persönlich. Doch in New York gab es keine Tauben, und der einzige Bahnhof auf Manhattan ließ unglücklicherweise außer Reisenden niemand zu den Zügen. «So fuhren wir also mit der Hochbahn bis in die

155. Straße, eine gute Stunde von der Wohnung des Meisters, und dort auf dem Hügel warteten wir, bis ein Schnellzug nach Chicago oder Boston vorbeifuhr. Aber das nahm viel Zeit in Anspruch, beinahe den ganzen Nachmittag, da wir immer auf mehrere Züge warteten, damit es die Mühe lohne ...»[17]

Doch bald kam zum Lokomotiv- auch noch ein Dampfschifftick. Fast täglich fuhr der Komponist nämlich zum Hafen: «Es gab dann kein einziges Schiff, das wir nicht kreuz und quer durchstöbert hätten. Der Meister kam immer mit dem Kapitän des Schiffes ins Gespräch, dann mit seinem Assistenten und bald kannten wir jedes Schiff und alle Herren Kapitäne und Unteroffiziere beim Namen. Geschah es, daß sich der Meister im Konservatorium etwas länger aufhielt oder zu Hause so in seine Arbeit vertieft war, daß er die Abfahrt des Schiffes vergaß, so daß für den Weg zum Hafen keine Zeit mehr übrig blieb, fuhren wir mit der Hochbahn in den Battery Park (den südlichsten Zipfel der Stadt), und von dort verfolgten wir mit unseren Blicken das Schiff auf seiner Reise über den Ozean, so lange es zu sehen war.»

Fernweh, Technikbegeisterung, die fast schon zu einer Marotte auswuchs, erfüllten den Komponisten. Ihn beseelte die naive Freude an diesen Wunderwerken der Technik. Er staunte, wie die Ozeanriesen als kleiner Punkt am Horizont des Atlantiks verschwanden. «Am Abend, nach einer Partie ‹Darda›, erwogen wir mit dem Meister, wieviel Knoten das Schiff gemacht haben könnte, wo es etwa wäre usw. Früh war die erste Arbeit des Meisters, daß er den ‹Herald› nahm und die ‹Schiffsnachrichten› durchlas.»

Für seine Taubenliebe fand er einen Ersatz im Central Park, «wo es einen kleinen zoologischen Garten gibt und auch Gebäude mit verschiedenen Vögeln, und dort kamen wir zu einem riesigen Käfig mit etwa zweihundert Tauben. Das war für den Meister eine wirkliche Überraschung, und die Freude über die Tauben war groß, und obzwar keine von ihnen seinen Hohl- und Ringeltauben gleichkam, pflegten wir doch einmal, manchmal sogar zweimal wöchentlich, in den Central Park zu fahren.»

Der große Komponist hatte sich wie ein Kind die Freude an Tauben, Eisenbahnzügen und Dampfschiffen bewahrt. Unbekümmert verband er Natur- und Technikliebe. Dabei blieb er sich auch im großen New York treu.

Eine nationale Musik für Amerika

Für viele tschechische Auswanderer war Dvořák ein Bote aus der Heimat. Aber nicht nur böhmische Nostalgie verbreitete seine Musik, vielmehr sahen die Amerikaner in ihr auch das Vorbild für eine eigene amerikanische Nationalmusik. «Die Amerikaner erwarten große Dinge von mir, vor allem soll ich ihnen den Weg ins gelobte Land und in das Reich der neuen selbständigen Kunst weisen, kurz, eine nationale Musik schaffen! Wenn das kleine tschechische Volk solche Musiker habe, warum sollten sie sie nicht auch haben, wenn ihr Land und Volk so riesig groß ist!» [18] Den Tschechen gelang es als ersten, sich von der im 19. Jahrhundert allmächtigen deutschen Musik zu befreien. Nun sollte Dvořák den Amerikanern helfen, dasselbe zu tun.

Der Komponist aus Prag übernahm in Amerika eine Aufgabe von nationaler Tragweite: den Impuls für eine eigenständige amerikanische Kunstmusik zu geben. Führende Persönlichkeiten wie Jeanette Thurber, die Leiterin des Konservatoriums, oder der Millionär Oberst Higginson, der das Boston Symphony Orchestra gegründet hatte, erwarteten dies ebenso wie das breite Publikum. «Entschuldigen Sie, wenn ich etwas unbescheiden bin, aber ich sage Ihnen nur das, was die amerikanischen Zeitungen unablässig schreiben! – Es ist gewiß eine große und hehre Aufgabe für mich, und ich hoffe, daß sie mir mit Gottes Hilfe gelingen wird» [19], schrieb Dvořák nach Hause.

Diese «hehre Aufgabe» versuchte er zunächst als Lehrer zu erfüllen. Er hatte acht Kompositionsschüler aus ganz Amerika, die – wie er meinte – «vielverheißend» waren: «Talente sind hier auch in Menge vorhanden, ich habe Schüler bis aus San Franzisko! Meistens sind es arme Leute, aber an unserer Anstalt ist der Unterricht unentgeltlich; wer wirklich Talent hat – zahlt nichts!» Meister Dvořák gab am Montag, Mittwoch und Freitag jeweils von 9 bis 11 Uhr Komposition und leitete zweimal in der Woche das Hochschulorchester von 4 bis 6 Uhr: «. . . die übrige Zeit habe ich zu meiner Verfügung. Sie sehen, daß es nicht viel ist, und Mrs. Thurber ist sehr ‹considerate› », lobte er.

Viel mehr als der Unterricht erregte allerdings ein Wettbewerb, den Mrs. Thurber ausgeschrieben hatte, die öffentliche Aufmerksamkeit. Die Preisgelder, die dem Sieger winkten, waren hoch: «Für eine Oper 1000 Dollar, für ein Oratorium 100 Dollar, für ein Libretto 1000, für eine Symphonie 500, Kantaten und Klavier- oder Violinkonzerte zu 300 Dollar!» So verwundert es nicht, daß «aus ganz Amerika eine riesige Menge Noten» eingeschickt wurde, und Dvořák stöhnte: «. . . und ich muß alles durchsehen!» Allerdings nahm er diese Aufgabe nicht allzu schwer: «Viel Arbeit habe ich nicht damit. Ich schau mir die erste Seite an und erkenne sofort, ob es ein Dilettant – oder ein Künstler ist –» Was waren die Ergebnisse? Fanden Dvořák und die anderen Herren der Jury eine amerikanische Nationalmusik? Nüchtern bemerkte der tschechische Meister: «Was die Opern anbelangt, so sind sie elend, und ich weiß nicht, ob eine einen Preis verdient. (. . .) Dafür sind aber die übrigen Kompositionen wie Symphonien, Konzerte, Suiten, Serenaden usw. sehr interessant für mich –

alle sind mehr oder weniger wie bei uns – in deutscher Schule ausgebildet, aber hie und da schimmert ein anderer Geist durch, andere Gedanken, andere Farben, kurz indianische Musik. Ich bin sehr neugierig, wie sich die Dinge entwikkeln werden.»

Dvořák wirkte in den USA wie ein Katalysator, der einen längst angestauten Meinungsstreit entfachte: Ist die europäische Kultur der Weißen nicht allen anderen Kulturen überlegen? Wie soll man dann aber die Kultur der Schwarzen und Indianer ernstnehmen? Bislang war zwar Amerika ein unabhängiger, reicher Staat, besaß aber keine eigene Kultur. Die gebildeten Nachfahren der Weißen orientierten sich an Europa und schickten ihre Kinder, wenn sie es sich leisten konnten, zum Studium in die Alte Welt. Dies galt auch für die Künste, insbesondere für die Musik. Hier dominierte die deutsche Schule. Mozart, Beethoven, Mendelssohn und Schumann waren die Vorbilder von amerikanischen Komponisten wie Anthony Philipp Heinrich, der bisweilen «Beethoven von Amerika» genannt wurde, oder Louis Moreau Gottschalk, der ein gefeierter Konzertpianist und Komponist brillant-virtuoser Musik war. Auch die während Dvořáks USA-Aufenthalt tonangebenden Komponisten J. K. Paine und Edward MacDowell ahmten die deutschen Meister nach.

Dvořák dagegen erhob eine revolutionäre Forderung: amerikanische Musik müsse von den Melodien der Ureinwohner, also der Indianer und der Neger, ausgehen. Deren Musik sei noch ursprünglich und eigenständig. Hier könnten, so war er überzeugt, neue, fesselnde Melodien und Rhythmen gefunden werden. Das würde eine echte amerikanische Musik werden. Damit würde sich die amerikanische Musik – wie schon zuvor die tschechische – von der allmächtigen deutschen Schule lösen und einen eigenen Weg finden. Dvořák vertrat seine revolutionäre Idee in vielen Interviews – wie etwa im «New York Herald»: «Ich bin überzeugt, daß die zukünftige Musik dieses Landes auf der Grundlage der Lieder aufgebaut werden muß, die Negermelodien genannt werden. Diese müssen die Grundlage einer ernsten und ursprünglichen Kompositionsschule werden, die in den USA zu begründen ist.»[20]

Doch die Entrüstung der gebildeten Amerikaner war groß. Die Musik der Neger und der Indianer sollte die Grundlage der amerikanischen Nationalmusik bilden? Beide Völker wurden von den Weißen verachtet. Sie konnten sich nicht vorstellen, daß die Musik der Neger, der ehemaligen Sklaven, und die der Indianer, die man als primitive Urbevölkerung bekämpft und nahezu ausgerottet hatte, Amerikas Nationalmusik begründen sollte. Amerika war damals noch weit davon entfernt, die Idee einer gleichberechtigten, multikulturellen Gesellschaft zu entwickeln. Vielmehr herrschte die weiße Kultur unumschränkt. So überrascht es nicht, daß der Komponist MacDowell verächtlich «das Strickmuster für eine ‹Amerikanische› Nationalmusik angeboten von dem Böhmen Dvořák» ablehnte (allerdings komponierte er inkonsequenterweise selbst eine «Indianische Suite») und dagegen einwandte: «Trotz Dvořáks Bemühen, die amerikanische Musik in ein Negergewand zu kleiden, meine ich, daß solche fremde Künstlichkeit keinen Platz in unserer Kunst haben sollte, wenn sie unseres freien Landes würdig sein soll.»[21]

Dvořák hatte mit seinen Anregungen in ein Wespennest gestochen. Die Gebildeten, die viel von ihren europäischen Vorfahren und deren Kultur hielten, wiesen seine Gedanken empört zurück. Doch Dvořák ließ sich nicht beeindrucken: «Die Kritik ist auch hier teilweise gegen mich, aber die übrigen sind alle gute Freunde und schreiben gerecht, manchmal sogar begeistert. Ich wünschte mir nur noch mehr Feinde, wie ich sie in Wien habe, bis auf die berühmte Ausnahme von Dr. Hanslick, ich habe eine gute Natur, vertrage viel und verzeihe ihnen noch dazu gern.»

Dvořáks Vorschlag einer amerikanischen Nationalmusik war zugleich realitätsfern und visionär. Warum gerade die Musik der Indianer, die in Reservaten eingesperrt lebten? War das nicht Karl-May-Romantik? Warum die Musik der Neger, die noch immer kein Wahlrecht hatten, zwar keine Sklaven, aber doch Menschen zweiter Klasse waren? Wie sollte das nicht die wirtschaftlich und politisch dominierenden Nachfahren der Europäer verärgern? Dvořák kannte offenbar die politischen, wirtschaftlichen und gesellschaftlichen Machtverhältnisse in der Neuen Welt nur wenig.

Doch dies konnte man von ihm als Künstler auch nicht verlangen. Er dachte sich vielmehr die Utopie einer musikalischen Weltkultur aus, in der nicht mehr nur europäische, sondern auch afrikanische und indianische Musik zu ihrem Recht kommen sollte. Dies war genial und weitsichtig: im 20. Jahrhundert wird sich die amerikanische Musik auf den Jazz, schließlich auf ein gleichberechtigtes Zusammenwirken der Musik aus aller Welt besinnen und dadurch der Ort sein, wo als erstes eine musikalische Weltkultur entsteht.

«Sie macht mir grosse Freude»: Symphonie «Aus der Neuen Welt»

Dvořák gab aber nicht nur den Zeitungen Interviews und seinen Studenten pädagogische Ratschläge. Er setzte seine Vision einer Musik für die Neue Welt auch in die Tat um. In wenigen Monaten – dies zeigt, wie sehr ihn Amerika inspirierte – komponierte er eine neue, seine letzte Symphonie; die ersten Skizzen notierte er am 19. Dezember 1892, die Partitur beendete er bereits im

Frühjahr 1893. Auf der letzten Seite des Autographs steht: «Lobet Gott! Beendet am 24. Mai 1893. Die Kinder haben Southampton erreicht. Antonin Dvořák. Ein Telegramm ist um 1.33 Uhr nachmittags angekommen.»[22] Die Freude über das neue Werk, die baldige Ankunft der Kinder und über den bevorstehenden Urlaub vermischten sich. Erst im Herbst wird der Komponist der Symphonie den Titel geben, unter dem sie populär wurde: «Aus der Neuen Welt».

Schon im April war ihm bewußt, wie anders als die vorhergehenden Werke die e-moll-Symphonie ist: «Sie macht mir große Freude und wird sich von meinen früheren grundlegend unterscheiden. Nun, wer eine ‹Spürnase› hat, muß den Einfluß Amerikas erkennen.»[23]

Sofort nach seiner Ankunft in New York hatte sich Dvořák für die Musik in Amerika interessiert: er beschaffte sich Sammlungen mit Negro Spirituals und Plantage-Gesängen. Einen schwarzen Studenten des Konservatoriums, Harry T. Burleigh, bat er, ihm Spirituals vorzusingen. Wesentlich mehr Mühe bereitete es ihm, an indianische Musik heranzukommen. Hierzu besuchte er die «Wild West Show» von Buffalo Bill und ließ sich Transkriptionen indianischer Lieder geben. Dann studierte er die Tonleitern, Rhythmen und Melodien und kam zu dem Ergebnis: «. . . die Musik der beiden Rassen hatte eine bemerkenswerte Ähnlichkeit mit der Nationalmusik von Schottland. Beide haben eine besondere Tonleiter, verursacht durch das Fehlen der vierten und der siebten Note, also des Leittons. In beiden hat die Molltonleiter eine siebte Stufe, die unveränderbar eine kleine Sept ist, die vierte Stufe ist einbezogen und die sechste ist ausgespart.»[24] Wie ein Naturwissenschaftler analysierte er das Tonsystem dieser Musik und stellte Ähnlichkeiten mit europäischer Volksmusik fest. In seiner Symphonie übernahm er nicht bestimmte amerikanische Melodien, aber typische Merkmale ihrer Konstruktion.

Ist die Symphonie «Aus der Neuen Welt» trotzdem böhmische Volksmusik? Kritiker fanden rasch heraus, daß viele Elemente der angeblichen Negermusik auch in der tschechischen Volksmusik vorkommen. Ist das Amerikanische also nur ein Kostüm für das Böhmische? Dvořák wollte den *Geist* Amerikas in seiner Musik zeigen, nicht Spirituals oder Indianergesänge komponieren. Seine Symphonie sollte einen anderen, weiteren Horizont haben, der nun von Prag ausgehend bis nach Amerika reichte.

Melancholisch und sehr leise beginnt das einleitende Adagio. Doch schon hier gesellt sich zur klagend absteigenden Bratschenmelodie im Violoncello ein Motiv in Jazzrhythmik, gleichsam eine Vorahnung auf Amerika. Paukenschläge und Hornsignale durchbrechen die elegische Stimmung. Und schon beginnt im Allegro molto das hektische Leben der Neuen Welt. Auf die Hornfanfare im aus dem Takt fallenden «Neger»-Rhythmus folgen oft wiederholte, sich

Antonin Dvořák: Skizze zum ersten Satz der Symphonie e-Moll «Aus der Neuen Welt». Diese Symphonie war in Amerika umstritten, da sich Dvořák von Neger- und Indianermelodien inspirieren ließ. Doch bald zählte sie zu den populärsten Werken des Komponisten.

jagende Rhythmen, die einen maschinenhaften Charakter haben. Gewaltig türmt sich dann im ganzen Orchester das Horn-Fanfarenthema auf, gleichsam wie das menschenreiche und wolkenkratzermächtige Amerika. Klang- und Motivmassen strömen auf den Hörer zu – moderne Pracht und eine titanische Eruption zugleich. Nach diesem beeindruckenden und beängstigenden Beginn erklingen lyrischere Töne: in der Klarinette eine breit angelegte Klage wie in einem Spiritual, darunter der brodelnde Rhythmus von zuvor, dann in den Flöten eine «swingende» Melodie in ursprünglicher Pentatonik und in einem vom Taktschema freien Rhythmus, der für die Freiheit der Neuen Welt steht. Doch schon bald wird diese Melodie symphonisch weiterverarbeitet, so umgewandelt, daß sie die Dynamik, das Fort- und Weiterstreben der modernen Welt symbolisiert. In der Durchführung formt Dvořák den «Wirrwarr» der Neuen Welt, von dem Bodenstedt sprach, in ein polyphones Neben- und Durcheinander – ein Sinnbild der bunten Neuen Welt.

Ganz anders klingt der langsame Mittelsatz, das Largo. Anfangs legen sich schwebend wirkende Pianissimo-Akkorde wie ein durchsichtiger, mit feinem Aquarell gemalter Vorhang um die nun vom Englischhorn gespielte elegische Melodie. Sie wirkt wie ein Negro-Spiritual, ist pentatonisch, atmet in ihrem Rhythmus die ursprüngliche Wildheit Afrikas, scheint in ihren fünf Tönen gefangen zu sein, bis sie schließlich schmerzvoll in die Höhe ausbricht. Dvořák soll diese Melodie dem Englischhorn gegeben haben, weil es dem Timbre von Burleighs Stimme, der ihn – wie bereits erwähnt – mit Negro Spirituals vertraut gemacht hatte, am nächsten kam. Doch das Englischhorn galt im 19. Jahrhundert auch als Nachfolger der Hirtenschalmei, erzählte melancholisch von fernen Zeiten, hier im Largo von der alten, nun zerstörten Indianerwelt. Dvo-

Illustration aus: The Song of Hiawatha von Henry Wadsworth Longfellow, 1855. Diese Dichtung beschrieb erstmals das Leben der Indianer und fand in Europa viel Beachtung.

řák nämlich hatte schon früher in Prag Henry Wadsworth Longfellows Dichtung «Das Lied von Hiawatha» gelesen und nahm nun in Amerika die Lektüre wieder auf. Longfellows Dichtung, die 1855 erschien, versuchte nach dem Modell des finnischen Nationalepos «Kalevala» aus indianischen Mythen ein amerikanisches Nationalepos zu schaffen – die Welt der Indianer, die gerade ausgerottet oder in Reservate eingesperrt wurden, verklärte er romantisch zu einem Heldentum, wie man es in Europa vom gerade neu entdeckten Mittelalter her kannte. Dvořák wurde von Longfellows Gedicht dazu angeregt, das Leben der Indianer voller Wehmut zu besingen – oder im folgenden Satz, einem Scherzo, Tanz und Lebensfreude einer Indianerhochzeit darzustellen.

Die beiden mittleren Sätze wollen also vielleicht die Vergangenheit zeigen, die Kultur der Indianer und Neger, die unter den Einfluß der neuen Welt geraten war. Das Finale dagegen besingt wieder den Sieg der modernen Zeit, bildet sehr realistisch das Getriebe, das Stoßen und Stampfen der Maschinen, den schrillen Klang und den alles mit sich reißenden Strom des Fortschrittes nach. Die Musik ist ins Massenhafte vergrößert und eilt im Geschwindigkeitsrausch der Moderne dahin. Aber auch in anderer Hinsicht ist das Allegro con fuoco ein Abbild der neuen Zeit; denn mit kühner musikalischer Technik verbindet Dvořák alle Themen der Symphonie, die hier nochmals erklingen, zu einer imposanten musikalischen Konstruktion: der Lokomotiv- und Dampferfan war ein musikalischer Techniker von erstaunlicher Kühnheit.

Nach Abschluß der Symphonie und der Ankunft der Kinder reiste die Familie Dvořák am 3. Juni 1893 in den Urlaub nach Spillville, dem Heimatort seines Schülers Kovarik. «Unsere ‹Karavane› oder Gruppe zählte elf Personen – der Meister mit Gemahlin, Frau Koutecká, 6 Kinder, ein Dienstmädchen (das Frau Koutecká aus Böhmen mitgebracht hatte) und meine Wenigkeit. Der Weg aus New York nach Spillville (etwa 1300 englische Meilen – rund 2112 km) führte uns über Philadelphia, Harrisburgh, über die Alleghaner Berge nach Pittsburg und von dort weiter über Chicago nach Spillville. Die Reise interessierte den Meister ungemein, immer wieder mußte ich erklären, wo wir vorbeifuhren usw. Der Weg kam uns nicht zu lang vor, alles ‹klappte›, der Zug hatte keine Verspätung, und des Meisters Interesse wuchs.»[25] Am Sonntag erreichte die Reisegruppe Chicago, das sie tagsüber besichtigte. Abends ging es weiter im Zug, ein Stück am Mississippi entlang, und morgens konnte man endlich in Calmar aussteigen. Kovariks Vater und der Pfarrer Hochwürden Thomás Bily begrüßten den berühmten Komponisten am Bahnhof. Dann brachte eine Kutsche die Reisenden die letzten acht Kilometer nach Spillville.

Endlich war Dvořák wieder auf dem von ihm so geliebten Land und konnte noch etwas vom ursprünglichen Wilden Westen, wie ihn Longfellow beschrieben hatte, erahnen. Er kehrte wieder «nach Hause» zur Natur und zu seinen romantischen Träumen von Amerika zurück. Doch auch in anderer Hinsicht bedeutete ihm Spillville Heimat. Denn es war – wie er hervorhob – eine «rein tschechische Siedlung». Vor 40 Jahren hatten sich hier Leute aus Pisek, Tabor und Budweis angesiedelt: «Lauter arme Leute, die nach großer Mühe und Anstrengung reich geworden sind und denen es jetzt hier sehr gut geht.»[26]

Dvořák genoß das dörfliche Leben. Er war ganz in seinem Element, stand jeden Morgen um vier Uhr auf, machte einen großen Spaziergang, komponierte (am Streichquartett F-Dur und dem Streichquintett Es-Dur), spielte um sieben Uhr in der Kirche bei der Frühmesse die Orgel, stand dann mit den Kirchgängern zu einem kleinen Dorfschwatz beisammen, komponierte wieder, brach zum großen Nachmittagsspaziergang in die faszinierende Landschaft auf: «Es ist sonderbar hier. Wenig Menschen und viel freier Raum. Ein Bauer ist von dem andern bis 4 Meilen entfernt, besonders in den Prärien (ich nenne sie Sahara) gibt es nichts als große Streifen von Feldern oder Wiesen – und das ist alles, was es zu sehen gibt. Menschen begegnet man nicht (hier wird nur geritten) und man ist froh, in den Wiesen und Wäldern das zahllose Vieh zu sehen.» Zum gemütlichen Abschluß des Tages saß er mit älteren Aussiedlern beisam-

Ein Zug der Union-Pacific-Bahn begegnet einer Büffelherde.

men und «ließ sich von ihnen über ihre bitteren und schweren Anfänge in Amerika berichten».

Das ländliche Idyll wurde nur von einem Konzert in Chicago anläßlich des «Tschechischen Tages» während der Weltausstellung unterbrochen. Nach Wochen in der Einsamkeit war Dvořák wieder mitten im Trubel: 30 000 Tschechen nahmen an einem Umzug teil, ein großes Schauturnen der Sokoln wurde dargeboten, und er dirigierte in der Festival Hall ein 114 Mann starkes Orchester, das seine Ouvertüre «Mein Heim», die Symphonie G-Dur op. 88 und drei «Slawische Tänze» op. 72 spielte. «Orchester wie Aufführung waren großartig und wurden mit allgemeiner Begeisterung belohnt»[27], berichtete er an seinen Freund Antonin Rus, Richter in Mirovice. «Die Ausstellung selbst ist riesenhaft, und es wäre zwecklos, darüber zu schreiben. Das muß man sehen und zwar oft, und doch weiß man nichts darüber, es wird dort allzuviel geboten, und alles ist gewaltig, in der Tat auf amerikanische Weise geschaffen.»

Amerika war ein Land der harten Kontraste. Gerne fuhr Dvořák aus der modernen Industriestadt Chicago ins ländlich abgeschiedene Spillville zurück, das ihn an sein heimatliches Vysoka in Böhmen erinnerte.

Doch am 17. September ging der Urlaub zu Ende, und die «Karawane» zog zurück nach New York, nicht ohne die Niagarafälle zu besichtigen: «Als der Meister dieses Weltwunder erblickte, blieb er gute fünf Minuten stehen, ohne ein Wort zu sprechen, und starrte wie gebannt auf die riesigen Wassermassen, die aus der Höhe von 165 Fuß niederstürzten – endlich fand er Worte: Herrgott, das wird eine Symphonie in h-moll!»[28] Diese Symphonie, auf die einige Skizzen hinweisen, wurde nie komponiert. Allzu gewaltig, nicht in Töne faßbar erschien Dvořák wohl dieses Naturwunder.

Die letzten Jahre in New York: Heimweh nach Böhmen

In New York lernte Dvořák den deutschen Dirigenten und Wagner-Schüler Anton Seidl kennen, der die New Yorker Philharmoniker und die Wagner-Opern an der Metropolitan Opera leitete. Seidl bat ihn, die neu komponierte Symphonie in e-Moll uraufführen zu dürfen. Dvořák willigte ein, und so erklang die Symphonie «Aus der Neuen Welt» erstmals am 15. Dezember 1893 in der Carnegie Hall. «The New York Herald» berichtete: «Der berühmte

Dvořák dirigiert auf der Weltausstellung in Chicago, Zeichnung von E. V. Nádherny. Dvořák war einer der ersten Komponisten und Dirigenten, die eine Weltkarriere machten. Er trat in Europa und in den USA auf.

DR. DVORAK'S GREAT SYMPHONY.

"From the New World" Heard for the First Time at the Philharmonic Rehearsal.

ABOUT THE SALIENT BEAUTIES.

First Movement the Most Tragic, Second the Most Beautiful, Third the Most Sprightly.

INSPIRED BY INDIAN MUSIC.

The Director of the National Conservatory Adds a Masterpiece to Musical Literature.

MR. SEIDL LEADING THE NEW DVORAK SYMPHONY.

Kritik in: New York Herald vom 16. Dezember 1893 über Dvořáks Symphonie «Aus der Neuen Welt». Zu den neuen Erfahrungen, die Dvořák in Amerika machte, gehörte auch der Presserummel, der seinen Auftritten vorausging und folgte. Er selbst zeigte sich freilich davon wenig beeindruckt.

tschechische Komponist war gewiß schwer zufriedenzustellen, aber die Begeisterung entzückte ihn doch ganz besonders, die seine neue Symphonie in dem überaus zahlreichen Publikum hervorgerufen hatte. Nach dem zweiten Satz wurden ihm laute Huldigungen dargebracht. Von allen Seiten erscholl stürmischer Beifall. Jeder der Anwesenden blickte nach der Richtung, nach welcher der Dirigent Anton Seidl schaute. Es war ersichtlich, wohin sich alle Blicke richteten. Endlich wurde ein Mann von mittlerer Körpergröße und aufrechter Gestalt wie eine Tanne der Wälder, deren Musik er so überwältigend mitteilt, von den Zuhörern bemerkt! Durch den ganzen Saal klang der Ruf: Dvořák! Dvořák!»[29] Dvořák erlebte einen seiner größten Triumphe und ließ gelassen den Beifall über sich ergehen; voller Selbstironie berichtete er seinem Verleger Simrock: «Der Erfolg der Symphonie am 15. und 16. Dezember war ein großartiger, die Zeitungen sagen, noch nie hätte ein Componist einen solchen Triumph. Ich war in der Loge, die Halle war mit dem besten Publikum von N. York besetzt, die Leute applaudierten so viel, daß ich aus der Loge wie ein König!? alla Mascagni in Wien (lachen Sie nicht!) mich bedanken mußte. Sie wissen, daß ich mich solchen Ovationen gern entziehen kann, aber ich mußte es tun und mich zeigen!»[30]

Die Symphonie trat von New York aus ihren Siegeszug durch ganz Amerika an – der deutsche Dirigent Paur dirigierte sie in Boston, Seidl in Brooklyn –,

Dokument über Dvořáks Mitgliedschaft in der Philharmonischen Gesellschaft in New York. 1894 wurde Dvořák zum Ehrenmitglied ernannt. Dies zeigt, wie sehr er als Komponist in Amerika geschätzt wurde.

dann durch die ganze Welt: am 21. Juni 1894 erklang sie unter Mackenzie in London, am 20. Juli in Karlsbad. Sie war Weltmusik, entstanden aus der Begegnung eines Komponisten der Alten Welt mit der Neuen, und wurde vom Publikum der ganzen Welt mit Begeisterung gehört. Sie wurde Dvořáks populärstes Werk und blieb es bis heute.

Die letzten Jahre in Amerika verliefen nicht mehr so glücklich wie am Anfang. Dvořák hatte Heimweh. Als seine Schwägerin nach Hause fuhr, war er zutiefst traurig: «Bei meiner Abreise aus New York, als mich alle aufs Schiff begleiteten, brach Dvořák in Tränen aus und sprach zu mir: ‹Wenn ich könnte, führe ich mit Ihnen, sei's auch im Zwischendeck.›»[31] Im Sommer hielt ihn nichts mehr in Amerika. Er verbrachte den Urlaub nicht in Spillville, sondern in seiner geliebten böhmischen Heimat.

Dennoch ließ er sich von Jeanette Thurber noch einmal überreden, zurückzukehren. Begeistert war er von dem schnellen Dampfer: «Wir fuhren mit der ‹Bismarck› aus Hamburg. Sie ist ein ausgezeichnetes Schiff und überquerte den riesigen Ozean, 3100 Meilen (die 450 Meilen von Hamburg nach Southampton nicht miteingerechnet) – sie schaffte es also in 6 Tagen 10 Stunden und einigen Minuten, so daß wir schon am Donnerstag den 25. Oktober um 8 Uhr abends vor New York anlegten.»[32]

Doch die Neue Welt erschien Dvořák nun nicht mehr anregend und inspirierend. «Wir sind gottlob gesund, aber diesmal fühlen wir uns nicht so wohl hier wie im Vorjahre. Wir waren an die Kinder gewöhnt, jetzt vermissen wir sie, und es ist uns bange . . .»[33]

Dvořák komponierte in diesem Jahr sein Violoncellokonzert und klagte: «Nun beende ich bereits das Finale des Cellokonzertes. Könnte ich so sorglos arbeiten wie in Vysoká, wäre ich schon längst fertig. Aber hier geht es nicht – Montag habe ich in der Schule zu tun – Dienstag habe ich frei – die übrigen Tage bin ich auch mehr oder weniger beschäftigt – kurz, ich kann meiner Arbeit nicht so viel Zeit widmen – und wenn ich wieder könnte – habe ich keine Lust – u. s. w.»[34]

Voller Sehnsucht und Heimweh dachte er an sein Landgut in Vysoká: «Dort lebe ich wieder auf, ruhe aus – und bin glücklich.»

Im April 1895 fuhr er endgültig zurück nach Prag. Mrs. Thurber war in Zahlungsrückstand, was er zum Anlaß nahm, vorzeitig den Vertrag zu lösen. Die Alte Welt hatte ihn wieder.

Suche nach dem Verlorenen. Béla Bartók reist zu den ungarischen Bauern

Manchmal liegt das Ferne ganz nah, und bisweilen kann eine Reise nicht nur zu einem anderen Ort, sondern auch in eine andere Zeit führen: sogar in die Vergangenheit und in die Zukunft.

Bevor Béla Bartók eine solche Reise antrat, mußte er erst reif werden und – überwiegend negative Erfahrungen sammeln. 1903 schrieb er 22jährig: «... weil jedes Mitglied der ungarischen Nation, mit ganz geringen Ausnahmen, eine so verletzende Gleichgültigkeit allem gegenüber, was ungarisch ist, an den Tag legt.»[1] Damals fühlte er vor allem als Patriot, wollte dem «Wohle der ungarischen Nation und des ungarischen Vaterlandes» dienen. Doch wie sollte er dies als Musiker tun?

Im Ausland erlebte er beim Aufbau seiner jungen Karriere Enttäuschungen. Beim Rubinstein-Wettbewerb in Paris gewann er 1905 als Pianist keinen Preis, und als Komponist erhielt er nicht einmal ein Ehrendiplom, sondern nur ein «ehrenloses Diplom», wie er es nannte: «Solch einen Blödsinn nehme ich nicht an»[2], schrieb er empört an seine Mutter. Den Komponisten Brugnoli, der mit dem Ehrendiplom ausgezeichnet wurde, kennt heute niemand mehr. Doch auch Béla Bartók hatte damals seinen Weg noch nicht gefunden.

Er wollte ungarische Musik komponieren. Aber was die ungarischen Gebildeten gemeinhin für Volkslieder hielten, waren romantisierende Kunstlieder, die «auch vom Volk übernommen» wurden, so daß man «leicht der optischen Täuschung zum Opfer fallen konnte, daß diese Liedart das Volkslied sei»[3], stellte Bartóks Mitarbeiter und Freund Zoltán Kodály fest.

Wie konnte man aber die ursprüngliche Volksmusik wiederfinden? Hier half Bartók ein Zufall. Sein Dienstmädchen Lidi Dósa sang ihm eigenartige Melodien vor. Er wurde neugierig und zeichnete sie auf. Das Mädchen stammte aus Siebenbürgen, dem Szeklerland. Dort – so ahnte er – mußte es noch eine ursprüngliche, nicht von der Kunstmusik beeinflußte Volksmusik geben.

Dies war im Jahr 1904. Dann reiste er – wie bereits erwähnt – zum erfolglosen Wettbewerb nach Paris, absolvierte eine Tournee durch Spanien und Portugal mit dem 13jährigen Geiger Ferenc Vecsey, die nicht allzu anspornend auf den jungen Musiker wirkte: die Säle waren zumeist leer.

Und dann stand der Entschluß fest: 1906 setzte Bartók alle Hebel in Bewegung, um endlich die ursprüngliche ungarische Volksmusik erforschen zu können. Er lieh sich einen Phonographen vom Ethnographischen Museum in Budapest und fuhr aufs Land.

Er verbrachte einige Wochen in Vésztö, wo seine Schwester mit einem Gutsverwalter verheiratet lebte. Gewiß, er war schon oft hier gewesen, um sich in den Ferien vom städtischen Leben in Preßburg, wo seine Mutter lebte, und später in Budapest, wo er studierte, in der Weite und Naturbelassenheit der ungarischen Tiefebene zu erholen. Er liebte die Natur, die aus der flachen Landschaft hoch aufragenden Bäume und die kleinen Tiere – Insekten und Frösche – in den Tümpeln.

Doch nun erschien ihm Vésztö plötzlich neu. Er entdeckte auch die Menschen, ihr ursprüngliches Leben als Hirten und Bauern, das nach uralten Traditionen ablief, die von der modernen Zivilisation noch nicht verändert oder zerstört waren. Er erkannte, daß dieses einfache Leben das wahre Ungarn war, nicht das der Intelligenz in Budapest, die sich an Wien orientierte und einer kitschigen Folklore nachhing. Ihm war bewußt, daß er auf dem ungarischen Land etwas fand, das es bald nicht mehr geben würde und das er retten mußte.

Bartók ging nach Gyula, heute an der Grenze zu Rumänien gelegen, wo gerade Markttage stattfanden. Er erreichte das Landstädtchen an einem heißen Julitag. Gyula war überfüllt von Bauern, Hirten und Kaufleuten. Nur in einem billigen, etwas zwielichtigen Hotel fand er noch eine Unterkunft: «Es war noch ein Zimmer frei, des Marktes wegen zu doppeltem Preis. Auf dem Flur liefen verdächtige Frauenzimmer herum: ich war in ein Hotel von schlechtem Ruf geraten ...»[4] Die Sonne glühte heiß, die Straßen waren trokken und staubig, so daß der Städter Bartók über die «Staubwolken des Gyulaer Jahrmarktes», die er schlucken mußte, klagte.

Noch erschien ihm das Landleben häufig als Qual, als Opfer, das er seiner Wissenschaft bringen mußte. Zudem war das Sammeln der Volkslieder eine zeitraubende Arbeit. Er benötigte viel Geduld. So hatte er sich in Gyula mit dem Dudelsackpfeifer Vágássy verabredet. Doch dieser kam weder am festgesetzten Tag noch am folgenden. Pünktlichkeit war der Volkskultur, die er hier vorfand, fremd.

Béla Bartók zeichnet mit dem Phonographen Lieder ungarischer Bauern auf, 1908.

Zurückgekehrt zum Gut seiner Schwester, schickte ihm ein befreundeter Gutsverwalter einen alten Sänger, Mägde und Knechte erklärten sich bereit, ihre Lieder vorzutragen, und oft zog er hinaus in die Tiefebene, besuchte Schäfer und Schweinehirten. Da stand Bartók, ein junger Herr aus der Großstadt im vornehmen schwarzen Anzug, vor einem Schweinestall, stellte seinen Phonographen auf ein Fensterbrett, wurde von stolz blickenden Bauern und Bäuerinnen in ihrer traditionellen Tracht umringt und ließ sie in die große Muschel seiner Maschine die alten Lieder hineinsingen.

«Bei den Bauern in Siebenbürgen»

Im Herbst 1906 besuchte er seine Mutter in Pozsony, dem alten Preßburg und heutigen Bratislava. Er gab dort ein Konzert. Doch «das Üben sagte mir gar nicht zu – hol's der Kuckuck!» Viel lieber sammelte er Volkslieder. An den Abenden ging er in die umliegenden slowakischen Dörfer und fand mehrere hundert Melodien, womit er freilich keineswegs zufrieden war: «So konnte ich während der drei Wochen an den Abenden in den slowakischen Dörfern insge-

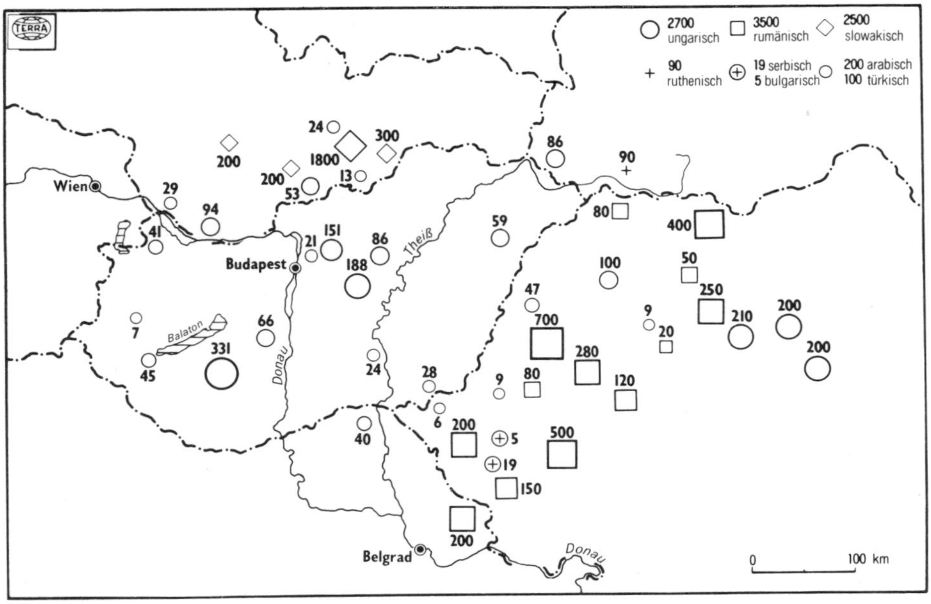

Landkarte der Volkslied-Sammelfahrten Bartóks. Verzeichnet ist darauf, wieviel Lieder er an den betreffenden Orten fand.

samt bloß 150 niederschreiben. Und von 80 habe ich phonographische Aufnahmen gemacht.»[5]

Versehen mit einem Forschungsstipendium, brach Bartók im Sommer 1907 endlich zur Reise nach Siebenbürgen auf, wo er sich besonders interessante Musikfunde erhoffte. Er suchte hier die Musik der dortigen ungarischen Bevölkerung, der Szekler Ungarn. In der Gegend von Balánbánya stieg er durch ein breites Tal ins Gebirge zum Hochplateau von Gyergyószentmiklós hinauf. Das Reisen in diesen entlegenen Gebieten war höchst unbequem: «Ich habe unglaublich viel Mühe und Quälerei (G'frett)»[6], klagte er.

Doch auch das Sammeln der Volksmusik kostete ihn manches «G'frett». In einem Brief an seine spätere Freundin Stefi Geyer beschrieb er humorvoll, wie mühsam nur die Bauersfrauen zum Singen zu überreden waren. «Der Reisende», so nannte sich Bartók in dem dialogartig verfaßten Brief, trat in die Bauernstube ein, sagte «Grüß Gott!», und das Bauernweib antwortete «Jesus Christus behüte Sie!» Er versuchte eine Unterhaltung anzufangen: «Ist wohl ihr Mann zu Hause?»

Sie: «Nein, er ist nicht zu Hause, er fuhr in der Früh mit dem Wagen aufs Feld, um Heu einzufahren.»

Er: «Na, und wie geht es Ihnen im allgemeinen?»

Bartók «sammelt». Dieses Aquarell von Bartóks Vetter Ervin Voit zeigt den Komponisten als Insektensammler. Bartók war ein leidenschaftlicher Sammler nicht nur von Musik. Seine naturwissenschaftliche Haltung als Insektensammler übertrug er auch auf seine Liedsammlung.

Sie: «Es geht ja, wie es kann; Übel gibt's genug, und plagen tun wir uns auch nicht wenig.»

Er: «Na-na! irgendwie schaffen Sie's doch.»

Nun trat eine gewisse Verlegenheit ein. Das Bauernweib: «Also, was wünscht der Herr» (Zu ihrem Töchterchen): «Bring mal dem Herrn einen Stuhl! – Hier ist der Stuhl, setzen Sie sich.» (Zu ihrer Tochter): «Laß doch die Schweine herein!»

Endlich rückte nun der Reisende mit der Sprache heraus: «Also sehen Sie, ich bin gekommen, um Sie um etwas zu bitten, um was man Sie, wie ich annehme, noch niemals gebeten hat.»

Das Bauernweib: ?

Der Reisende: «Die Nachbarin hier behauptet, Sie könnten so richtige uralte Lieder singen, die Sie noch in ihrer Jugend von den Alten gelernt hätten.»

Das Bauernweib: «Ich?! Alte Lieder?! Der Herr soll mich nicht zum Narren halten! Hi-hi-hi-hi-hi!»

Der Reisende: «Schauen Sie mal, das ist keine Narretei. Ich spreche in vollem Ernst. Ich kam nur deshalb hierher, von weit, von sehr weit, von Budapest, um diese alten Lieder zu suchen, die man nur hier kennt!»

Das Bauernweib: «Na, und was fängt man dann mit diesen Liedern an? Kommen sie in die Zeitung?»

Der Reisende: «Keineswegs! Diese Arbeit bezweckt, daß wir diese Lieder bewahren, daß sie notiert werden. Denn würden wir sie nicht aufschreiben, so wüßte später niemand, was hier zu dieser Zeit gesungen wurde. Denn schauen Sie, die jungen Leute kennen ganz andere Lieder, sie haben die alten Lieder nicht gern, sie lernen sie auch nicht, obwohl diese alten Lieder viel schöner sind als die jetzigen. Na, nicht wahr? In fünfzig Jahren sind sie spurlos verschollen, wenn wir sie jetzt nicht aufschreiben.»

Das Bauernweib: «Wirklich?» (Pause). «Bruhahahaha! – Hihihihi! Nein, ich glaub's doch nicht!»

Der Reisende (verzweifelt): «Schauen Sie sich doch dieses kleine Büchlein an; sehen Sie, das alles habe ich hier notiert.» (Er pfeift ein Lied.) «Dieses Lied hat Frau András Gegö gesungen.» (Er pfeift ein anderes.) «Und dieses Frau Bálint Kósza. Diese kennen Sie doch auch, gelt?»

Das Bauernweib: «Ach, meine Zeit ist um. Eine so alte Frau wie ich ist nicht dazu da, sich mit solchen Liedern abzugeben; ich kenne nur mehr die Kirchengesänge.»

Der Reisende: «Nicht doch! Sie sind doch gar keine so alte Frau. Und die anderen, Frau István Csata und Frau Ignác Hunyadi, behaupten alle, Sie wüßten sehr viele Lieder.»

Das Bauernweib: «Ach, meine Stimme ist nicht mehr danach.»[7]

Nun singt ihr Bartók eine weitere alte Melodie vor. Das Bauernweib: «Irgendwann habe ich das Lied gehört, aber ich habe es nicht erlernt.»

Sie faßt nun aber endlich Mut, auch etwas zu singen, freilich weiß sie nur Lieder, die im 19. Jahrhundert entstanden sind, keine älteren. Für Bartók sind sie viel zu «herrschaftlich». Sie lenkt nun ab, fragt ihn aus, ob er verheiratet sei, stellt fest, daß er noch sehr jung ist, und will ihm, dem Religionskritiker, einige Kirchenlieder vorsingen. Er aber zeigt sich höchst unzufrieden und ist verzweifelt. Schließlich schickt sie ihn weiter zu Frau Gyurka Sándor: «Gehen Sie nur hin, junger Herr, sie weiß recht viel, wenn sie einen oder zwei Deziliter Schnaps getrunken hat.»

Bartók schimpft: «Ausdauer, Standhaftigkeit, Geduld, zur Hölle mit euch! Ich aber gehe nach Hause. Länger als 6 Wochen läßt sich dieses Schauspiel nicht fortsetzen. Auch in meinen Träumen höre ich noch diese Bröckel: ‹Jesus behüte Sie . . . Ob er wohl daheim ist . . . Er ging mähen . . . Kirchengesänge . . .› Ein Schauder! Leb wohl, du Hochplateau von Gyergyó . . .»

Doch er hatte nicht nur Mißerfolge. Schon einen Tag später berichtete er auf einer Ansichtskarte mit den Schneebergen von Gyergyószentmiklós stolz:

«Beim Sammeln von Volksliedern habe ich eine ziemlich merkwürdige Entdeckung gemacht. Ich fand die Szekler Melodietypen, von denen ich nicht gedacht hatte, daß sie existieren. Der 4. Satz der Serenade wartet darauf, hier auf diesem 800 m hohen Plateau instrumentiert zu werden. Viel Arbeit, viel Arbeit!»[8]

Ob es genau dieser Tag war, da er eine umwälzende Entdeckung machte, nachdem er fast schon vor Ungeduld aufgeben wollte, wissen wir nicht. Jedenfalls erwies sich der Aufenthalt im Szeklerland in zweifacher Hinsicht als fruchtbar: er hatte endlich die alten Szekler Melodien und für das Komponieren einen eigenen Weg gefunden.

Ursprüngliche Bauernmusik und eine musikalische Revolution

Seine musikalischen Entdeckungen waren unbequem und sorgten für Aufsehen in Budapest. Schon am Anfang des Jahres 1907 hatten er und Kodály in einer gemeinsam herausgegebenen Sammlung mit 20 Ungarischen Volksliedern im Vorwort mit kämpferischem Unterton geschrieben: «Der überwiegende Teil der ungarischen Gesellschaft ist noch nicht ungarisch genug, als daß er diesen Liedern Geschmack abgewinnen könnte. Es wird aber auch diese Zeit kommen. Wenn es eine ungarische Hausmusik geben wird und die ungarische Familie sich nicht mit den wertlosesten ausländischen Couplets und inländischer Massenware aus den Volksliedfabriken begnügen wird. Wenn ungarische Sänger da sein werden, wenn nicht nur einige Liebhaber von Raritäten wissen werden, daß es auch andere ‹ungarische Volkslieder› gibt als ‹Ritka buza› und ‹Ityóka-pityóka›.»[9]

Was war ungarisch? Bartók wurde nun bewußt, daß dies die Volkskultur war. Er stellte sein eigenes Leben auf diese Erkenntnis ein, begann nicht nur die Musik, sondern auch die Lebensweise, die Kunst und das Handwerk der Bauern und Hirten zu schätzen und zu lieben. Von einem Szekler Bauerntischler ließ er Tisch, Stühle und eine Bank schreinern. Die Möbel waren reich mit Ornamenten bemalt. Auf einem Photo sieht man Bartók, versonnen, seinen Kopf auf die Hand gestützt, im Anzug des Städters auf der Bauernbank sitzen – ein stiller Protest gegen die moderne Fabrik- und Massenware ...

Noch weniger als seine Volksmusikentdeckungen wurden seine neuen Kompositionen verstanden. Auch hierin bildete die Reise nach Siebenbürgen einen Einschnitt: «Meine von Opus 4 an geschriebenen Werke, die die eben geschilderte Anschauung auszudrücken beabsichtigen, erweckten in Budapest selbstverständlich großen Widerspruch»[10]. Der Kampf um die neue Musik spitzte sich bis 1912 so zu, daß sich Bartók aus dem öffentlichen Musikleben zurückzog, sich ganz seiner Forschung widmete und nur für sich komponierte.

Die 2. Orchestersuite op. 4, deren vierten Satz Bartók im Hochplateau von Gyergyószentmiklós instrumentierte, bildete einen wichtigen Einschnitt in seiner Entwicklung als Komponist. Dieses Werk spiegelt sehr deutlich die Abkehr von Richard Strauss wider, von dem der junge Bartók zunächst beeinflußt war, und die Hinwendung zu seiner neuen, an der ungarischen Volksmusik geschulten Tonsprache. Der Anfang im ersten Satz zeigt noch deutlich den Einfluß von Strauss, doch dann schleichen sich Intervalle ein, die nicht mehr mit der Dur- und Mollharmonik erklärt werden können: Quartenmelodik, die in der Volksmusik eine wichtige Rolle spielte. So hob er die Dur- und Moll-Tonalität, die sich in den vergangenen 200 Jahren in den Ohren der Menschen festgesetzt hatte, mit der alten Volksmusik aus ihren Angeln. Dies war eine ähnliche Revolution, wie die Picassos, als er kubistische Bilder malte. Vor allem im 2. Satz, Andante, dem kühnsten der 2. Orchestersuite, baute er die Melodien wie in der Volksmusik aus Quart- und Sexttonräumen, in denen die Tonschritte nicht – wie im Dur-Moll-System – schematisch feststehen, sondern dem Gang der Melodie folgend um einen halben Ton erhöht oder erniedrigt wurden. Bartók erschienen die Melodien der Volksmusik viel reicher im Ausdruck als die herkömmlichen in Dur und Moll, sie zeigten oft zwei Gesichter, den Schrecken dieser Welt, aber auch das Flirren und Schwirren der Natur.

Den 3. Satz der Orchestersuite beendete er mit einem Akkord, in dem die kleine Sept enthalten ist. Die Gesetze von Konsonanz und Dissonanz, die bisher für unumstößlich gehalten wurden, erschienen ihm nun nur noch als Ausdruck einer bestimmten Kultur: der mitteleuropäischen Zivilisation, welche freilich die Herrschaft auf alle anderen Kulturen mächtig ausdehnte. Doch im Szekler Land war es möglich, einen Klang mit der kleinen Sept als schön und eigenständig zu hören – freilich von einer herben und nicht domestizierten Schönheit. Warum sollte dies nicht auch in der Kunstmusik gelingen?

Die Rhythmen der alten Siebenbürger Hirtenmusik waren freier, wilder als die der akademisch komponierten Musik zuhause. Die Szekler Rhythmen ließen sich nicht in starre Taktschemata einordnen, sie änderten sich in einem freien «Parlando» und beschleunigten sich in einem «Rubato». Das war Musik, die frei aus dem Gedächtnis gesungen und gespielt, die in einer mündlichen Kultur bewahrt und von Situation zu Situation auch geändert wurde. Diese Musik lebte. Ihren Rhythmus bestimmte nicht die mathematisch ausgemessene Zeitdauer, sondern körperhafte Tanzbewegung oder freies «Sprechen». Nur notdürftig konnte dies mit der modernen Notenschrift notiert werden.

Bartók schrieb deshalb in allen Sätzen der 2. Orchestersuite viele Rhythmuswechsel vor. Auch hier betrat er musikalisches Neuland.

So fand er bei den Reisen auf das nahe Land eine Kultur, fern von der mitteleuropäischen Zivilisation, noch den bis in vorgeschichtliche Zeiten zurückreichenden Gesetzen einer mündlichen Tradition folgend – und die bald von der modernen Zivilisation ausgerottet sein würde. Akribisch und mit den Methoden eines exakt arbeitenden Naturwissenschaftlers hielt er die Melodien der Bauern und Hirten fest.

Doch er war nicht nur ein Forscher, sondern auch ein schöpferischer Künstler. Wie Picasso in der afrikanischen Kunst, so fand er hier auf dem ungarischen Land etwas Archaisches, das doch dem modernen Fühlen und Denken nahe stand: eine frische, ja wilde, von den Konventionen der Romantik und Klassik freie, eine ambivalent-schillernde Musik, in der Schrecken ebenso spürbar war wie Schönheit.

Später wird er viele weitere Melodien in Rumänien und sogar in Nordafrika finden. Die Nationalisten in Ungarn werden ihn deshalb angreifen. Und seine eigene Musik wird vom Nazideutschland als «entartet» eingestuft werden, und er wird nach Amerika emigrieren müssen.

Dabei hatte er nur auf die Stimme seines Volkes gehört, wollte daraus eine ureigene ungarische Musik schaffen. Doch ihm gelang noch mehr: ein Beitrag zur Weltmusik des 20. Jahrhunderts, die sich von der mitteleuropäischen Tradition befreit hatte.

Béla Bartók: Chanson populaire ruthène, 1945. Durch seine Sammlertätigkeit bewahrte Bartók wertvolle Volksmusik vor dem Vergessen und fand als Komponist zu einer neuen, modernen Musiksprache.

Aus der Hölle «ins Paradies vertrieben». Arnold Schönberg emigriert nach Los Angeles

Musiker waren selten Revolutionäre, Regimekritiker oder Dissidenten. Richard Wagners Beteiligung an der 1849er Revolution, die Verfolgung durch die sächsischen Behörden unter Androhung der Todesstrafe und das Exil in der Schweiz sind für eine Musikerbiographie ziemlich außergewöhnlich.

Anders verhielt es sich im 20. Jahrhundert. Zeitgenössische Musik wurde in Deutschland nach 1933 als «entartet» und «rassisch minderwertig» verfemt und verfolgt. Viele Komponisten, Dirigenten und Virtuosen – Bruno Walter, Bernhard Sekles, Franz Schreker, Heinz Unger, Otto Klemperer, Hans Eisler, Paul Hindemith, Arnold Schönberg, die Brüder Busch und viele andere – wurden mit Berufsverbot, öffentlicher Verunglimpfung und ideologisch gehässig bekämpft. Ihnen blieb zumeist nichts anderes übrig, als auszuwandern. In einem Aderlaß ohnegleichen vertrieb Deutschland fast alle bedeutenden Musiker, Schriftsteller und Bildenden Künstler. Bis auf einige Ausnahmen blieben nur die Mittelmäßigen.

1933: Die Vertreibung

Arnold Schönberg fühlte sich – wie wenige avantgardistische Komponisten seiner Zeit – der deutschen Kultur verpflichtet. Er war aus dem jüdischen Glauben ausgetreten, verehrte Johannes Brahms und Johann Sebastian Bach. Dies war sein geistiges Zuhause.

Doch schon 1923 fühlte er, daß immer mehr Deutsche zwischen ihm, dem Juden, und sich, den Ariern, einen Graben aufrissen. In seinem Ferienort Mattsee sagte man ihm, Juden seien unerwünscht. Schönberg schrieb darauf an den Maler Wassily Kandinsky, mit dem ihn eine jahrelange Freundschaft verband: «Denn was ich im letzten Jahr zu lernen gezwungen wurde, habe ich nun endlich kapiert und werde es nicht wieder vergessen. Daß ich nämlich kein Deutscher, kein Europäer, ja vielleicht kaum ein Mensch bin (wenigstens ziehen die Europäer die schlechtesten ihrer Rasse mir vor), sondern, daß ich Jude bin.»[1]

Doch noch zehn Jahre vergingen, in denen er seine Angst verdrängte. Trotz des deutschen Antisemitismus zog er von Wien nach Berlin um und lehrte dort als Professor für Komposition an der Akademie der Künste. Nach einigen Jahren der Ruhe vor dem Sturm nahm jedoch 1933 das Unheil plötzlich seinen Lauf. Ende Januar ergriff Hitler die Macht. Schon einen Monat später gerieten die Hochschulen und Universitäten in die Klauen der Nazis. Am 1. März trafen sich die Mitglieder der Akademie der Künste in Berlin, und deren Vizepräsident Prof. Georg Schumann deutete an, daß «für Juden die Tage der Mitgliedschaft in der Akademie gezählt seien»[2]. Schönbergs Reaktion war vorsichtig und diplomatisch, wie sich Max Butting erinnerte: «Danach nahm Arnold Schönberg das Wort und erklärte zu meiner Überraschung, ‹er hätte durchaus Verständnis dafür, daß ein christliches Volk sich selbst ohne fremde Einmischung regieren wolle.› (Ich glaube, daß diese Worte genauso gesagt wurden.) Er fügte hinzu, daß er es in diesem Sinne auch nicht als eine Beleidigung auffasse, wenn die jüdischen Mitglieder nicht mehr als ordentliche Mitglieder geführt würden. Er sei nach seiner Kenntnis der Deutschen aber überzeugt, daß es nicht zu den entwürdigenden Zurücksetzungen käme, die von manchen Fanatikern gefordert würden, daß man die Achtung vor der Persönlichkeit nicht vergessen und ihr auch Ausdruck verleihen würde. Er fühle sich so sehr als deutsch denkender und deutsch empfindender Mensch, daß er seine Zugehörigkeit zu uns als unlöslich ansehe.»[3]

Doch der Druck gegen die Juden wurde immer schlimmer. Schönberg sah sich deshalb schon zwanzig Tage nach dieser Sitzung zu einem Schreiben veranlaßt, in dem Stolz, Erschütterung, Angst und Hoffnung auf einen einigermaßen glimpflichen Ausgang mitschwingen: «In der Sitzung vom 1.III der Akademie wurden Formulierungen bekanntgegeben, aus welchen entnehmbar wurde, daß mein Verbleiben in leitender Stelle nunmehr unerwünscht sei. Stolz und das Bewußtsein meiner Leistung hätten mich längst zu einem freiwilligen Rücktritt bewogen. (...) Das aber habe ich geleistet und mehr: wer mein Schüler war, hat den Ernst und die Sittlichkeit meiner Kunstauffassung zu spüren bekommen, die ihm in allen Lebensverhältnissen, wenn er sie zu bewahren vermag, Ehre bereiten wird! (...) Einer, der wie ich, in politischer und moralischer Hinsicht unangreifbar dasteht, der durch den Verzicht auf seinen Wirkungskreis in seiner künstlerischen und menschlichen Ehre aufs tiefste gekränkt wird, sollte nun nicht noch dazu auch in seiner wirtschaftlichen Lebensmöglichkeit gefährdet, ja mit dem Untergang bedroht werden. Darum erlaube ich mir die Bitte, das, was mir meinem Vertrag zufolge (der noch bis

30. IX. 1935 läuft) zusteht, sowie die Kosten der Rückübersiedlung in bar abzulösen und mir die Verbringung des Betrages ins Ausland gleichzeitig zu bewilligen. Denn ich werde gezwungen sein, die nächsten Jahre zum Aufbau einer neuen Existenz zu verwenden.»[4]

Er stand nun plötzlich allein da. Kein Kollege – auch nicht der Präsident Max von Schillings, immerhin ein international anerkannter Dirigent und Komponist – setzte sich für ihn ein.

Anfang Mai schickte sein Schwager Rudolf Kolisch, der bekannte Quartettprimarius, ein Telegramm aus Florenz, in dem er «Luftveränderung»[5] empfahl. Hals über Kopf floh darauf Arnold Schönberg mit seiner Familie am 17. Mai nach Paris. Er konnte von zu Hause nur mitnehmen, was in einen Reisekoffer paßte. Dies war der Abschied aus Berlin, das er nie wieder sehen sollte.

Einige Tage später, am 23. Mai, erhielt er einen eingeschriebenen Brief des Präsidenten Max von Schillings, der nun auch amtlich seine Vertreibung bestätigte. Schillings Brief versteckte seine Unmenschlichkeit hinter der unpersönlichen, scheinbar objektiven Juristensprache: «Sehr geehrter Herr Kollege! Der Minister für Wissenschaft, Kunst und Volksbildung hat mich durch Erlaß vom 17. Mai d. Js. – UI Nr. 51950 – ermächtigt, Sie als Verwalter der Meisterschule für musikalische Komposition mit sofortiger Wirkung von ihrer dienstlichen Tätigkeit zu beurlauben. Weitere Bestimmungen behält sich der Herr Minister vor. Mit ergebenen Empfehlungen ...»[6]

Paris: Rückkehr zur jüdischen Religion

Schönberg war aus seinem Land verstoßen. Er war in Not; bald würde er seine Hotelrechnungen nicht mehr bezahlen können. Er wußte nicht, wohin er weiterreisen sollte. Eine – *seine* – Welt war zusammengebrochen. Als Flüchtling irrte er nun durch das Ausland.

Was konnte, was mußte er tun? Er fühlte sich ohnmächtig, aber er gab nicht auf. Nicht mehr Komponist und Musiker wollte er sein, sondern Politiker, Versammlungsredner und Zeitungsmacher. Er entwarf das Manifest einer jüdischen Einheitspartei, plante eine jüdische Zeitung in Deutsch, Jiddisch, Französisch und Russisch herauszugeben und wollte eine Tournee durch Amerika, vielleicht durch die ganze Welt antreten und um Hilfe «für die Juden in Deutschland werben.» Doch weder die Einheitspartei, die Zeitung noch seine Tournee als Versammlungsredner konnten verwirklicht werden. In seiner Ohnmacht überschätzte er seine Macht: er war Komponist, aber kein Politiker,

Redner oder Journalist. Auch als Flüchtling konnte er nicht von seinem eigenen Beruf davonlaufen.

Dagegen fand er in Paris wieder dahin zurück, wovon er in seiner Kindheit und Jugend ausgegangen war: zum jüdischen Glauben. Schon in den zwanziger Jahren bereitete sich dieser Schritt vor. Dies war seine Reaktion auf den Antisemitismus. Je mehr die Juden verfemt wurden, umso mehr bekannte er sich zu ihnen – zunächst als Komponist, etwa mit dem Drama «Der biblische Weg» oder später der Oper «Moses und Aaron». In Paris trat er wieder dem jüdischen Glauben bei. Der Maler Marc Chagall war unter den Zeugen. Hinausgeworfen in die Welt, fand er im jüdischen Glauben seine Heimat. Er setzte damit ein Signal und löste sich nun auch innerlich von der deutschen Kultur, ja vielleicht überhaupt vom westlichen Denken: «Ich bin seit vierzehn Jahren vorbereitet auf das, was jetzt gekommen ist. Ich habe mich in dieser langen Zeit gründlich darauf vorbereiten können und mich, wenn auch schwer und mit vielen Schwankungen, schließlich definitiv von dem gelöst, was mich an den Okzident gebunden hat.»[7] Wie Chagall beschäftigte er sich in seinen Werken nun oft mit jüdischen Themen. Dabei überschritt er auch – allerdings schon lange vor seiner Emigration – die Grenzen westlicher Musik. Die chromatischen Halbtöne, die er so häufig in seinen Kompositionen einsetzte, erinnern an orientalische Musik. Dabei löste er sich von der Tonalität, wie sie sich in Westeuropa seit dem 17. Jahrhundert entwickelt hatte, und wandte sich dem Gesetz der Zahl zu, das nicht nur die moderne Naturwissenschaft bestimmt, sondern auch, ins Mystische übertragen, in der jüdischen Kabbala eine wichtige Rolle spielt. Er war – das wurde ihm nun als Flüchtling bewußt – kein deutscher Komponist und kein Angehöriger der deutschen Kultur, sondern Jude.

Schönberg in Amerika: «Unglaubliche Sensation»

Schönberg zog von Paris in den Badeort Arcachon in der Nähe von Bordeaux, um Geld zu sparen. Er lebte dort abgeschieden, vergessen und nahe dem Ruin. Verzweifelt suchte er nach Engagements als Dirigent; doch er war kein berühmter Dirigent. Nahezu wie ein Bettler bedrängte er Pablo Casals, das Cellokonzert in London uraufzuführen und den Termin hierfür vorzuverlegen: «Was unglückselig ist, ist die Ursache, die mich zwingt, Sie zu bitten, das Werk zu einem Zeitpunkt zu spielen, der Ihnen vielleicht nicht paßt! Die Ursache ist, in kurzem folgende: Gestern erhielt ich einen Brief der Akademie der Künste, an der ich, wie Sie wissen, ‹Leiter einer Klasse für musikalische Komposition› war. Ich war es; denn seit diesem Brief bin ich es nicht mehr. Man hat mich entlassen, gestern, am 20. IX, und festgesetzt, daß ich mein monatliches Gehalt am 1. Oktober das letzte Mal erhalten werde!! Ganz plötzlich, ohne die geringste vorherige Verständigung hat man meinen Vertrag für ungültig erklärt, der mir ohne diese Verletzung zwei Jahre Zeit gelassen hätte, mir ein neues Leben im Ausland einzurichten.»[8] Doch Pablo Casals half dem Flüchtling nicht weiter, obwohl er das Konzert bei einer Privataufführung gespielt und sehr gelobt hatte.

Doch dann kam – gleichsam in letzter Minute – ein rettendes Angebot aus Boston. Der Cellist Joseph Malkin suchte einen Kompositionslehrer für sein neu gegründetes Konservatorium. Schönberg sagte sofort zu. Am 25. Oktober betrat er das Dampfschiff «Ile de France» und erreichte 6 Tage später New York.

Arnold Schönberg war stets ein unangepaßter, schwieriger und schwerverständlicher Komponist. Er fühlte sich wie ein Aristokrat und kam nun ins Land der Demokratie und der Massenunterhaltung. Würde er sich hier als Komponist durchsetzen können? Zunächst erschien es so. Schönberg und seine Zwölftonmusik standen im Mittelpunkt der Debatten kulturell Interessierter: «Die Sensation bei der Nachricht von der Ankunft des großen Meisters am 31. Oktober 1933 war kaum glaublich. Monatelang waren alle Zeitungen in Amerika und Europa voll von Geschichten über ihn . . .,»[9] erinnerte sich Malkin, der für Schönberg öffentliche Vorlesungen zu populären Preisen organisierte, die gut besucht waren: «Im Gegensatz zu den Wiener Skandalen war Schönbergs Vortrag eine Quelle der Erheiterung und des Gelächters. Erstens war sein Englisch keineswegs vollkommen. Meinen Versuch, seinen Text korrigieren zu lassen, wies er zurück. Es sollte Schönberg sein und nichts anderes . . .»

Schon am 11. November fand ein Kammerkonzert mit seinen Werken statt. Bereits am 19. November gab er sein erstes Rundfunkinterview. Nachdem sein Streichsextett «Verklärte Nacht» erklang, wies der Journalist William Lundell auf die Traditionsverbundenheit dieses Werkes hin und wandte sich dann dem Traditionsbruch, der Abkehr von der Tonalität in den Klavierstücken op. 11 zu:

»Warum haben Sie diese Wandlung vollzogen?

Schönberg: Warum? Nun, weil ich gezwungen war.

Lundell: Was meinen Sie mit gezwungen?

Schönberg: Meine Phantasie, meine Vorstellungskraft. Die musikalischen Bilder, die ich vor mir hatte. (. . .)

Lundell: Was würden Sie jetzt, da Sie von Europa nach Amerika gekommen sind, Herr Schönberg, um am Malkin Conservatory of Music in Boston und New York zu unterrichten, und aus Ihrer Kenntnis der modernen Musik – was würden Sie für das Notwendigste in der zeitgenössischen Musik halten?

Schönberg: Ich glaube, was wir heute in der Musik brauchen, sind nicht so sehr neue Methoden der Musik wie Menschen von Charakter. Keine Talente. Talente sind da. Was wir brauchen, sind Menschen, die den Mut haben, auszudrücken, wie sie fühlen und denken.»[10]

Schönberg porträtierte sich mit dieser Forderung selbst. Sein Ruhm gründete darauf, daß er kompromißlos so komponierte, wie er glaubte, es tun zu müssen. Obwohl ziemlich selten gespielt, war seine Musik durch die radikale Verwirklichung der neuen Ideen ihres Schöpfers bekannter als manche, die häufiger aufgeführt wurde. Sein «coming to teach in Boston», wie er es nannte, erregte mehr Aufsehen als die Uraufführung neuer Werke von amerikanischen Komponisten. Dies merkte er zumindest ironisch in dem Aufsatz «Why no great American Musik?» an.

Jetzt gab er, der Mann aus dem alten, zerstrittenen Europa, Ratschläge, wie man zeitgenössische Musik fördern müßte – humorvoll, selbstbewußt, kritisch, doch voller Anerkennung seines Gastlandes: «In den paar Monaten, die ich hier bin, habe ich meine Meinung über die amerikanische Musik vollkommen geändert. Ich finde zwar das Können und Wissen, die musikalische Allgemeinbildung im Durchschnitt, hie und da etwas oberflächlich und äußerlich: ich finde zwar, daß oft genug in manieristischer Weise auf ein äußerlich angesetztes Ziel losgegangen wird, welches naturgemäß weder erstrebenswert noch originell ist: ich kann solche Absichtlichkeit nicht loben: aber andrerseits habe ich außerordentlich viel Talent, Erfindungsgabe und Originalität erkennen können, welche meines Erachtens zu den besten Hoffnungen berechtigen.»[11]

Schon im Januar plante das Boston Symphony Orchestra, unter der Leitung des Komponisten die Bach-Bearbeitung «Präludium und Fuge Es-Dur für Orchester», «Pelleas und Melisande» und «Verklärte Nacht» zu spielen. Doch Schönberg erkrankte, das Konzert mußte ausfallen. Über die Generalprobe berichtete der Komponist: «Unmittelbar vor dem zweiten Konzert hatte ich (nachdem ich schon 6 Wochen fortwährend krank war) auf dem Weg zum Konzertsaal einen so heftigen Hustenanfall, daß mir ein Muskel im Rücken riß. Wegen der unerträglichen Schmerzen (trotz Bandage) mußte ich nicht nur beide restlichen Konzerte absagen, sondern auch einen Vortrag in englischer Sprache . . .»[12]

Die Krankheit – das schon altbekannte Asthma und eine fast chronische Bronchitis – verschlimmerte sich im naßkalten Klima Bostons und New Yorks so sehr, daß die Ärzte schon mit dem Tod des Komponisten rechneten. Schönbergs Körper wehrte sich damit gewiß auch gegen das hektische Leben, das er in Amerika führen mußte. Denn neben den geplanten Konzerten und zahlreichen Vorträgen war Schönberg in eine anstrengende Lehrtätigkeit eingespannt: er mußte für Malkins Konservatorium sowohl in Boston als auch in New York Studenten unterrichten. Die Zugfahrten zwischen den beiden Städten strengten ihn sehr an. Sein Leben in Wien und Berlin war dagegen ruhig gewesen.

«Besser als der Herrgott in Frankreich»

1934 gab Schönberg den Warnsignalen seines Körpers nach und löste die Verbindung mit Malkin. Er hatte sich etwas Geld erspart, erholte sich in Chautauqua, einem idyllisch an einem See gelegenen Ferienort, spielte Tennis, lernte dabei Ernest Hutcheson, den Direktor der Juilliard School of Music kennen, schlug aber wegen des kalten New Yorker Klimas dessen Angebot ab, dort zu lehren. Vielmehr faßte er den mutigen Entschluß, allein wegen des warmen Klimas nach Kalifornien zu ziehen. Er mietete in Hollywood ein Haus und gab Privatunterricht. Damit schloß sich ein Kreis: auch in Wien hatte er sich auf dieselbe Weise ernährt. Trotz seiner unsicheren Lage war Schönberg guten Mutes. Er fand viele Schüler, darunter auch einige in Hollywood tätige Komponisten. Außerdem glaubte er, daß ihm seine Werke viel Geld einbringen würden, sobald er einen amerikanischen Verlag gefunden hätte.

Noch 1934 erhielt er die Möglichkeit, an der University of Southern California zu lehren, und 1936 verschaffte man ihm einen Lehrstuhl an dieser Hochschule. Freilich entsprach die Arbeit dort keineswegs seinen Vorstellungen: «Aber leider ist das Material, das ich bekomme, so ungenügend vorbereitet, daß ich etwas so überflüssiges zu tun habe wie Einstein, wenn er in einer Mittelschule Mathematik zu unterrichten hätte», schrieb er an Hermann Scherchen in die Schweiz. [13]

Seine finanzielle Situation war nun so gut, daß er sich ein Haus in Brentwood Park in Los Angeles kaufen konnte. Es war für europäische Verhältnisse luxuriös. Mit großer Leidenschaft spielte Schönberg Tennis und war stolz über die frühen Erfolge seiner Kinder auf dem Tenniscourt. Das Klima wirkte auf ihn so günstig, daß sich seine Gesundheit bald wieder besserte. Er fühlte sich wie «der Herrgott in Frankreich» [14] und glaubte – wie er in einem Vortrag sagte –, ins «Paradies» vertrieben worden zu sein: «Es ist nicht im geringsten meine Absicht, über Terror zu reden: weder über einen, der mich selber leiden ließ, noch über einen, durch den ich – wie behauptet worden ist – andere leiden ließ. Ich bin nicht in dieses Land gekommen, um über Schrecknisse zu reden, sondern nur um sie zu vergessen. (...) Ich hingegen kam von einem Land in ein anderes, wo weder Staub noch bessere Nahrung rationiert ist und wo ich auf-

Arnold Schönbergs Arbeitszimmer in Brentwood Park, Los Angeles, 1935.

recht gehen darf und das Haupt erhoben tragen kann; wo Freundlichkeit und Fröhlichkeit herrschen, wo es eine Freude ist zu leben und eine Gnade Gottes, ein Verbannter aus einem anderen Land zu sein. Ich wurde ins Paradies vertrieben!» [15]

Dieses «Paradies» in Brentwood war freilich auch eine «Hölle», so erinnerte sich wenigstens Hanns Eisler, einer der Lieblingsschüler Schönbergs aus der

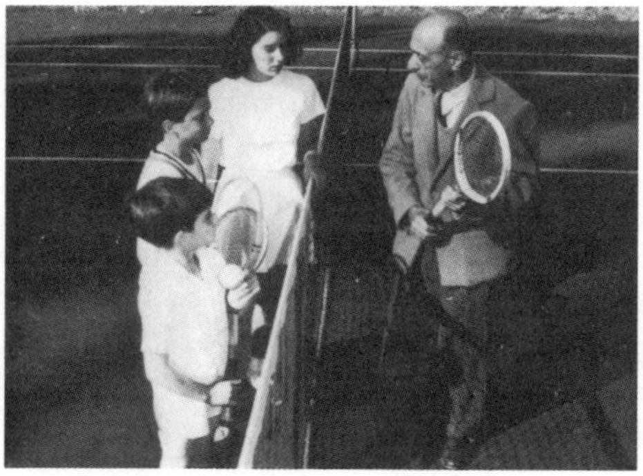

Arnold Schönberg spielt Tennis mit seinen Kindern Nuria, Ronald und Lawrence. Tennisspielen zählte zu den beliebtesten Freizeitbeschäftigungen des Komponisten.

Wiener Zeit: «Das Haus von Schönberg (...) war wahrlich eine Hölle. Es war eine Privathölle. Es war eine Zwölftonhölle auch privat. Nämlich wenn ein siebzigjähriger Mann einen sechsjährigen Sohn hat, der also unerträglich ist, obwohl er ein sehr lieber Bursche war (ich sage das nicht nur), der wirklich ein besonders netter Bursche war... Diese Mischung zwischen Desorganisation im privaten Leben mit kleinen Kindern – die älteste Tochter von Schönberg war vierundzwanzig Jahre alt, der jüngste Sohn war sechs. Also das Zwölftonverhältnis, wo zum Beispiel die Kinder der vierundzwanzigjährigen Tochter von Schönberg den kleinen Mann als Onkel begrüßen mußten, den Sechsjährigen – es war eine Hölle.»[16]

«Keep smiling» angesichts der Katastrophe

Blieb Schönberg im Exil der alte oder veränderte ihn Amerika? Er war bekannt als streitlustiger, aufbrausender und oft beleidigt sich zurückziehender Mensch. Er war schwierig, kantig, sperrig, noch ganz aus dem Holz der alten Welt geschnitzt. Wie konnte sich dieser Mann in Amerika wohlfühlen? «Wohl habe ich die Trennung von der alten Welt vollzogen, nicht ohne sie bis auf die Knochen gespürt zu haben, denn ich war doch nicht darauf vorbereitet, daß sie mich sowohl heimatlos als auch sprachlos machen werde, so daß ich es anderen als meinen alten Freunden jetzt nur mehr englisch sagen könnte; falls sie es erfahren wollten.»[17]

Aber nicht nur die Sprache war eine andere; auch die Umgangsformen, das Denken, Fühlen und Handeln mußten neu gelernt werden. Das fremde Land schliff Schönbergs Streitlust, sein absolutes Beharren auf den eigenen Meinungen, seine Aggressivität gegenüber Andersdenkenden etwas ab. Seinem Schwiegersohn, der 1938 mit seiner Familie nach New York floh, gab er die folgenden, gewiß aus eigener Erfahrung gewonnenen Ratschläge: «Die Leute verlangen sehr viel Leistung, anerkennen sie aber auch. Nur bitte ich Dich: sei sehr vorsichtig. Es ist hier eine weit größere Höflichkeit im Gebrauch als bei uns. Vor Allem: man macht niemals Krach; man widerspricht niemals; man sagt niemals ‹aufrichtig gesagt›, wenn aber doch, so hütet man sich, das wirklich zu tun. Meinungsverschiedenheiten behält man absolut für sich. Kriecherei ist überflüssig und wird als lästig empfunden. Aber alles muß freundlich gesagt sein, smiling, immer lächelnd.» [18]

«Keep smiling»: Photos mit Albert Einstein in der New Yorker Carnegie Hall, mit George Gershwin, der seinen Freund und Tennispartner Schönberg malte, und mit Charlie Chaplin in Hollywood zeigen den lächelnden amerikanischen Schoenberg, der sich nun nicht mehr mit «ö» sondern mit «oe» schrieb.

Doch konnte man lächeln, wenn in der Heimat die Judenverfolgung immer mehr zunahm? Wenn dort Krieg herrschte und eine schreckliche Katastrophe drohte? Wenn er selbst dort durch die Nazipropaganda zu einer Unperson gemacht wurde?

Schönberg erfuhr von dem Grauen, das nun in seiner ehemaligen Heimat herrschte, aus Zeitungsberichten und von Freunden, die noch fliehen konnten. Dabei blieb ihm auch nicht unbekannt, wie er selbst verfemt wurde. 1934 schrieb etwa Paul Zschorlich anläßlich des 100. Todestages von Beethoven im

Arnold und Gertrud Schönberg vor ihrem Haus in Brentwood Park, Los Angeles, 1935. In der Emigration brachte es Schönberg zu bescheidenem Wohlstand, der dem Komponisten verglichen mit der Situation in Deutschland wie ein Paradies erschien.

„Schönberg...

„Schönberg gehört zu den Kolumbusnaturen. Er schloß der Musik neue Ausdruckswelten auf. Halb verdrängte Melancholien, gestammelte Befürchtungen, Ahnungen, bei denen sich das Auge zum Bersten weitei, Hysterien, die mit uns allen leben, und jenes Heer der Krämpfe: sie werden Klang!"

(Der jüdische Musikliterat Siegmund Pisling über den Juden Arnold Schönberg)

In der Broschüre «Entartete Musik» von Hans Severus Ziegler wurde Arnold Schönberg als einer der konsequentesten Komponisten der Avantgarde und als Jude verunglimpft.

«Völkischen Beobachter» rückblickend auf das Jahr 1927: «Es war kurz vor jener allgemeinen Beethoven-Feier im März 1927, daß, um nur ein Beispiel herauszugreifen, ein Generalmusikdirektor in Berlin ‹Royal Palace› von Kurt Weil in der Oper am Platz der Republik als Uraufführung herausbrachte; den ‹Wozzeck› von Alban Berg ungeachtet des durch ihn ausgelösten Theater- und Presseskandals, neu einstudiert vorführte und ‹Pelleas und Melisande› von Arnold Schönberg in einem seiner Konzerte mit der Staatskapelle spielen ließ. Da war noch die Hoch- und Blütezeit des musikalischen Bolschewismus – und nicht nur des musikalischen. So also damals. Und heute? Wir dürfen wieder aufblicken zu Beethoven . . .»[19]

Schönberg erfuhr auch aus amerikanischen Zeitungen von der Ausstellung «Entartete Kunst» die durch mehrere Städte – unter anderem Berlin und Wien – wanderte. In einer Vitrine wurden dort auch seine «Harmonielehre» und Hindemiths «Unterweisung im Tonsatz» ausgestellt. Außerdem gab es eine Box, in der man «entartete Musik» von Hindemith, Křenek, Weill, Schönberg und Toch hören konnte. Dr. Hans Severus Ziegler schrieb über die «Entartete Musik»: «Was in der Ausstellung ‹Entartete Musik› zusammengetragen ist, stellt das Abbild eines wahren Hexensabbaths und des frivolsten, geistig-künstlerischen Kulturbolschewismus dar und ein Abbild des Triumphes von Untermenschentum, arroganter jüdischer Frechheit und völliger geistiger Verrottung.»[20]

Titelseite der Broschüre «Entartete Musik» von Hans Severus Ziegler. Judenstern und ein schwarzer Jazzmusiker wurden zum Symbol für den «musikalischen Bolschewismus», wie Ziegler die moderne Musik beschimpfte.

Schönberg fühlte sich im Exil nicht nur wie im Paradies, sondern auch wie in einer unwirklichen Welt. Die alten Kämpfe galten hier nicht mehr viel. Er wollte deshalb den «Terror» vergessen – und zwar sowohl den, der ihn «selber leiden ließ» als auch den, den er «anderen leiden» ließ, wie er in seinem Vortrag «Ins Paradies vertrieben» sagte. Er wollte ein Amerikaner sein, was ihm freilich nur halb gelang. So erschien er zu den Vorlesungen an der Universität viel zu korrekt gekleidet, wie den Studenten auffiel. Er wirkte etwas fremd und komisch, wenn nicht gar verdreht und versponnen.

Hanns Eisler, der seinen alten Lehrer zusammen mit seinem Freund Bert Brecht in Los Angeles besuchte, machte diesen auf alles gefaßt: «Bevor ich den Brecht zu Schönberg brachte, sagte ich ihm: ‹Mein lieber Freund, jetzt bring' ich dich zu Schönberg. Das ist ein sehr seltsamer Mann. Er ist ein Genie. Er wird soviel Unsinn reden. Ich kenne dich. Er wird in der Politik den größten Unfug zusammenschwatzen, den nur ein Spießbürger schwatzen kann. Aber du als Dialektiker weißt, daß das kein antagonistischer Gegensatz zu seiner enormen musikalischen Leistung ist.› Ich sagte: ‹Wenn du dich gehenläßt und du gegen Schönberg grob wirst, dann muß ich dir sagen – bei aller Freundschaft –, ich breche mit Dir sofort den Verkehr ab. Das darfst Du nicht machen.›» Aber Brecht hatte dann von Schönberg einen viel besseren Eindruck, als Eisler befürchtete. Er notierte in sein Arbeitsjournal: «Er ist sehr lebhaft, und die Haltung ist polemisch. Er spricht von Emanzipation der Dissonanz. Die Kürze und Überemotionalität der ersten Kompositionen seiner Schule erklärt er mit der Anstrengung und der Unterentwickeltheit der Technik zu Beginn. Das Musikalisch-Technische konnte ich nicht verstehen, jedoch macht es den Anschein völliger Klarheit. (...) Danach in Schönbergs Wohnung, einer Villa am Sunset mit sehr kleinen Kindern um den siebzigjährigen, etwas vogelartigen Mann, der viel Charme hat, bei angenehmer Trockenheit und Schärfe...»[21]

Seinen Hang zum Polemischen unterdrückte Schönberg im Umgang mit Amerikanern zumeist und stellte seinen gewinnenden Charme in den Vordergrund. Zwar enttäuscht über das Desinteresse der meisten Amerikaner an seinen Vorlesungen, aber doch höflich werbend schrieb er an die einflußreiche Mrs. F.: «Ich hätte Sie sehr gerne manchmal, oder wenigstens einmal, unter meinen Hörern, weil ich weiß, daß das, was ich vortrage, für jeden, der sich für Musik interessiert, von größter Wichtigkeit ist. (...) Was ich in meinen Vorlesungen anstrebe, ist: Konzentration auf das Werk; jeder, der mir zuhört, wird ein Hörer werden, der weiß, was er liebt und warum er es liebt. Und da wird wohl, in vielleicht zwanzig Jahren, ein Kapitel in der Musikgeschichte von Los Angeles lauten: ‹Was hat Schoenberg in Los Angeles erreicht?› und ein anderes Kapitel wird vielleicht fragen: ‹Welchen Nutzen hat das Volk und die Gesellschaft von Los Angeles aus dem von Schoenberg Gebotenen gezogen?› Wollen Sie die Antwort der zukünftigen Historiker nicht ein wenig beeinflussen?»[22]

Musik über den Schrecken und über den Glauben

Schönberg lebte im Exil vergleichsweise wie in einem Paradies, während seine jüdischen Mitbürger in Deutschland ermordet wurden. Das quälte ihn und brannte in ihm wie eine Wunde. Wie war diese monströse Grausamkeit in Töne zu fassen? Wie konnte, mußte man als Komponist darauf und dagegen reagieren?

Schönberg war in den ersten Jahren des Exils als Komponist sprachlos gegenüber dem Unheil, dem er entkommen war. Er komponierte einige Werke, die pädagogischen Charakter hatten und die Amerikaner zur modernen Musik hinführen sollten. Die Suite in G für Streichorchester und «Thema und Variationen für ein Blasorchester» op. 42 verwenden nur zurückhaltend die Mittel der Avantgarde und dienten dazu, Musik und Publikum in Amerika mit der neuen Musiksprache vertraut zu machen.

Doch auch die ohne pädagogische Absicht komponierten rein künstlerischen Werke zeigen einen durch Amerika veränderten Schönberg. Er wandte nun weniger dogmatisch die Zwölftonreihe an, ließ Tonales einfließen und stellte den Gehalt seiner Musik in den Vordergrund. Als Nachwort zu seinen «Bemerkungen zu den vier Streichquartetten» bekannte er: «Jahrelang hat man, anstatt meine Partituren zu studieren und danach zu trachten, herauszufinden, wer ich bin, versucht, die Probleme, die ich möglicherweise bieten könnte, abzuschieben, indem man mich mit einem Warenzeichen abgestempelt hat. Der Zwölftonkonstrukteur, der Atonalist. Was immer ich an Gutem oder Schlechtem, Schönem oder Häßlichem, Sanftem oder Hartem, Wahrem oder Falschem anzubieten haben mochte, interessierte nicht.»[23] In der Tat: Schönbergs Musik beschäftigt bis heute die Öffentlichkeit mehr unter dem Aspekt der Zwölftontechnik als dem ihrer Aussage und ihres Gehaltes. Darunter litt er; dies machte ihn auch als Musiker sprachlos. Er wurde nicht verstanden.

Dabei nahm seine Musik engagiert zu seiner Zeit Stellung. Auch in Amerika komponierte er im Zusammenhang mit jüdischer Religion. Auf die Anregung eines Rabbiners hin schrieb er eine zeitgemäße musikalische Fassung des «Kol Nidre». Er bearbeitete die alte Melodie für Sprecher, Chor und kleines Orchester: «Ich habe aus einer Anzahl von Versionen die gemeinsamen Phrasen ausgewählt und in eine vernünftige Reihenfolge gebracht. Eine meiner Hauptaufgaben war, die Cello-Sentimentalität der Bruch, etc. wegzuvitriolisieren und diesem DEKRET die Würde eines Gesetzes, eines Erlasses zu verleihen. Ich glaube, das ist mir gelungen.»[24]

Am Vortag von Yom Kippur, am 4. Oktober 1938 und wenige Wochen vor den Judenpogromen in Deutschland, wurde «Kol Nidre» in einem Hotelsaal aufgeführt. Schönberg hoffte, mit «Kol Nidre» eine moderne jüdische Sakralmusik zu schaffen, wurde aber enttäuscht; denn die meisten Rabbiner lehnten dieses Werk ab und verwendeten es nicht in der jüdischen Liturgie.

Schon im Juli 1938 hatte Schönberg freilich diesen Mißerfolg vorausgeahnt: «Komponiert habe ich seit zwei Jahren nicht. Ich hatte zuviel anderes zu arbeiten. Außerdem: für wen soll man schreiben? Die Nicht-Juden sind ‹konservativ›, und die Juden haben nie Interesse für meine Musik gezeigt. Und jetzt will man doch in Palästina, künstlich, eine jüdische Originalmusik erzeugen, die meine Leistungen abweist»[25]. Schönberg glaubte an die Auserwähltheit des jüdischen Volkes, erkannte aber auch: «Solange wir in Uneinigkeit verharren, kann uns der Antisemitismus Leid zufügen und die Sicherheit unseres Lebens, unseres Besitzes, unserer religiösen Kultur und unserer nationalen Wissenschaft bedrohen»[26].

«Kol Nidre» war das Bekenntnis zum Judentum, zur jüdischen Identität und zur Einheit. Doch dieses Bekenntnis wurde nicht wahrgenommen. Wesentlich erfolgreicher war die «Ode to Napoleon Buonaparte» (nach Lord Byron) für

Sprecher, Streichquartett und Klavier, die Schönberg 1942 vollendete. Napoleons Untergang, wie ihn Byron in seinem Gedicht beschrieb, wurde in Schönbergs Musik zu einem allgemeingültigen Symbol für die Zuversicht erhoben, daß alle Tyrannen und Welteroberer – auch Hitler – besiegt werden:

Vorbei! Noch gestern Fürst und groß,
den Fürsten sahn mit Bangen – und heut
ein Wesen, namenlos, entehrt, doch noch
am Leben. Ist das der Herr von tausend
Reichen, der alle Welt besät mit Leichen?
Und mag er's überleben?
Wie fiel der stolze Morgenstern!
Kein Geist noch fiel so tief, so fern!

Schönberg vertonte Byrons Dichtung nicht als Gesang. Singen kann man angesichts der Monstrosität eines Tyrannen wie Napoleon oder Hitler nicht mehr. Jede noch so schrille Melodie würde allzu verschönernd wirken. Deshalb schrieb Schönberg ein rhythmisch genau notiertes, aber in der Tonhöhe freies Sprechen vor. Die Instrumente spielen martialisch-marschartige Rhythmen und Akkorde und leidvolle chromatische Bewegungen, die dahinfliegen wie blind vor Angst, wie im Kreis ohne Ausweg. Doch Byron zeigte einen Ausweg: George Washington, den Vater des freien Amerika. Durch eine musikalische Schlußapotheose hob Schönberg Washington hervor: auch jetzt, im Kampf gegen Hitler, war Amerika die Hoffnung der Menschen.

Wie kann ein Musiker die Katastrophe des Zweiten Weltkrieges in Töne fassen? Richard Strauss komponierte die «Metamorphosen», einen Abgesang auf die Kultur des alten Europa, eines seiner schönsten, nachdenklichsten und traurigsten Alterswerke. Die «Metamorphosen» zeigen Trauer aus der Distanz eines greisen Mannes an der Schwelle zum Tod, aber durchaus auch Hoffnung auf die ewige Metamorphose alles Geistigen. Dagegen komponierte Schönberg kurz nach dem Zweiten Weltkrieg eines seiner direktesten, realistischsten Werke: «Ein Überlebender von Warschau» für Erzähler, Männerchor und Orchester. Obwohl er im fernen Amerika lebte, zeigte er ganz nah das Elend der Juden im Konzentrationslager. Der Hörer erlebt acht Minuten, die über Tod und Leben entscheiden. Massenmord und individuelles Schicksal werden hier zu einem musikalischen Mahnmal verdichtet.

Schönberg, der Überlebende nach dem Krieg über ihr Schicksal befragte, vertonte die folgende, wahrheitsgemäße Geschichte: Ein Gefangener des KZ in Warschau rettete sich in einen Abwasserkanal, wo er – oft bewußtlos – dahinvegetierte und über sich hörte, wie oben der Feldwebel die Menschen

Manuskript von Arnold Schönbergs «Ode an Napoleon Buonaparte», 1942.

zusammentrieb, sie abzählen ließ und in die Gaskammer einlieferte. Diesem grauenvollen Bericht verlieh Schönberg durch seine Musik gleichsam ewige Gegenwärtigkeit. Die Militärtrommel, die Trompete, Xylophon und Zymbal erklingen hier als unmenschliche «Machtinstrumente». In den rhythmisch gesprochenen, englischen Text werden in anklagendem Realismus auf Deutsch die Befehle der Soldaten eingebaut: «Achtung! Stilljestanden! Na wird's mal, oder soll ich mit dem Jewehrkolben nachhelfen? Na jut, wenn ihr's durchaus haben wollt!» und: «Rascher! Nochmal von vorn anfangen! In einer Minute will ich wissen, wieviele ich zur Gaskammer abliefere!»

Schönbergs Musik schafft eine unmittelbare Nähe zum Geschehen, die den Hörer in Abscheu und Trauer stürzt, daß so etwas möglich wurde. Der Komponist karikierte die Deutschen nicht, er zeigte sie als Menschen – und das macht noch mehr betroffen. Der deutschen Sprache – also der Sprache des Volkes, dessen Kultur ihn prägte, das ihn vertrieb und seine Landsleute massenweise tötete – stellte er im Schlußchor das hebräisch gesungene «SCH^{e}MA ISTRA^{e}L» entgegen – als Symbol für die jüdische Identität und für die Zukunft seines Volkes.

Heimatlos und sprachlos

Diese schrecklichen Ereignisse und sein persönliches Schicksal zeichneten Schönberg. Er wurde mit den Jahren in Amerika zu einem wunderlich wirkenden Mann. Hanns Eisler beispielsweise berichtete: «Ich erinnere mich, ich bin mit Schönberg oft in seinen Garten gegangen, in Brentwood in Kalifornien, wo er mir erklärt hat, daß er jetzt endlich so weit ist, zu erkennen – es war im tiefsten Krieg, Schönberg war vergessen damals –, daß es eine internationale Konspiration von Autographenjägern gibt. Die bestechen die Dienstmädchen, damit sie in den Häusern der größten Denker unserer Zeit sich eine Stellung suchen, um dort die Manuskripte zu stehlen. Er behauptete, das wäre ein internationaler Ring, z. B. wie ein Opiumring oder wie Mädchenhandel. Und ich sah den Schönberg an. Schönberg war hier wirklich am Zustand – durch die Isolierung – der Paranoia»[27].

Nur noch die engsten Freunde hielten zu ihm. Nur wenige Dirigenten und Solisten setzten sich für seine Werke ein. Daran trug auch Schönbergs schwieriges Wesen einige Schuld. Er war allzu schnell verletzt und brach die Brücken ab, so auch zu Otto Klemperer, dem er 1940 den folgenden Brief schrieb: «Lieber Klemperer, Sie sind falsch unterrichtet worden. Ich habe nicht gesagt, daß Ihnen ‹einige meiner Werke nicht gefallen›. Sondern: Ich habe wörtlich zitiert, was Sie mir in einer Auseinandersetzung, die Sie gewiß nicht vergessen haben, geantwortet haben: ‹Ihre Musik ist mir fremd worden.› Das heißt: Nicht ‹einige› meiner Werke, sondern alle meine Werke. Es sollte keiner weiteren Erklärung bedürfen, warum ich dann finde, daß Sie meine Werke nicht mehr aufführen sollten. Denn wie kann eine Aufführung sein, wenn einem diese Musik fremd worden ist?»[28]

War Schönberg paranoid? War sein Zeitalter krank, und war er davon mitbetroffen? Ein anderer deutscher Emigrant, der in Los Angeles lebte, Thomas Mann, versuchte die Katastrophe, die durch Nazi-Deutschland über die Welt gebracht wurde, im Bild einer Krankheit zu erklären. Sein Roman «Doktor Faustus» deutete den Untergang Deutschlands als Folge des deutschen Faust-Wesens, als Teufelspakt und psychische Krankheit.

Thomas Mann, der während der Arbeit am Roman des öfteren bei Schönbergs eingeladen war und dabei einiges über Zwölftonmusik erfuhr, gab der Hauptfigur seines Romans, dem deutschen Tonsetzer Adrian Leverkühn, Züge

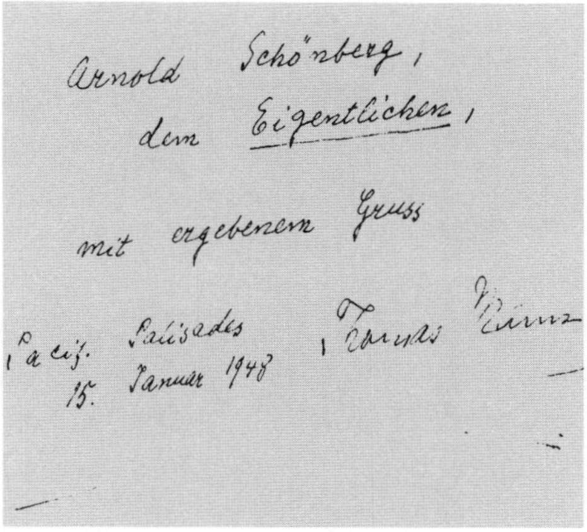
Arnold Schönberg,
dem Eigentlichen,
mit ergebenem Gruss
Pacif. Palisades
15. Januar 1948, Thomas Mann

Widmung in Thomas Manns Roman «Doktor Faustus» an Arnold Schönberg.

Schönbergs. Auch Leverkühn komponiert in Zwölfttontechnik. Darüber entstand nach der Veröffentlichung des «Doktor Faustus» ein heftiger Streit zwischen dem Schriftsteller und dem Komponisten.

Mann widmete «Arnold Schönberg, dem Eigentlichen» das Buch. Doch dieser entgegnete erbittert, daß ihm sein geistiges Eigentum, die Zwölftontechnik, von Mann gestohlen und mißbraucht worden und daß er kein Geisteskranker sei; dabei erinnerte er sich an den Vorwurf von Richard Strauss aus dem Jahr 1914: «Dem armen Schönberg kann heute nur der Irrenarzt helfen»[29], und an die Nazipropaganda. Thomas Mann erwiderte tief getroffen, daß der Romanheld die Krankheitsgeschichte Nietzsches und keinesfalls Schönberg widerspiegele, daß er aber auch Charakterzüge von ihm selbst habe: «Das Schauspiel ist schmerzlich, wie ein bedeutender Mensch, in nur allzu verständlicher Überreiztheit durch ein zwischen Verherrlichung und Vernachlässigung schwebendes Dasein, sich beinahe willentlich einwühlt in Ideen des Verfolgt- und Bestohlenseins und sich in giftigem Zank verliert. Möge er sich doch erheben über Bitterkeit und Mißtrauen und Ruhe finden im sicheren Bewußtsein seiner Größe und seines Ruhmes»[30], schrieb Thomas Mann.

Ein Jahr später versöhnten sich die beiden. Wegen seiner schlechten Augen hatte Schönberg freilich den Roman nie gelesen und kannte ihn nur aus Berichten von Freunden, insbesondere von Alma Mahler-Werfel, die mit ihrem Mann ebenso in Los Angeles lebte. Zwar löste sich dieser letzte große Streit Schönbergs in freundliche Worte auf, dennoch wurde in ihm eine wichtige Frage berührt: war Arnold Schönberg, der vertriebene Jude und Avantgarde-Komponist, Teil der deutschen Kultur und der deutschen Krankheit (also auch ein Faust, auch «krank»), oder war er nicht ein anderer, der nicht zur deutschen Kultur gehörte, sondern zur jüdischen?

Er hatte in Kalifornien Abstand gewonnen, hatte alle Brücken abgebrochen, litt jedoch noch immer an der alten Wunde, vertrieben, sprach- und heimatlos zu sein. Doch ihn interessierte die Gegenwart, sein neues Leben. Er wollte nicht erklären, wie es zu der Katastrophe kommen konnte, sondern nur mit seinen Werken die Erinnerung daran wachhalten.

Er wollte auch nicht Haß schüren. Vielmehr zeigte er nach Kriegsende – trotz seines polemischen Wesens – gegenüber Wilhelm Furtwängler und Richard Strauss, die viel erfolgreicher als er waren, menschliche Größe, als sie unter der Entnazifizierung leiden mußten: «. . . ich glaube nicht daß er ein Nazi war, ebenso wenig wie W. Furtwängler. Sie waren beide Deutschnationale, beide liebten sie Deutschland, deutsche Kultur, Kunst, Landschaft, Sprache und Deutschlands Bürger, ihre Landsleute. Sie werden beide ihr Glas erheben, wenn ein Toast auf Deutschland erbracht wird, ‹hoch Deutschland› (. . .). Ihre Begeisterung – natürlich auf hohem Niveau – war in ihrer Natur eng mit der der Bierbank und des Deutschen Männergesangvereins verbunden. (. . .) Ich spreche nicht aus sentimentalen Gründen. Natürlich bedauere ich einen alten Mann von 82 Jahren, der sein ganzes Leben lang geschrieben und Dinge geschaffen hat, die 90 % der Musikliebhaber auf der Erde lieben; ich bedauere, daß dieser alte Mann jetzt – zum zweiten Mal in seinem Leben – sein ganzes Vermögen verloren hat; ich bedaure, daß er gegenwärtig in zwei Zimmern in der Schweiz von der Wohltätigkeit lebt, die ein hervorragender Kunstfreund, Herr Reinhart aus Winterthur, ihm gewährt. Ich spreche nicht als Freund von Strauss; obwohl er mir Hilfe erwiesen hat, als ich jung war, hat er später seine Haltung gegen mich verändert. Ich bin sicher, daß er meine Musik nicht liebt, und darin kenne ich kein Mitleid: ich betrachte solche Menschen als Feinde. Ich spreche vom Standpunkt der Ehrenhaftigkeit»[31].

In diesen Sätzen zeigt sich noch der alte, kämpferische, aber auch ein vom Leid und Schrecken menschlich und gerecht gestimmter Schönberg. Er fand in Amerika Humanität, Offenheit und einen weiteren Horizont, der für den «Terror», der im alten Europa geherrscht hatte, keinen Platz mehr ließ.

Schönberg war gerecht, auch gegen seine Feinde im Musikleben. Er bedauerte, daß Furtwängler nicht dirigieren durfte, da er selbst als Komponist nahezu vergessen war, und daß Strauss aus seiner Heimat vertrieben wurde, da er selbst einst vertrieben worden war.

Doch im Grunde hatte Schönberg längst die Brücken nach Europa abgebrochen und fühlte sich zwar heimatlos, aber in der ganzen Welt zu Hause. Die Vertreibung ins Exil war für ihn eine Reise ohne Wiederkehr.

Am Ende der musikalischen Entdeckungsfahrt? Ausblick

Im Alter schrieb Yehudi Menuhin: «Konzertreisen sind mir im Laufe der Jahre das geworden, was anderen der tägliche Gang ins Büro ist. Die neuen Orte, Hotels und Konzertsäle beginnen sich zu gleichen. Meine Neugier ist gestillt oder abgestumpft. In meiner Jugend aber war jede Reise noch eine Entdekkungsfahrt.» [1]

Menuhins «Unvollendete Reise», wie er sein Leben nannte, führte ihn nicht nur zu Konzert-Erfolgen, ließ ihn bei seinen Tourneen ganze Erdteile kennenlernen oder Abenteuer wie eine Autopanne zwischen Tanger und Casablanca[2] bestehen, sondern auch eine neue Rolle des Musikers entdecken: er verstand sich immer mehr als Geige spielender Botschafter der Humanität. Ob er während des 2. Weltkrieges zur Truppenbetreuung im pazifischen Raum, in den USA oder in Europa spielte, ob er nach dem Krieg für Wilhelm Furtwängler in Berlin eintrat, ob er in Johannisburg vor Schwarzen geigte . . ., immer kämpfte er für Menschlichkeit.

Dabei entwickelte er sich zum «Weltbürger», der sich eifrig bemühte, von fremden Kulturen zu lernen. Kam er zum ersten Mal in ein ihm bislang unbekanntes Land, so bereitete er sich intensiv darauf vor: «1951 benötigte man für den Flug von San Francisco nach Tokio zwei Tage, von denen ich einen guten Teil damit zubrachte, mit den Eßstäbchen zu hantieren, was mir zunehmend besser gelang und meine japanischen Gastgeber höchlichst amüsierte.»[3] In Indien ließ er sich von Pandit Nehru in Yoga unterweisen und musizierte zusammen mit Ravi Shankar, um mit der indischen Musik vertraut zu werden.

Auch andere musikalische Weltbürger wie Arthur Rubinstein[4], der bei seinen Reisen Annehmlichkeiten wie das freie Herumvagabundieren, hübsche Frauen und gutes Essen auskostete, Claudio Arrau, der sich intensiv mit der Kunst fremder Kulturen beschäftigte, oder Wilhelm Kempff, der als leidenschaftlicher Photograph seine Eindrücke in «Reisebildern»[5] festhielt, betrachteten ihre Auslandstourneen als großes Erlebnis.

Sie gehörten noch der Generation an, welche die rasante Entwicklung von

Arthur Honegger: Pacific 231, Symphonischer Satz, Deckblatt.

Auto und Flugzeug miterlebte. Viele Komponisten, Dirigenten und Virtuosen waren von den Wundern der modernen Technik fasziniert. Dvořáks Begeisterung für Lokomotiven und Dampfschiffe wurde bereits erwähnt. Arthur Honegger komponierte 1923 den «Sinfonischen Satz» «Pacific 231», das musikalische Porträt einer Lokomotive: «Was ich in ‹Pacific› zu schildern versucht habe, ist nicht die Nachahmung der Geräusche der Lokomotive, sondern die Wiedergabe eines visuellen Eindrucks und eines physischen Wohlempfindens durch eine musikalische Konstruktion. Diese Wiedergabe geht von der sachlichen Beobachtung aus: das ruhige Atmen der stillstehenden Maschine, die Anstrengung beim Start, die allmähliche Steigerung der Geschwindigkeit bis zum lyrischen Zustand, zum Gewaltig-Pathetischen eines Eisenbahnzuges, der mit seinem 300-Tonnengewicht mit einer Stundengeschwindigkeit von 120 Kilometern durch die Nacht rast.»[6] Honegger sah in der Lokomotive etwas so Gewaltiges und Bedeutendes, daß er ihr eine gleichsam religiöse Aura verlieh, indem er sich auf die alte Kompositionstechnik der Choralvariation zurückbesann: «In Wirklichkeit bin ich in ‹Pacific› einer sehr abstrakten, reinen Idee gefolgt, durch die ich das Gefühl einer mathematischen Beschleunigung des Rhythmus geben wollte, während die Bewegung selbst sich verlangsamt. Musikalisch habe ich einen großen figurierten Choral komponiert, der sich in der Form an Johann Sebastian Bach anlehnt.»

Auch nach Arthur Honegger geborene Musiker waren und sind von der Technik moderner Reisemittel begeistert. Unter ihnen finden sich viele Freunde großer Limousinen und schneller Sportwagen. Keiner freilich nahm an der Entwicklung der Technik so regen Anteil wie Herbert von Karajan. Er fuhr begeistert Motorrad, hatte eine Schwäche für schnelle Sportwagen und steuerte selbst sein eigenes Flugzeug. Der Künstler, der die Dirigier- und Orchestertechnik zu größter Perfektion und makellosem Schönklang steigerte, war wie besessen von der modernen Technik.

So wurde das Reisen heute für die bekannten Virtuosen, Sänger und Gastdirigenten zum Alltag. Für sie unterscheidet sich der Flug in die nächste Musikmetropole nicht wesentlich von der Fahrt eines gewöhnlichen Sterblichen zur Arbeit mit der U-Bahn. Aus dem Reisen wurde eine oft wenig geliebte Routine. So berichtet Penelope Turing vom Sänger Hans Hotter: «Dieses Nomadenleben behagt ihm durchaus nicht, denn der Reiz der Neuheit schwindet bald, die physische und nervliche Anstrengung aber bleibt.»[7] Doch bei seinen vielen Reisen entwickelte der große Sänger eine außergewöhnliche Reiseroutine: «... ist er einer der praktischesten und versiertesten Reisenden, die man sich denken kann.» Vom reisenden Musiker wird heute Virtuosität beim Erfassen von Flugplänen, beim Zurechtfinden im Labyrinth der Flughäfen und beim Umgang mit Agenten und Hotelpersonal gefordert.

Solche Reiseroutine überrascht freilich nicht. Denn gegenüber anderen Berufen ist der moderne Solist – Sänger, Instrumentalvirtuose oder Dirigent – mehr im Flugzeug und in Hotels zu Hause als da, wo er seinen Wohnsitz hat. Nachdem beispielsweise Herbert von Karajan 1964 sein Amt als Künstlerischer Leiter der Wiener Staatsoper niedergelegt hatte, vermehrte er seine Auftritte als Gastdirigent: im September des Jahres reiste er mit der Mailänder Scala nach Moskau, im Oktober dirigierte er an der Deutschen Oper Berlin, kurz darauf am Nationaltheater in München, und im Dezember bereitete er die Premiere von Verdis «Traviata» in Mailand vor. Daneben mußte er seinen Pflichten als Chef der Berliner Philharmoniker gerecht werden, mit denen er im Januar 1965 eine Amerikatournee unternahm.

Diese wenigen Monate aus dem Leben Karajans zeigen, wie unruhig, durch die ganze Welt von Termin zu Termin getrieben, heute das Leben eines Musiker sein kann.

Nur durch Unvorhergesehenes, durch Unglücke wie Flugzeugkatastrophen wird jetzt die Reiseroutine unterbrochen. Am 28. Oktober 1949 beispielsweise starb die erst 30jährige Geigerin Ginette Neveu bei einem Flugzeugabsturz über den Azoren. Mit dem Schrecken kam Luciano Pavarotti 1975 bei einem Flugzeugunglück in Mailand davon[8]. Der schon normalerweise sehr ängstliche Flugzeugpassagier Pavarotti mußte erleben, wie nach der Landung der vordere Teil des Flugzeugs abbrach.

Solche Katastrophen, bei denen die moderne Technik versagt, sind nicht mehr die Abenteuer eines Einzelnen. Ein Postkutschenreisender konnte noch, wenn der Wagen umfiel, den Postillon – wie zu Zeiten Händels üblich – wegen unvorsichtigen Fahrens mit der Peitsche züchtigen. Im 20. Jahrhundert muß der Reisende große Unglücke wie ein Naturereignis hinnehmen.

Ist der heutige Musiker ein moderner «Fliegender Holländer», ein Ahasver, der von Konzert zu Konzert hetzt, von Terminen, von Ehrgeiz und von der Aussicht auf unvorstellbar hohe Gagen gejagt? Diese Meinung vertritt der Dirigent und Komponist Hans Zender: «Und wenn wir den Lebensweg eines jener Glücklichen betrachteten, welcher über die erklommenen Stufen der Preise und Auszeichnungen zu dem Jet-Set-Dasein eines reisenden Virtuosen, Sängers oder Dirigenten aufgestiegen ist, so finden wir ihn in der beneidenswerten Lage, zu nichts anderem verpflichtet zu sein, als sich jederzeit fit zu halten. Alles besorgt seine Schallplattenfirma: sie legt seine Termine und künstlerischen Partner fest; sie entscheidet, welche Stücke er wo zu spielen und nicht zu spielen hat; sie bestimmt durch die von ihr zwecks Werbung bestellten Interviews, Aufsätze, Fotos, als welcher Typ Mensch er in der Öffentlichkeit dargestellt wird.»[9]

Das moderne Reisen veränderte das Musikleben einschneidend. Die Orchester verlieren immer mehr ihren individuellen Klang, so daß die New Yorker Philharmoniker nur wenig von den Londoner oder Berliner Philharmonikern zu unterscheiden sind. Solisten und Gastdirigenten haben es immer schwerer, ihre eigene Sicht einer Komposition dem Publikum vorzustellen, da in den kurzen Probezeiten gerade noch der perfekte technische Ablauf, nicht aber eine besondere musikalische Interpretation erarbeitet werden kann. Die Gefahr der Nivellierung droht: Wie die Architektur der modernen Flughäfen, so werden auch bald die Orchester verwechsel- und austauschbar sein.

Herbert von Karajan im Cockpit seines Flugzeuges.

Als Gegenreaktion auf den herrschenden Reisebetrieb mit seinen für Kunst vielfach schädlichen Nebenwirkungen betont der Dirigent Sergiu Celibidache das Ensembleprinzip: er konzentriert sich auf das Orchester, dessen Chefdirigent er ist, hält an einer großen Zahl von Proben fest und führte so «seinen» Klangkörper, die Münchner Philharmoniker, zur Spitzenklasse.

Ist also die Zeit der Reiseabenteuer vorbei? Christoph Ransmayr wandte sich in seinem Abenteuerroman «Die Schrecken des Eises und der Finsternis» gegen «die Illusion, daß die Welt durch die hastige Entwicklung unserer Fortbewegungsmittel kleiner geworden sei und etwa die Reise entlang des Äquators oder zu den Erdpolen nunmehr eine bloße Frage der Finanzierung und Koordination von Abflugzeiten. Aber das ist ein Irrtum! Unsere Fluglinien haben uns schließlich nur die Reisezeiten in einem geradezu absurden Ausmaß verkürzt, nicht aber die Entfernungen, die nach wie vor ungeheuerlich sind. Vergessen wir nicht, daß eine Luftlinie eben nur eine Linie und kein Weg ist und: daß wir, physiologisch gesehen, Fußgänger und Läufer sind.» [10]

Das moderne Reisen täuscht unser Bewußtsein: die Ferne ist nicht mehr fern, vielmehr nah; die Reisen scheinen nicht mehr in die Fremde zu führen, sondern zum allzu Bekannten.

Doch die Zeit der Reiseabenteuer ist trotzdem nicht ganz vorbei. Allerdings haben sie heute mehr mit «inneren» Reisen unseres Bewußtseins zu tun denn mit äußeren. Olivier Messiaen etwa studierte indische Rhythmen sowie Tonarten und die «Melodien» exotischer Vögel auf Neukaledonien. John Cage befaßte sich mit Zen und I Ching. Ihre Musik schlägt Brücken zwischen der europäischen und nordamerikanischen Kultur und der Asiens. Für «Entfernungen», für die ein Flugzeug bestenfalls einen Tag braucht, widmeten sie Jahrzehnte ihres Lebens.

Das Abenteuer, eine Weltmusik zu schaffen, hat erst begonnen.

ANHANG

Anmerkungen

Einleitung

1. Yehudi Menuhin: Unvollendete Reise, München 1976, S. 123.
2. Yehudi Menuhin: Variationen, München 1979, S. 245ff.

Fahrender Sänger und Spielmann. Walther von der Vogelweide

1. Die Zitate aus den Liedern Walthers von der Vogelweide wurden der Edition und Übersetzung Friedrich Maurers (Walther von der Vogelweide, Sämtliche Lieder, München 1972) entnommen, hier zitiert als Maurer, S. 219.
2. Maurer, S. 59.
3. Vgl. MGG, Ursula Aarburg: Artikel «Walther von der Vogelweide», Bd. 14, S. 216.
4. Maurer, S. 216.
5. Maurer, S. 135.
6. Maurer, S. 59.
7. Maurer, S. 63.
8. Maurer, S. 61.
9. Maurer, S. 63.
10. Vgl. Norbert Ohler, Reisen im Mittelalter, München 1986, S. 158ff.
11. Dieter Kühn: Der Parzival des Wolfram von Eschenbach, Frankfurt 1986, S. 501.
12. Maurer, S. 265.
13. Maurer, S. 141.
14. Vgl. Kurt Herbert Halbach, Walther von der Vogelweide, Stuttgart 1965, S. 8ff.
15. Maurer, S. 153.
16. Maurer, S. 195.
17. Vgl. Hans-Werner Goetz: Leben im Mittelalter, München 1986, S. 196.
18. Maurer, S. 163.
19. Maurer, S. 123f.
20. Gottfried von Strassburg: Tristan, hg. v. Karl Marold, Berlin 1969, S. 73.
21. Maurer, S. 80.
22. Maurer, S. 80.
23. Maurer, S. 154.
24. Maurer, S. 259.
25. Maurer, S. 217.

26. Maurer, S. 61.
27. Maurer, S. 81.
28. Maurer, S. 81.
29. Maurer, S. 65.
30. Maurer, S. 149.
31. Maurer, S. 149.
32. Maurer, S. 211.
33. Maurer, S. 221.
34. Maurer, S. 231.
35. Maurer, S. 233.

Die Niederländer in Europa. Josquin Desprez

1. Brief von Gian de Artiganova an Ercole d'Este, nach: Gustave Reese: Josquin Desprez, in: The new Grove, London 1980, Bd. 9, S. 716.
2. C. Bartoli: Ragionamenti accademici, Venedig 1567, nach: Reese: Josquin Desprez, in: The new Grove, Bd. 9, S. 717.
3. Baldassar Castiglione: Il libro del Cortegiano, 1528, übersetzt und erläutert von Fritz Baumgart, München 1986, S. 84ff.
4. Gösta Neuwirth: Erzählung von Zahlen, in: Josquin des Prés, Musik-Konzerte 26/27, München 1982, S. 4ff.
5. Giorgio Vasari: Leben der ausgezeichnetsten Maler, Bildhauer und Baumeister, übersetzt von Ludwig Schorn, Stuttgart 1839, Reprint Darmstadt 1983, Band II,2, S. 316ff.
6. Brief von Girolamo da Sestola an Ercole d'Este, nach: Reese: Josquin Desprez, in: The new Grove, Bd. 9, S. 715.
7. Brief von Gian de Artiganova an Ercole d'Este, nach: Reese: Josquin Desprez, in: The new Grove, Bd. 9, S. 716.

Welche Musiknation spielt die erste Geige? Georg Friedrich Händel in Italien und England

1. Charles de Brosses, Vertrauliche Briefe aus Italien, 1739–1740, übersetzt von Werner Schwartzkopff, München 1918, S. 274.
2. Ebenda S. 276.
3. Brosses, S. 263.
4. Lambert Friedrich Corfey: Reisetagebuch 1689–1700, hg. v. Helmut Lahrkamp, Münster 1977, S. 138.
5. Brosses, S. 263.
6. Brosses, S. 270.
7. Brosses, S. 271.
8. Corfey, S. 139.
9. Brosses, S. 273.
10. Brosses, S. 273.
11. Corfey, S. 139.
12. Brosses, S. 274.
13. Händel-Handbuch, hg. von Walter Eisen, Bd. 4, S. 26.
14. Corfey, S. 168.

15. Corfey, S. 193.
16. Corfey, S. 197.
17. Corfey, S. 197.
18. Corfey, S. 197.
19. Brosses, II. S. 173.
20. John Mainwaring: Georg Friedrich Händels Lebensbeschreibung, übersetzt von Johann Mattheson, in: Georg Friedrich Händel, Biographie, Briefe und Schriften, hg. von Hedwig und E. H. Mueller von Asow, Hildesheim 1977, S. 43f.
21. Brosses, Bd. I, S. 212.
22. Brosses, Bd. I, S. 186.
23. Corfey, S. 275.
24. Corfey, S. 279.
25. Corfey, S. 279.
26. Brosses, I, S. 131.
27. Brosses, I, S. 134.
28. Brosses, I, S. 170.
29. Mainwaring, S. 68.
30. Brosses, I, S. 171f.
31. Brosses, I, S. 135.
32. Händel-Handbuch, S. 33.
33. Händel-Handbuch, S. 36.
34. Brosses, II, S. 61.
35. Mainwaring, S. 69f.
36. Mainwaring, S. 69.
37. Brosses, II, S. 102.
38. Brosses, II. S. 103.
39. Händel-Handbuch, S. 27.
40. Mainwaring, S. 71.
41. Corfey, S. 204.
42. Brosses, I. S. 276.
43. Brosses, I. S. 281.
44. Brosses, I. S. 284.
45. Brosses, I. S. 286.
46. Brosses, I. S. 287f.
47. Brosses, I. S. 288.
48. Brosses, I. S. 288.
49. Mainwaring, S. 73.
50. Brosses, I. S. 309.
51. Brosses, I. S. 309.
52. Mainwaring, S. 68.
53. Mainwaring, S. 75.
54. Händel-Handbuch, S. 45.
55. Händel-Handbuch, S. 46.
56. Händel-Handbuch, S. 47.
57. Händel-Handbuch, S. 53.
58. Händel-Handbuch, S. 48.
59. Händel-Handbuch, S. 47.
60. Samuel Pepys, Tagebuch, Stuttgart 1980, S. 297.
61. Aaron Hill, Widmung des Librettos an Königin Anna, 24. 2. 1711, in: Händel-Handbuch, S. 48f.
62. Giacomo Rossi, Vorwort zum Libretto von «Rinaldo», Händel-Handbuch, S. 49.

63. Joseph Addison, Artikel in «The Spectator», 6. 3. 1711, in: Händel-Handbuch, S. 50.
64. Aaron Hill, Vorrede zum Libretto von «Rinaldo», 24. 2. 1711, in: Händel-Handbuch, S. 49.
65. Joseph Addison, in: «The Spectator», in: Händel-Handbuch, S. 50.
66. Richard Steele, in: «The Spectator», 16. 3. 1711, in: Händel-Handbuch, S. 51.

Die Lebensreise eines Kastraten. Charles Burney bei Carlo Broschi, genannt Farinelli

1. Charles Burney, Tagebuch einer musikalischen Reise Hamburg 1770, Reprint Wilhelmshaven 1980, S. 165.
2. Burney, S. 166.
3. Vgl. René Bouvier, Farinelli, Le chanteur des Rois, Paris 1943, S. 28.
4. Burney, S. 120.
5. G. Sacchi, Vita del Cavaliere Don Carlo Broschi, Mailand 1784.
6. Burney, S. 166.
7. Burney, S. 118.
8. Burney, S. 120f.
9. Burney, S. 121.
10. Burney, S. 121.
11. A Letter to a Friend in the Country, in: «The Old Whig», 20. 3. 1735, in: Bouvier: Farinelli, S. 103f.
12. Burney, S. 121f.
13. Felix Mendelssohn-Bartholdy, Brief an Abraham Mendelssohn, Rom, 7. 12. 1830, in: Briefe, S. 132.
14. Johann Mattheson, Der vollkommene Capellmeister, Hamburg 1739, Faksimile hg. v. Margarete Reimann, Kassel 1954, S. 27.
15. Burney, General History of Music, London 1776, Reprint 1957.
16. Burney, S. 122f.
17. Mattheson, S. 27.
18. Burney, S. 124.
19. Giacomo Casanova, Geschichte meines Lebens, übersetzt von Heinz von Sauter, Berlin 1985, Bd. XII, S. 150f.
20. Burney, S. 127.

Wunderkinder reisen. Maria Anna und Wolfgang Amadeus Mozart in Westeuropa

1. Brief Leopold Mozarts an Lorenz Hagenauer in Salzburg, Wasserburg, 11. 6. 1763, in: Mozart, Briefe und Aufzeichnungen, Geamtausgabe, hg. von A. Bauer und Otto Erich Deutsch, Kassel 1962, Bd. 1, S. 69.
2. Brief L. Mozarts, Wien, 30. 7. 1768, in: GA, S. 271
3. Brief L. Mozarts, Wien, 30. 7. 1768, in: GA, S. 272
4. Brief L. Mozarts an L. Hagenauer, Koblenz, 26. 9. 1763, in: GA, S. 94.
5. Brief W. A. Mozarts an L. Mozart (Wasserburg, 23. 9. 1777), in: Mozart, Briefe, hg. v. Wolfgang Hildesheimer, Frankfurt 1975, S. 26.
6. Brief L. Mozarts an L. Hagenauer, in: GA, S. 71.
7. Vgl. Erich Schenk, Mozart, Wien 1973, Taschenbuchausgabe München 1989, S. 77f.
8. Brief Leopold Mozarts an Lorenz Hagenauer, München 21. 6. 1763, in: GA S. 73.

9. Maria Anna Mozart, Reisenotiz, in: GA, S. 74.
10. Brief Leopold Mozarts an L. Hagenauer vom 21. 6. 1763, GA S. 71.
11. «Avertissement», in: Schenk, Mozart, S. 79ff.
12. Brief von L. Mozart an L. Hagenauer, Ludwigsburg, 11. 7. 1763, in: GA S. 75.
13. Brief von L. Mozart an L. Hagenauer, Ludwigsburg, 11. 7. 1763, in: GA S. 75.
14. Brief von L. Mozart an L. Hagenauer, Ludwigsburg, 11. 7. 1763, in: GA S. 76.
15. Reisenotiz von Maria Anna Mozart, in GA, S. 78.
16. Brief von L. Mozart an L. Hagenauer, Schwetzingen, 19. 7. 1763, in GA S. 79.
17. Brief von L. Mozart an L. Hagenauer, Ludwigsburg, 11. 7. 1763, in: GA S. 77.
18. Brief von L. Mozart an L. Hagenauer, Schwetzingen, 19. 7. 1763, in: GA S. 79.
19. Brief von L. Mozart an L. Hagenauer, Mainz, 3. 8. 1763, in: GA S. 82.
20. Brief von L. Mozart an L. Hagenauer, Frankfurt, 13. 8. 1763, in: GA S. 86.
21. Brief von L. Mozart an L. Hagenauer, Frankfurt, 20. 8. 1763, in: GA S. 89.
22. Brief von L. Mozart an L. Hagenauer, Frankfurt, 20. 8. 1763, in: GA S. 90.
23. Philippe Ariès: Geschichte der Kindheit, München 1975.
24. Gespräch mit Eckermann, in: Goethes Gedanken über Musik, hg. v. Hedwig Walwei-Wiegelmann, Frankfurt 1985, S. 191.
25. Brief L. Mozarts an L. Hagenauer, Koblenz, 26. 9. 1763, in: GA S. 91.
26. Brief L. Mozarts an L. Hagenauer, Brüssel, 4. 11. 1763, in: GA S. 102.
27. Brief L. Mozarts an L. Hagenauer, Paris, 8. 12. 1763, in: GA S. 113.
28. Friedrich Melchior von Grimm, in: Correspondance littéraire, 1. 12. 1763, in: Mozart, Dokumente seines Lebens, hg. v. Otto Erich Deutsch und Joseph Heinz Eibl, Kassel 1963, S. 19f.
29. Brief L. Mozarts an L. Hagenauer, Paris 1. 4. 1764, in: GA S. 141.
30. Brief L. Mozarts an L. Hagenauer, Versailles, Dezember 1763, in: GA S. 119.
31. Brief L. Mozarts an L. Hagenauer, Paris, 1. April 1764, in: GA S. 138.
32. Brief L. Mozarts an L. Hagenauer, London, 28. 5. 1764, in: GA S. 147.
33. Brief L. Mozarts an L. Hagenauer, London, 25. 4. 1764, in: GA S. 145.
34. Reisenotiz von Maria Anna Mozart, April 1764, in: GA S. 145.
35. Brief L. Mozarts an L. Hagenauer, London, 28. Mai 1764, in: GA S. 147.
36. Brief L. Mozarts an L. Hagenauer, London, 27. November 1764, in: GA S. 171.
37. Brief L. Mozarts an L. Hagenauer, London, 28. Mai 1764, in: GA S. 148.
38. Brief L. Mozarts an L. Hagenauer, London, 25. April 1764, in: GA S. 145.
39. Brief L. Mozarts an L. Hagenauer, London, 28. Mai 1764, in: GA S. 150.
40. Brief L. Mozarts an L. Hagenauer, London, 19. März 1765, in: GA S. 183.
41. Brief L. Mozarts an L. Hagenauer, London, 28. Mai 1764, in: GA S. 147.
42. Brief L. Mozarts an L. Hagenauer, London, 13. September 1764, in: GA S. 166.
43. Brief L. Mozarts an L. Hagenauer, London, 28. Juni 1764, in: GA S. 156.
44. Brief L. Mozarts an L. Hagenauer, London, 28. Mai 1764, in: GA S. 152.
45. Brief L. Mozarts an L. Hagenauer, London, 27. November 1764, in: GA S. 175.
46. Brief L. Mozarts an L. Hagenauer, London, 28. Mai 1764, in: GA S. 149.
47. Anzeige im «Public Advertiser», 9. Mai 1764, in: Mozart, Dokumente seines Lebens, S. 24.
48. Anzeige im «Public Advertiser», 1. Juni 1764, in: Mozart, Dokumente seines Lebens, S. 25.
49. Vgl. Brief L. Mozarts an L. Hagenauer, London, 28. 6. 1764, in: GA S. 158.
50. Brief L. Mozarts an L. Hagenauer, London, 13. 9. 1764, in: GA S. 163.
51. Brief L. Mozarts an L. Hagenauer, London, 19. 3. 1765, in: GA S. 180f.
52. Inserat im «Public Advertiser», 9. 4. 1765, in: Mozart, Dokumente, S. 28f.
53. Aus Grimms Correspondance littéraire, 15. Juli 1766, in: Mozart, Dokumente, S. 35.
54. Daines Barrington, Philosophical Transactions XL, in: Schenk, Mozart, S. 117f.

55. Brief L. Mozarts an L. Hagenauer, London, 9. Juli 1765, in: GA S. 187.
56. Brief L. Mozarts an L. Hagenauer, Haag, 19. September 1765, in: GA S. 200.
57. Brief L. Mozarts an L. Hagenauer, Haag, 5. November 1765, in: GA S. 205.
58. Brief L. Mozarts an L. Hagenauer, Haag, 12. Dezember 1765, in: GA S. 211.
59. Brief L. Mozarts an L. Hagenauer, Paris, 16. Mai 1765, in: GA S. 221.
60. Brief L. Mozarts an L. Hagenauer, Lyon, 16. August 1766, in: GA S. 228.
61. Brief L. Mozarts an L. Hagenauer, München, 10. November 1766, in: GA S. 231.
62. Brief L. Mozarts an L. Hagenauer, München, 22. November 1766, in: GA S. 235.
63. Brief L. Mozarts an L. Hagenauer, München, 10. November 1766, in: GA S. 233.

Revolution auf Bühnenbrettern. Christoph Willibald Gluck im vorrevolutionären Paris

1. Charles Burney, Tagebuch einer musikalischen Reise, Hamburg 1773, Neudruck: Wilhelmshaven 1980, S. 261ff.
2. Burney, S. 287.
3. Burney, S. 287.
4. Burney, S. 288.
5. Burney, S. 288f.
6. Brief an M. d'Auvergne vom 1. 8. 1772, in: Christoph Willibald Gluck, Briefe, ausgewählt und übersetzt von W. M. Treichlinger, Zürich 1951.
7. Zitate aus: Brief vom 1. 8. 1772, in: Gluck, Briefe, S. 22ff.
8. Brief vom Februar 1773, in Gluck, Briefe, S. 28.
9. Louis-Sébastian Mercier, Paris am Vorabend der Revolution, Karlsruhe 1967, S. 15f.
10. Mercier, S. 211f.
11. Mercier, S. 289.
12. Mercier, S. 11.
13. Johann Christian von Mannlich, Ein deutscher Maler und Hofmann, Lebenserinnerungen, hg. und übersetzt von Eugen Stollreither, Berlin 1910, S. 255f.
14. Mannlich, S. 254.
15. Mannlich, S. 258.
16. Mannlich, S. 259.
17. Mannlich, S. 260.
18. Mannlich, S. 261.
19. Mercier, S. 20.
20. Mercier, S. 21.
21. Mercier, S. 22f.
22. Mannlich, S. 261.
23. Mannlich, S. 262.
24. Mannlich, S. 263.
25. Mannlich, S. 275f.
26. Brief Glucks an Du Roullet, Juli oder August 1776, in: Briefe, S. 43.
27. Laharpe im «Journal für Politik und Literatur», in: The collected correspondence and papers of Christoph Willibald Gluck, hg. v. Hedwig und E. H. Müller von Asow, London 1962.
28. a. a. O. S. 106.
29. Brief Glucks an Jean François de Laharpe, in: The collected correspondence, S. 99f.

Bildungsreisen eines Musikers. Felix Mendelssohn-Bartholdy in London und Schottland

1. Felix Mendelssohn-Bartholdy: Briefe, hg. v. Rudolf Elvers, Frankfurt 1984, S. 89.
2. Mendelssohn-Bartholdy: Briefe, S. 61.
3. Mendelssohn-Bartholdy: Brief an Abraham Mendelssohn Bartholdy, London, 21. 4. 1829, in: Briefe, S. 64.
4. Mendelssohn-Bartholdy: Brief an Abraham Mendelssohn Bartholdy, Llangollen, 25. 8. 1829, in: Briefe, S. 88.
5. Mendelssohn-Bartholdy: Briefe, S. 94.
6. Mendelssohn-Bartholdy: Brief an Abraham Mendelssohn Bartholdy, Rom, 15. 2. 1831, in: Briefe, S. 137.
7. Mendelssohn-Bartholdy: Brief an Abraham Mendelssohn Bartholdy, Rom, 18. 6. 1831, in: Briefe, S. 144.
8. Mendelssohn-Bartholdy: Briefe, S. 137.
9. Mendelssohn-Bartholdy: Brief an Abraham Mendelssohn Bartholdy, 19. 6. 1829, in: Briefe, S. 74.
10. Mendelssohn-Bartholdy: Brief an Abraham Mendelssohn Bartholdy, in: Briefe, S. 158f.
11. Mendelssohn-Bartholdy: Brief an Abraham Mendelssohn Bartholdy, in: Briefe, S. 64.
12. Mendelssohn-Bartholdy: Brief an Abraham Mendelssohn Bartholdy, in: Briefe, S. 71.
13. Mendelssohn-Bartholdy: Brief an Abraham Mendelssohn Bartholdy, London 1. 5. 1829, in: Briefe, S. 66.
14. Mendelssohn-Bartholdy: Brief an Adolf Bernhardt Marx, London, 9. 5. 1829, in: Briefe, S. 69.
15. Mendelssohn-Bartholdy: Brief an Abraham Mendelssohn Bartholdy, London, 1. 5. 1829, in: Briefe, S. 65.
16. Mendelssohn-Bartholdy: Brief an Abraham Mendelssohn Bartholdy, in: Briefe, S. 71.
17. Mendelssohn-Bartholdy: Brief an Adolf Bernhardt Marx, London, 9. 5. 1829, in: Briefe, S. 70.
18. Mendelssohn-Bartholdy: Brief an Abraham Mendelssohn Bartholdy, Llangollen, 25. 8. 1829, in: Briefe, S. 89.
19. Mendelssohn-Bartholdy: Brief an Abraham Mendelssohn Bartholdy, Edinburg, 28. 7. 1829, in: Briefe, S. 79.
20. Mendelssohn-Bartholdy: Brief an Abraham Mendelssohn Bartholdy, Blair Atoll, in: Briefe, S. 83.
21. Mendelssohn-Bartholdy: Brief an Abraham Mendelssohn Bartholdy, in: Briefe, S. 84.
22. Mendelssohn-Bartholdy: Brief an Abraham Mendelssohn Bartholdy, 25. 8. 1829, in: Briefe, S. 87.
23. Vgl. Peter Sager: Schottland, Köln 1987, S. 276.

Ein Winter auf Mallorca. Frédéric Chopin und George Sand im Süden

1. George Sand: Histoire de ma vie, in: Oeuvres, Bd. 2. S. 418.
2. George Sand, Un Hiver à Majorque, in: Oeuvres autobiographiques, Paris 1971, Bd. 2, S. 1033.
3. Vgl. André Maurois, Lélia ou la vie de George Sand, Paris 1952, S. 295.
4. Vgl. Franz Hermann Franken, Das Leben großer Musiker im Spiegel der Medizin, Stuttgart 1959, S. 56f.

5. Sand: Histoire de ma vie, S. 418.
6. Brief Chopins an Julian Fontana, November 1838, in: Briefe, hg. v. Krystyna Koylanska, Berlin 1983, S. 156.
7. Sand: Un Hiver à Majorque, S. 1056.
8. Sand: Un Hiver à Majorque, S. 1059.
9. Sand: Un Hiver à Majorque, S. 1059.
10. Brief der Komtesse d'Agoult an Major Adolphe Pictet, Florenz, 10. 1. 1839, in: Marcel Godeau: Le voyage à Majorque, Paris 1959, S. 151.
11. Sand: Histoire de ma vie, S. 443.
12. Sand: Histoire de ma vie, S. 442.
13. Sand: Histoire de ma vie, S. 434.
14. Sand: Un Hiver à Majorque, S. 1066.
15. Sand: Un Hiver à Majorque, S. 1067.
16. Vgl. Franz Hermann Franken: Das Leben großer Musiker im Spiegel der Medizin, Stuttgart 1959, S. 60.
17. Chopin: Brief an Julian Fontana, Palma, 3. 12. 1838, in: Briefe, S. 158.
18. Sand: Un Hiver à Majorque, S. 1068.
19. Sand: Un Hiver à Majorque, S. 1067.
20. Sand: Un Hiver à Majorque, S. 1068.
21. Sand: Un Hiver à Majorque, S. 1113f.
22. Sand: Un Hiver, S. 1113.
23. Brief Chopins an Julian Fontana, 28. 12. 1838, in: Briefe, S. 160.
24. Sand, Un Hiver, S. 1116.
25. Sand, Un Hiver, S. 1117.
26. Sand, Un Hiver, S. 1121.
27. Sand: Histoire de ma vie, S. 419.
28. Chopin: Brief an Julian Fontana, Valldemosa, 28. 12. 1838, in: Briefe, S. 160.
29. Sand: Histoire de ma vie, S. 419f.
30. Sand: Histoire de ma vie, S. 420.
31. Sand: Histoire de ma vie, S. 420.
32. Chopin: Brief an Camille Pleyel, Valldemosa, 22. 1. 1839, in: Briefe, S. 163.
33. Chopin: Brief an Julian Fontana, Marseille, März 1839, in: Briefe, S. 166.
34. Vgl. Marcel Godeau: Le Voyage à Majorque, Paris 1959, S. 138.
35. Brief von George Sand an Madame Marliani, Palma, 14. 12. 1838, in: Godeau: Le Voyage, S. 93.
36. Brief Chopins an Julian Fontana, Marseille, 25. April 1839, in: Briefe, S. 169.
37. Sand: Un Hiver, S. 1177.

Entdeckung der Heimat aus der Ferne. Smetana in Göteborg und Prag

1. Brief Smetanas an Liszt vom 23. 3. 1848, in: Smetana in Briefen und Erinnerungen, hg. von Frantisek Bartos, Prag 1954, S. 31.
2. Ebd. S. 31.
3. Ebd. S. 33.
4. Brief von Liszt an Smetana vom 30. 3. 1848, a. a. O. S. 34.
5. Tagebucheintrag von Katharine Smetana, 1849, a. a. O. S. 36.
6. Erinnerungen der Anna Ponec, a. a. O. S. 37.
7. Tagebucheintrag von Katharine Smetana, Anfang 1855, a. a. O. S. 45.
8. Erinnerungen der Anna Ponec, a. a. O. S. 38.

9. Aus einem Interview des Petter Frisk mit Direktor Josef Capek, a. a. O. S. 54.
10. Brief Smetanas an seine Eltern vom 23. 12. 1856, a. a. O. S. 49.
11. Ernst Moritz von Arndt, Reise durch Schweden im Jahre 1804, hg. v. Heinz von Arndt, Tübingen 1976, S. 99.
12. Arndt, S. 100.
13. Arndt, S. 105f.
14. Arndt, S. 109f.
15. Arndt, S. 101.
16. Brief Smetanas an seine Eltern vom 23. 12. 1856, a. a. O. S. 50.
17. Brief Smetanas an Dr. Ludevit Procházka vom 11. 3. 1860, a. a. O. S. 74.
18. Aus einem Interview des Petter Frisk mit Direktor Josef Capek, a. a. O. S. 54f.
19. Brief Smetanas an seine Eltern vom 23. 12. 1856, a. a. O. S. 50.
20. Brief Smetanas an Franz Liszt vom 10. 4. 1856, a. a. O. S. 53.
21. Arndt, S. 109.
22. Erzählung von Václav Juda Novotny, a. a. O. S. 57.
23. Brief Smetanas an seine Frau Bettina vom 31. 10. 1861 aus Leipzig, a. a. O. S. 78.
24. Brief Smetanas an Anna Kolár, Januar 1859, a. a. O. S. 65.
25. Tagebucheintrag, 19. 4. 1859, a. a. O. S. 66.
26. Aus den Erinnerungen des Jan Rys, a. a. O. S. 67.
27. Aus den Erinnerungen des Jan Rys, a. a. O. S. 67f.
28. Aus den Erinnerungen des Jan Rys, a. a. O. S. 68.
29. Aus den Erinnerungen des Jan Rys, a. a. O. S. 75.
30. Aus den Erinnerungen des Jan Rys, a. a. O. S. 76.
31. Tagebucheintrag vom 5. 9. 1860, a. a. O. S. 77.
32. Erinnerung von Ervin Spindler, a. a. O. S. 77.
33. Brief Smetanas an seine Frau Bettina vom 21. 11. 1861 aus Rotterdam, a. a. O. S. 78.
34. Tagebucheintrag, Januar 1862, a. a. O. S. 80.

Der betörende Duft des Orients. Saint-Saëns in Nordafrika

1. Camille Saint-Saëns: Algérie, in: Ecole Buissonnière, Paris 1913, S. 90f.
2. Vgl. Michael Stegeman, Camille Saint-Saëns, Reinbek 1988, S. 50f.
3. Saint-Saëns: Rimes familières, zitiert nach Stegemann, S. 54.
4. Zitiert nach: Jean Bonnerot, Camille Saint-Saëns, Paris 1914, S. 206.
5. Saint-Saëns: Egypte, in: École Buissonnière, S. 88.
6. Gustave Flaubert: Notes inédits... Voyage d'Egypte 1849–1851, übersetzt von E. W. Fischer: Reisetagebuch aus Ägypten, Stuttgart 1963, S. 100ff.
7. Saint-Saëns, Algérie, S. 91f.
8. Saint-Saëns, Algérie, S. 90f.
9. Romain Rolland: Meister der Musik, Bd. 2: Musiker von heute, übersetzt von Wilhelm Herzog, Olten 1951, S. 87.
10. Saint-Saëns, Algérie, S. 94.

In die Neue Welt. Antonin Dvořák in Amerika

1. Dvořák: Brief an Alois Göbl, Vysoká 18. 8. 1891, in: Antonin Dvořák in Briefen und Erinnerungen, hg. v. Otakar Sourek, Prag 1954, S. 155.
2. Kovarik: Erinnerungen, in: Dvořák, S. 160.

3. Friedrich Bodenstedt: Vom Atlantischen zum Stillen Ocean, Leipzig 1882, S. V.
4. Bodenstedt, S. 3.
5. Kovarik: Erinnerungen, in: Dvořák, S. 160.
6. Dvořák: Brief an Emil Kozánek, 12. 10. 1892, in: Dvořák, S. 162.
7. Dvořák: Brief an Emil Kozánek, in: Dvořák, S. 162.
8. Bodenstedt, S. 44.
9. Bodenstedt, S. 26f.
10. Bodenstedt, S. 48.
11. Dvořák, Brief an Josef Hlávka, 27. 11. 1892, in: Dvořák, S. 164.
12. Artikel über Dvořák, in: The Musical Standard, 22. 10. 1892, in: John Clapham: Antonin Dvořák, London 1966, S. 18.
13. Dvořák: Brief an Emil Kozánek, New York 12. 10. 1892, in: Dvořák, S. 163.
14. Dvořák: Brief an Josef Hlávka, Boston, 27. 11. 1892, in: Dvořák, S. 164.
15. Kovarik: Erinnerungen, in: Dvořák, S. 161.
16. Dvořák: Brief an Josef Zdebja Hlavka, Boston, 27. 11. 1892, in: Dvořák, S. 166.
17. Kovarik: Erinnerungen, in: Dvořák, S. 168.
18. Dvořák: Brief an Josef Hlávka, Boston, 27. 11. 1892, in: Dvořák, S. 164f.
19. Dvořák: Brief vom 27. 11. 1892, in: Dvořák, S. 165.
20. Dvořák: Interview mit «The New York Herald», Mai 1893, nach: Kurt Honolka: Antonin Dvořák, Reinbek 1974, S. 95.
21. MacDowell: Brief aus dem Jahr 1897, nach: Honolka, S. 95.
22. Nach Clapham, S. 88.
23. Dvořák: Brief an Emil Kozánek, 12. 4. 1893, in: Dvořák, S. 170.
24. Dvořák: Interview in New York Herald, 15. 12. 1893, in: Clapham, S. 87.
25. Kovarik: Erinnerungen, in: Dvořák, S. 173.
26. Dvořák: Brief an Emil Kozánek, 15. 9. 1893, in: Dvořák, S. 179.
27. Dvořák: Brief an Antonin Rus, Spillville, 17. 8. 1893, in: Dvořák, S. 177.
28. Kovarik: Erinnerungen, in: Dvořák, S. 181.
29. Bericht in New York Herald vom 17. 12. 1893, in: Dvořák, S. 187.
30. Dvořák: Brief an Simrock, New York, 20. 12. 1893, in: Dvořák, S. 188.
31. Teresa Koutecká, Brief vom 25. 2. 1894, in: Dvořák, S. 189.
32. Dvořák: Brief an Adolf Heyduk, New York 29. 10. 1894, in: Dvořák, S. 195.
33. Dvořák, Brief an Anonin Rus, New York 18. 12. 1894, in: Dvořák, S. 196.
34. Dvořák, Brief an Josef Boleska, New York, 15. 1. 1895, in: Dvořák, S. 197.

Suche nach dem Verlorenen. Béla Bartók reist zu den ungarischen Bauern

1. Brief Bartóks an seine Mutter, Gmunden, 8. 9. 1903, in: Béla Bartók: Weg und Werk, hg. v. Bence Szabolcsi, Kassel 1972, S. 225.
2. Brief Bartóks an seine Mutter, Paris, Anfang August 1905, in: Ausgewählte Briefe, hg. v. Janos Demeny, Budapest 1960, S. 40.
3. Zoltán Kodály: Bartók als Folklorist, in: Weg und Werk, S. 85.
4. Brief Bartóks an seine Mutter, Sommerheim Keresztúr, 15. 7. 1906, in: Briefe, S. 58.
5. Brief Bartóks an Lajos Dietl, Pozsony, 3. 11. 1906, in: Briefe, S. 61.
6. Brief Bartóks an Etelka Freund, Csík-Karcefalva, 30. 7. 1907, in: Briefe, S. 62.
7. Brief Bartóks an Stefi Geyer, Gyergyó-Kilyénfalva, 16. 8. 1907, in: Weg und Werk, S. 234ff.
8. Brief Bartóks an Etelka Freund, Gyergyószentmiklós, 17. 8. 1907, in: Briefe S. 62.
9. Bartók und Kodály: Vorwort zu: 20 Ungarische Volkslieder, 1907, nach: Tadeusz A. Zielinski: Bartók, Zürich 1973, S. 86.
10. Bartók: Autobiographie, 1921, in: Weg und Werk, S. 156.

Aus der Hölle «ins Paradies vertrieben». Arnold Schönberg emigriert nach Los Angeles

1. Brief Schönbergs an Kandinsky, Mödling, 19. 4. 1023, in: Arnold Schönberg, Wassily Kandinsky, Briefe, Bilder und Dokumente einer außergewöhnlichen Begegnung, hg. v. Jelena Hahl-Koch, München 1983, S. 91.
2. Vgl. Fred K. Prieberg: Musik im NS-Staat, Frankfurt 1982, S. 77.
3. Max Butting: Musikgeschichte, die ich miterlebte, Berlin 1955, S. 213.
4. Brief Schönbergs an die Preußische Akademie der Künste, Berlin, 20. 3. 1933, in: Joseph Wulf: Musik im Dritten Reich, Frankfurt 1983, S. 41f.
5. Vgl. Hans Heinrich Stuckenschmidt: Schönberg, Zürich 1974, S. 332.
6. Brief Max von Schillings' an Arnold Schönberg, 23. 5. 1933, in: Wulf S. 42f.
7. Schönberg: Brief an Alban Berg, Paris, 16. 10. 1933, in: Briefe, S. 168.
8. Schönberg, Brief an Pablo Casals, Arcachon, 22. 9. 1933, in: Briefe, S. 199.
9. Joseph Malkin: Memoiren, nach Stuckenschmidt, S. 338.
10. Interview: Arnold Schönberg – William Lundell, 19. 11. 1933, in: Gesammelte Schriften, hg. v. Ivan Vojtech, Frankfurt 1976, S. 301ff.
11. Schönberg: Why no great American Music?, in Gesammelte Schriften, S. 304.
12. Schönberg, Brief an Rudolf Goehr, 20. 2. 1934, in: Stuckenschmidt, S. 344.
13. Schönberg: Brief an Hermann Scherchen, in: Stuckenschmidt, S. 375.
14. Schönberg: Rundbrief als Dank für Glückwünsche zum 60. Geburtstag, Hollywood, Oktober 1934, in: Briefe, S. 206.
15. Schönberg: Ins Paradies vertrieben, Rede am 9. 10. 1934 in Hollywood bei einem Empfang gehalten, in: Gesammelte Schriften, hg. v. Ivan Vojtech, S. 316.
16. Hanns Eisler: Gespräche mit Hans Bunge, Leipzig 1975, S. 61.
17. Schönberg: Rundbrief als Dank für Glückwünsche zum 60. Geburtstag, Hollywood, Oktober 1934, in: Briefe, S. 206.
18. Schönberg: Brief an Felix Greissle, Los Angeles, 7. 6. 1938, in: Briefe, S. 219f.
19. Paul Zschorlich: Beethoven und wir, in: Völkischer Beobachter, 16. 12. 1934, nach: Wulf, S. 226.
20. Hans Severus Ziegler: Entartete Musik, Düsseldorf 1939, S. 14ff., nach Prieberg, S. 279.
21. Brecht: Arbeitsjournal.
22. Schönberg: Brief an Mrs. F., Hollywood, 26. 11. 1935, in: Briefe, S. 211.
23. Schönberg: Bemerkungen zu den vier Streichquartetten, in: Gesammelte Schriften, S. 435.
24. Schönberg: Brief an Paul Dessau, Los Angeles, 22. 11. 1941, in: Briefe, S. 228.
25. Schönberg: Brief an Jakob Klatzkin, Los Angeles, 19. 7. 1938, in: Briefe, S. 221.
26. Schönberg: Die jüdische Situation, in: Gesammelte Schriften, S. 332.
27. Eisler, S. 64.
28. Schönberg, Brief an Otto Klemperer, Los Angeles, 25. 9. 1940, in: Briefe, S. 227.
29. Schönberg, Brief an einen Unbekannten, Berlin 22. 4. 1914, in: Briefe, S. 48.
30. Vgl. Stuckenschmidt, S. 449f.
31. Schönberg: Über Strauss und Furtwängler (1946), in: Stuckenschmidt, S. 499f.

Am Ende der musikalischen Entdeckungsfahrt? Ausblick

1. Yehudi Menuhin: Unvollendete Reise, S. 123.
2. Menuhin: Unvollendete Reise, S. 279.
3. Menuhin: Unvollendete Reise, S. 288.

4. Arthur Rubinstein: Erinnerungen. Die frühen Jahre, Frankfurt 1973.
5. Wilhelm Kempff: Was ich hörte, was ich sah, Reisebilder eines Pianisten, München 1981.
6. Vgl. Willy Tappolet: Arthur Honegger, Zürich 1954, S. 77f.
7. Penelope Turing: Hans Hotter, Wien 1983, S. 130.
8. Vgl. Ich – Luciano Pavarotti, München 1982, S. 201ff.
9. Hans Zender: Happy new ears, Freiburg 1991, S. 32.
10. Christoph Ransmayr: Die Schrecken des Eises und der Finsternis, Wien 1984 (Taschenbuch Frankfurt 1987), S. 9.

Bildnachweis

Bayerische Verwaltung der staatlichen Schlösser, Gärten und Seen, München: S. 100
Historisches Museum der Stadt Frankfurt: S. 106
Internationale Stiftung Mozarteum, Salzburg: S. 109
Museen der Stadt Wien: Schutzumschlag, S. 133
Musée National du Château de Versailles: S. 117
Musées de la Ville de Paris (Photothèque; © by SADEM 1992): S. 95
Musikabteilung der Bayerischen Staatsbibliothek, München: S. 211
Musikabteilung der Zentralbibliothek, Zürich: S. 268
Staatliche Kunstsammlungen Dresden: S. 169
Staatsbibliothek Preußischer Kulturbesitz, Berlin: S. 159, S. 167, S. 259
Victoria and Albert Museum, London: S. 48
Weitere Abbildungen stammen aus den Verlagsarchiven von Artemis & Winkler sowie aus den in den bibliographischen Nachweisen aufgeführten Werken.

Register

Das Register enthält, ohne Anspruch auf Vollständigkeit, Personen- und Ortsnamen zum Nachschlagen und Querlesen.